会話でマスター

人事の仕事と法律

廣石忠司 著
Tadashi Hiroishi

中央経済社

はしがき

　本書は初学者，初任人事担当者向けに人事労務の基本をわかりやすく伝えることを意図したいわば「入門書」である。そのため，わかりやすく，読みやすくすることを心掛けた。結果として概念の厳密な叙述，判例の引用はなくなってしまったが，それは「専門書」に委ねたい。本書関連の専門書・教科書としては，佐藤博樹＝藤村博之＝八代充史『新しい人事労務管理』（第5版が2017年2月時点で最新），水町勇一郎『労働法』（最新版は第6版）を挙げておきたい。出版社はいずれも有斐閣である。労働法に関しては菅野和夫『労働法』（最新版は第11版補正版，弘文堂刊）がもっとも詳細かつ網羅的であるが，初学者には歯ごたえがありすぎる。

　さて，本書の構成だが，第1講から第20講までが人事労務編，すなわち経営学的な分野，第21講以降が法律編と分かれている。したがって大学などの講義で人的資源管理論のテキストとして使用する場合には第1講から第20講までを活用し，第21講以降を参考として利用することを念頭においている。人的資源管理論を講じる際にも労働法の知識は不可欠だからである。初任人事担当者の場合には第1講から最後まで通読していただければ人事労務の概要はつかまえられるだろう。なお，安全衛生については筆者の能力を超える分野であり，割愛している。

　本書をこのように構成した意図は，従来の人事労務にかかわる問題を一冊にまとめたテキストがなかったことにつきる。筆者は大学卒業後日経連事務局と長銀総合研究所にて，合計10年間人事労務の実務に関与し，その折には常に人事労務のテキストと労働法のテキストの両者を脇においてきた。一つの人事労務の問題に対して常に経営的側面と労働法的側面の両面から検討する必要性を感じてきたからである。そこでこの両者を一冊にまとめた書物を探したが，存在しなかった。経営学と法律学，両方に詳しい研究者はいなかったためである。そこで，両者をまとめたものとして，筆者は2005年に『ゼミナール人事

労務』を八千代出版から刊行した。ただ，この本は表題のごとく学生向けとなり，実務家向けとはいえなかった。そこで中央経済社からのお勧めもあり，今般初学者，初任実務家の双方にとって参考になることを狙って本書を刊行することとした次第である。この狙いが達成できたかどうか，読者の判断に委ねたいが，達成できていないとすれば，筆者の実力の限界としてご容赦いただきたい。

　本書の刊行にあたっては，中央経済社経営編集部の納見伸之編集長，酒井隆副編集長には大変お世話になった。特に酒井副編集長には二人三脚というべきご支援をいただいた。酒井氏のご支援がなかったら本書は生まれなかった。ここに記して謝意を述べたく思う。

　そして本書の大部分は2014年度在外研究の機会を得たニュージーランドで執筆したものである。貴重な機会を与えていただいた専修大学とその間，見守っていてくれた妻に感謝の意を表することをお許しいただきたい。

2017年4月

廣石　忠司

目　次

はしがき　i
本書の使い方　IV

［人事労務編］

第1講　イントロダクション ———— 1
　　―人事労務の目指すもの

第2講　募集・採用 ———— 9
　　―正社員の場合

第3講　異動・配置 ———— 17
　　―適材適所？

第4講　人事考課 ———— 25
　　―その不可解なるもの

第5講　教育・訓練 ———— 33
　　―企業は「学校」？

第6講　昇進・昇格 ———— 41
　　―誰が決めるのか

第7講　定年・退職・解雇 ———— 51
　　―次のキャリアに向けて

第8講　懲　戒 ———— 59
　　―クライシスマネジメント

第9講　賃金の形態と決定 ────────── 65
　　　　　―職務給・職能給…

第10講　賞与と退職金 ──────────── 73
　　　　　―日本独特の思想

第11講　福利厚生 ──────────────── 83
　　　　　―法定福利と独自福利

第12講　労働時間 ──────────────── 91
　　　　　―その原則

第13講　労働時間の例外 ─────────── 99
　　　　　―複雑な体系

第14講　労働組合の必要性 ──────── 107
　　　　　―誰が経営者のストッパーになりうるのか

第15講　労働組合の結成と活動 ───── 115
　　　　　―「団結」の力の発揮

第16講　団体交渉 ─────────────── 125
　　　　　―誠実団交

第17講　労働協約 ─────────────── 133
　　　　　―労働条件の決定

第18講　争議行為 ─────────────── 141
　　　　　―使用者とのバトル

第19講　争議行為の終了 ────────── 149
　　　　　―労働委員会

第20講　今日の労働組合の状況 ───── 157
　　　　　―組織率

［法律編］

第21講　労働法の体系 ───────── 165
　　　　―「労働法」という法律はない

第22講　労働基準法① ───────── 173
　　　　―賃金

第23講　労働基準法② ───────── 181
　　　　―労働時間

第24講　労働契約法 ──────────── 189
　　　　―「働くこと」の基本

第25講　厚生労働省内の機構と役割 ───── 197
　　　　―労働関係の相談窓口

第26講　労働組合法① ───────── 205
　　　　―利益代表者等

第27講　労働組合法② ───────── 211
　　　　―不当労働行為

第28講　労働関係調整法・労働争訟法・労働市場法 ─── 219
　　　　―労働関係の問題処理

第29講　雇用機会均等法・育介法 ────── 227
　　　　―女性だけではない育児・介護

第30講　その他諸法令・残された課題 ──── 235
　　　　―今後の人事労務はどうなるのか

補　講　近時のトピック ────────── 243
　　　　―わが社は「ブラック」なのか

本書の使い方

　本書は「はしがき」にも書きましたが，初めて人事労務に携わる人々や初めて人事労務を学ぶ人たちのために，人事労務のアウトラインを会話形式で示したものです。エッセンスだけを取り出したものですから，授業で使う際には講師の方々に口頭で補充していただくことを前提にしています。したがって独学で読む方は本書で概念的なところをつかんだ後で，専門書に取り組んでいただきたく思います。また会話形式なので重要なポイントを見逃さないでください。読みやすく書いたので，うっかりすると読み過ごす恐れがあります。

　さて，本書の設定と登場人物を紹介しておきましょう。
　設定は化学品メーカーで，顧客は法人です。一般消費者ではありません。工場部門は24時間交代制で働いています。賃金制度としては職能資格制度のもとで職能給制度をとっています。

　主役はその会社の名古屋支店で新卒入社後3年間営業に従事してきた大崎君です。このたび東京本社人事部に配属されました。大学では文学部に在籍していました。人事労務のことは何もわからないので，もう1人の主役，人事部の品川専任部長に指導してもらっています。品川部長は人事一筋35年のベテランです。2年前まで人事部長でしたが，役職定年制により人事部長をはずれ，今は専任部長です。

大崎君

品川専任部長

　もう1人，2回だけ顔を出すのが目黒部長代理です。この会社で3社目の中途採用で，前は外資系の会社でやはり人事を担当していました。

　これから主として大崎君と品川部長との会話で進んでいきます。どうか最終回，30講＋αまでお付き合いください。

目黒部長代理

第1講 イントロダクション ―― 人事労務の目指すもの

人事労務編

1 人事労務担当者に必要な資質

君が今度人事部に配属された大崎君か。人事の仕事は全く初めてだというから，私が君の教育係を担当することになった。この前まで人事部長をしており，今は役職定年で専任部長となった品川だ。週1回の特訓だがよろしく頼む。

こちらこそよろしくお願いします。入社以来3年間営業をしてきましたし，大学では文学部でしたので，経営のことも法律のことも何もわかりません。お手数をおかけすると思います。

品川 さて，今経営のこと，法律のこと，という話がでたが，人事労務を担当するものに一番必要なものは何だと思う？

大崎 知識だと思います。

品川 もちろんそれも必要だ。しかしもっとも重要なのは "Cool Head but Warm Heart" だと私は考えている。

大崎 はぁ？

品川 ケンブリッジ大学のマーシャル教授の言葉を借りたのさ。法学部でも法律家の心構えとしてよく使われているけれどね。私としてはbutよりandの方がしっくりくるけれど。

大崎 冷静な頭と暖かい心，ですか。

品川 そう。人事担当者として会社に貢献するためにはどうすればよいかな？

大崎 人件費を減らして，利益を最大化することですか？

品川 そうしたら働いている従業員の生活はどうなる？

大崎 苦しくなります。

品川 一人の従業員の後ろには大勢の家族がいる。低賃金にして会社に帰属意識を持たせることはできるだろうか。

大崎 こんな低い賃金なんて，とかえって怒るかもしれませんね。

品川 それでは高い賃金，好条件にすればいいのかな？ 入社4年目の君の月給を100万円にするとか。

大崎　そんなことをしたら会社の利益が減り，会社がつぶれてしまうかもしれません。私も困ります。

品川　そうだね。だから会社の経営を冷静に見つめる冷徹な頭脳と，従業員を思う暖かい心の両方を人事担当者は持つ必要があるのさ。

大崎　なるほど。

2　人事労務の最終的目標

そのためには働いてもらっている従業員の立場を考えねばならない。第一に，やる気をもって仕事に精出して働いてくれる「労働力」としての立場。第二に家庭を持っている「社会人」としての立場。家族も一つの社会だからね。第三に個人として生きがいをもって働い

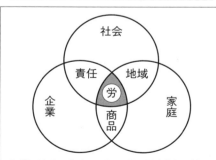

図表１－１　企業・社会・家庭の関係

企業・社会・家庭はそれぞれ関係性を持って動いている。そのすべての中心にあるのが人間，つまり労働者である。

てもらうという「自己実現人」という立場がある。

自己実現人というのはわかりにくいのですが。

品川　心理学者であるマズローが唱えた欲求階層説という学説からもってきたのだが，人間はいろいろな欲求をもっている。最初は「生きたい」という生存の欲求，次に「安全を求める」という安全の欲求，それが満たされると人間は仲間を求める。社会的欲求があらわれ，それが満たされたら，仲間からほめられたくなる自尊の欲求がでてくる。最後に「自分らしく生きたい」という自己実現の欲求があらわれる，という学説だ。自己実現人というのは「個人として生きがいを持って働く，あるいは生きている人」ということだから「生きがいがほしい人」という言葉に置き換えてもいいよ。

大崎　やりがい，生きがいがないと人生，つまらないでしょうからね。

品川　そうさ。もっともマズローの学説は実証されていないとか，マズローはこれらの欲求が順番に出てくるというが，そんなことはない，など学問的な批判は多いけれど，わかりやすいからね。

大崎　なるほど，売れない芸術家などは「食べていけなくとも，自分の納得できる作品を作る」という人もいますからね。

そうすると生存の欲求より先に自己実現の欲求が出てくるということですね。

品川 その通り。やりがいを考えると，これは仕事に意味を見出す，ということにもつながる。たとえば自動車工場でネジを締める仕事をしている人に，あなたはどんな仕事をしていますか，という質問をしたらどういう返事が返ってくるだろう。

大崎 ネジを締めています，と答えるでしょうね。

品川 その人はやりがいを感じているだろうか？

大崎 ずっと同じ仕事なら面白くはないでしょうね。

品川 では，「私は自動車を作っています」だったら？ そして「私の作った自動車でお客様に喜んでいただき，もっと便利で快適な社会を作りたいと思っています」という答えだったら？

大崎 そうしたら当然，目の輝きも違ってくるでしょう。最後の答えを聞いたら私ならまずびっくりするでしょうね。

品川 そういう思いをもった従業員ばかりの会社だったら？

大崎 理想的な会社だと思います。

品川 それを目指すのが人事労務の仕事

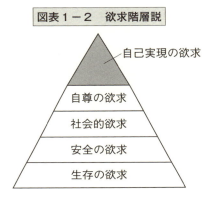

図表1-2　欲求階層説
- 自己実現の欲求
- 自尊の欲求
- 社会的欲求
- 安全の欲求
- 生存の欲求

の最終的な目標といってもいいかもしれない。見果てぬ夢かもしれないけれど。そういえば「ディーセントワーク（Decent work）」という言葉を知っているかい？

大崎 いいえ。

品川 一言で言えば「人間らしい仕事」ということ。人間は機械じゃない。機械なら置き換えることができるけれど，血も涙も感情もある人間を簡単に機械に置き換えられるような仕事につけてはいけない，ということと私は理解している。

大崎 部長は今マズローの話をされましたが，彼は心理学者ですよね？

品川 そうだよ。

大崎 それでは人事担当者は心理学の勉強もせねばならないということですか？

品川 その通り。心理学といっても「組

織心理学」という分野だけどね。その意味では，人事担当者は経営学の管理論，組織心理学，そして法律学の労働法という三つの分野を勉強する必要がある。

大崎 それは大変です。新任の私には荷が重過ぎます。

品川 順番に勉強していけばいいのさ。それにそれぞれの部門の学者になる必要はない。相互に関連しているから，実務に必要なところを勉強していれば大丈夫だよ。

大崎 そうでしょうか…。

品川 この問題はどんなことと関係があるか，という見当をつけることができることが第一ステップクリアということだね。知識自体は忘れてもかまわない。本を見ればでているのだから。本のどの部分が関係ありそうか，ということがわかればいいということさ。索引から追っていくことも調べたいことへのアクセスとして重要だ。それから労働法全書のような実務書は脇に置いて，関係しそうな条文を探すようにしておくことも必要だよ。周囲の先輩を活用することも勧めたいけれど，皆忙しいからな。暇をみつけて疑問点を聞いてごらん。

3　解雇は最後の手段

企業は業績が悪くなると従業員を解雇していますね。

そこは人事担当者のつらいところ。わが社は幸い整理解雇をしたことはないけれど，会社がつぶれたら，全社員が路頭に迷う。最低限の人数を解雇して，企業を立ち直らせる。そこは人事担当者にCool Head but Warm Heartが要求される最大の局面の一つだと思う。解雇を通知した人事課長や人事部長は最後に自分も辞表を書いたという話はよく聞く。人事担当者の矜持（きょうじ）ここにあり，というところだね。

大崎 あの，矜持って何ですか。

品川 全く…。国語辞典で調べなさい！

大崎 はい…。

品川 先ほど言ったけれど，人事担当者の使命の一つは従業員を守ることにある。その人事担当者が解雇に踏み切らざるをえなくなったら，それは人事担当者の敗北と言ってもいい。負けたら自ら責任をとって退職するということは自分なりの決着をつける一つの方法だと思う。本音としてはまず経営者が責任を取るべきだろうと思うけれど。

大崎 人事担当者は経営者側に立ったり，

従業員側に立ったり，考え方が矛盾しませんか？

品川 そうだね，時として悩むこともあるよ。特に労働組合がない会社では人事担当者が労働組合の代わりに従業員代表の役割を果たさねばならないときもあるだろう。人事担当者同士の会合の中では，社長とぶつかったという話も聞くしね。特に外資系企業の場合，日本の事情を理解しないで無茶なことをいう社長も多い。すぐに「あいつをクビにしろ！」などというのが一つの例だね。

大崎 それは本当に無茶ですね。

品川 アメリカでは"Employment at Will"といって当事者の意思が重視されるから，差別事件など特別な事情がない限り解雇は原則として自由なのだ。その感覚が抜け切れないのだろうね。一種の文化摩擦だよ。

大崎 でもここは日本ですよ。

品川 だから原則として日本法が適用される。外国の企業で，その国の法制にのっとって雇用契約を結び，日本に派遣されるというようなケースは問題になるかもしれない。ここでは深く立ち入らないことにしよう。

大崎 話を聞いただけでも面倒くさそうです。

4 経営戦略と人事戦略

ついでだから経営戦略との関係についてもふれておこう。わが社は国際展開を目指している中堅製造業だ。わが社の社訓は何だったかな。

えーと，わが社は高品質低価格の製品を製造することにより人々の生活向上に寄与することを目的とします。ということでしたよね。

品川 自信なさげだが，合格だ。そのための経営戦略は？

大崎 今後5年間に海外での売上比率を40％にすること，現地法人の優秀なスタッフを適材適所で全世界に配置すること，新製品の売上比率を30％にすること，ですね。

品川 営業担当だけあって，よく理解しているね。ではそのために人事は何をすべきだろうか。

大崎 現地法人で優秀なスタッフを採用することです。

品川 そのままじゃないか。それだけではダメ。日本国内での採用戦略は？国際化に向けての教育投資は？現地法人で優秀なスタッフを採用するためには何をしたらいい？

大崎 矢継ぎ早に言われても困ります。

品川　でも経営戦略を実行するためにはどれも考えなくてはならないことだ。しかし優先度合いは異なるかもしれない。では何から始めるか。それを考えるのが人事戦略だ。

大崎　人事部はその人事戦略の実行部隊ということですね。

品川　その通り。

大崎　それでは経営戦略がない企業では人事戦略を立てることができませんね。

品川　わかってきたようだね。同様に経営理念や社是、つまり「わが社はどういう会社になりたいか」が明確になっていない企業では人事戦略を立てることができない、ということでもある。

大崎　そしてそれぞれがバラバラだと結局何をしたらよいのかわかりません。

品川　だから経営理念、経営戦略、人事戦略のベクトルが揃うことは必要不可欠なのさ。

大崎　口先だけかっこいいことを言って、実は…という企業も多いでしょうね。

品川　そうならないようにチェックするのもわれわれスタッフ部門の仕事だろうね。

5　個人のキャリアと人事

経営者の話がでたけれど、経営者が無能なら早くそんな会社を辞めることも一つの選択肢だと思うよ。

元人事部長がそんなこと言っていいのですか。

品川　あとでも述べるけれど、これからは自分の生き方を自分で選択する時代だと思う。転職は当たり前になるのではないかな。

大崎　それでは優秀な人材も辞めていくかもしれないじゃないですか。

品川　イエス。それを防ぐために、魅力ある会社作りをしなければいけない。人事部だけでは難しいけれど、優秀な人材が留まりたいと思うような会社作りも人事部が主として担う仕事だと思う。引き留め策をリテンションというけれど、アトラクション（魅力作り）＆リテンションは一つの目標だろうね。

大崎　逆に優秀でない人材も残ったりしませんか？

品川　そうなのだよ。優秀でない、というより考え方が違うためわが社に貢献できない従業員ということだろう。そういう従業員は他社に転じた方が幸せかもしれない。わが社の評価基準でいくと低評

価かもしれないけれど，他社へ行けばまた見方も変わってくるからね。

大崎 じゃ，退職してほしいと言ったらどうですか。

品川 バカモノ。それは解雇と同じじゃないか。それは人事担当の最後の手段と言ったばかりだろう。使えない従業員はまずいろいろな部署に異動させ，本人の隠された能力を引き出すのも人事の仕事だ。それでもだめなら，最後の手段だね。

大崎 でも従業員を大事に，と言ったのは部長ですよ。

品川 従業員を大事に思いつつ退職を促す方法はある。

大崎 どんな方法ですか？

品川 退職して一番不安なのは何かな？

大崎 収入が無く，無職になることですね。

品川 そうだろう。それではその不安を取り除こう。再就職先の斡旋ということさ。もっとも，わが社が直接斡旋できる会社には限りがある。世間には再就職斡旋会社がいくつもある。そういうところに登録して，「これなら」と思う会社があれば再就職すればいい。手数料はわが社持ちだけど。

大崎 うちより待遇が悪くなることはありませんか？

品川 ケースバイケースだね。転職当時は待遇が悪くても昇進が早かったりするし。待遇がよくなる転職を成功というなら，全員が成功しているとはいえないのが現状だね。ただ，うちにいて低評価でずっと甘んじているなら，少しでも認められる可能性のある会社に転職するほうが会社も本人も幸せなのではないかと思うよ。私はこれを退職マネジメントと言っているけれど，これから日本の会社も考えていくべきではないかな。

大崎 大学時代キャリア形成という言葉を聴きましたが，自分の進む道は会社をまたがって選んでもいい，ということなのですね。

品川 そうそう。社内でも希望する部署のアンケートを自己申告制という形でとっているだろう？これは社内でどう生きていきたいか。そして社内でどうキャリアを作っていきたいかを知りたいという意味なのさ。

大崎 でも全員が希望のところにいけるわけではありませんよね。

品川 希望する職場は同じことが多いからね。いわゆる花形職場だね。このあたりの話は配置・異動のところで詳しく話そう。

大崎 ちなみに部長，人事といったり労務といったり，言葉の定義がよくわかりません。

品川 わからなくてよろしい。

大崎 え？

品川 昔，ホワイトカラーは人事，ブルーカラーは労務といったり，労働条件に関することは労務，採用から退職までの雇用管理は人事といったりしていたけれど，今は明確に区分することはできないもの。アメリカから輸入された言葉に人的資源管理（Human Resources Management）という言葉があるけれど，これも日本語ではしっくりこないように思う。面倒だから人事労務とつなげているのさ。さぁ，今日はこのくらいにして来週から本番だ。

ホームワーク

⇒やりがい（モチベーション）に関する心理学上の学説を調べてみよう。あわせてリーダーとは何か調べてみよう。

⇒ディーセントワーク論に似た議論として，「労働と疎外」「QWL（Quality of Working Life）－労働生活の質」ということが議論されることがある。「働く」ということはどういうことなのか。喜びなのか苦痛なのか，それとも… 一回振り返って考えてみよう。

⇒従業員を大切にする会社とはどういう会社なのか。考えてみよう。

第2講 募集・採用——正社員の場合

1　採用の手順

さて，今日からが本題だ。入社から退社までを一通りみていくことにしよう。まず会社への入り口だが「募集・採用」については正社員の定期採用を主として考えていく。いいかね。

はい。3年前ですから私の場合は鮮明に覚えています。面接が3回あったように記憶しています。

品川　私も採用の責任者だったから覚えているよ。みんな「御社が第一志望です」と大ウソを言っていたものなぁ。

大崎　学生の立場からすると他の答えはできないじゃないですか。

品川　われわれもそれは知っての上だけれどね。さて，面接以前に会社の採用活動は始まっている。それを順番にみていこう。まず採用人数の目安だ。

大崎　前の職場の上司も，退職者が出たから補充の要請をしなければ，と言っていました。

品川　そういうふうに各職場・部門から何人ほしいか人事部に要請が来る。内部で異動させるか，新規に採用するかは各部門からの要請の内容による。

大崎　新人でもよいか，ベテランがほしいか，ということですね。

品川　そういうことだ。そこで事務系何人，技術系何人という新規採用の目安をたてる。ただし現場からの要請をすべて聞いていたら，人件費予算額が大幅に超過してしまうこともあるから，そこは予算との相談だね。

大崎　そして募集開始ですね。

品川　その前に一段階ある。内定辞退者が必ずでてくる。それが何人くらいになるか，歩留まりをみて採用内定を出さねばならない。

大崎　私の周りにも3社から内定を取った，5社から内定を取った，などという学生がいました。

品川　そうだろう。これがわれわれにとっては大変困る。早く辞退してくれれ

ば追加採用もできるけれど，内定式も終わり，年が明けてから辞退されたら，追加採用は非常に厳しい。内定辞退に行ったらコーヒーをかけられたという都市伝説もあるが，コーヒーをかけた担当者の気持ちは大変よくわかる。

大崎 でもその歩留まりは計算できませんね。

品川 そうなのだ。あとは経験と勘というやつだね。まぁ，それで内定者数を一応決めたら，会社案内の作成，会社説明会の会場確保となるわけだ。最近はエントリーシート（ES）を出してもらうことにしているからわが社への志望者数は大体わかるけれど，会社案内を何部作成するか，どの程度の広さの説明会会場を確保するか，何回行うか，といったことはES受付以前に決めなければならない。採用活動開始1年前から人事部はその下準備をしているわけさ。君も手伝わされているだろう？

大崎 はい。大きな会場を探していたらすでに予約が入っているところもあり，おどろきました。

品川 そしてふたを開けたら予想以上の志望者が来てしまった場合どうする？

大崎 困ります。

品川 困っているばかりでは仕方がない。どうする！

大崎 ESを読んで，よく書いてある学生に絞らざるをえないですね。

品川 そうだろう？昨年のESを読んでみたいかい？

大崎 似たようなESが多くて，この点も人事に来てビックリしたところです。

品川 御社の将来性にひかれて，とか研修制度が充実しており人を育てる姿勢が魅力です，といったところだろう？どの会社にも通用するような文言さ。

大崎 …私も覚えがあるような。

品川 会社案内も今年からは紙媒体をやめて，インターネットだけにアップする予定だ。郵送料も印刷代もかからないからね。そこで一つ仕掛けを作った。

大崎 何ですか？

品川 わが社の悪いところを若手社員にあげてもらって，いい点だけでなく，問題点も載せたのさ。そうした問題点にどのように反応するかを見たくてね。

大崎 なるほど。

品川 ESを通過したら次は説明会。いい質問をした学生は印象に残るね。会社によっては説明会時に筆記試験も行う。

大崎 筆記試験の問題はほとんど外注で

すね。

品川 会社独自の問題を作るのは大変だからね。でも筆記試験は必須なのだ。

大崎 どうしてですか？

品川 面接に回す人数には限界があるからだよ。

大崎 面接担当者は後で聞いたら人事部員だけでなく，いろいろな部署から応援がきているようですね。

品川 それが現実なのだよ。第一次面接は人手が必要だからね。でも面接できる学生数には限りがあるから筆記試験で絞り込まざるをえない。足きりのための試験だね。

大崎 あとは人事面接，役員面接でした。

品川 うちの場合は人事面接，つまり私が人事部長だったから私が出席した面接でほぼ決まり。これは大丈夫だという学生を役員面接に送り込むことになる。変な学生を役員面接に回したら私が怒られてしまう。

大崎 でも周囲には最終面接で落とされたという仲間もいましたよ。

品川 会社によって方針が違うから，何ともいえないな。

大崎 面接ではどういう点をみるのですか。私も担当するでしょうから。

品川 うちでは固くいえば半構造化面接，つまり一定の項目を決めておき，その内容は聞くけれど，それ以外にも話を広げてもいい，という形をとっている。その応答はもちろん，態度，表情，入室から退室までの挙措動作全部が評価の対象だ。

大崎 具体的な点数をつけるのですか？

品川 うちでは○－採用したい，△－ボーダーライン，×－ダメ，の三段階にしている。細かく点数付けしても仕方がないと思っているからだが。

大崎 評価基準は明確なのですか？

品川 それを言われると厳しいな。面接担当者間でも評価は分かれることはもちろんある。強いて言えば，「一緒に働きたいかどうか，同僚として働きたいかどうか」がポイントだろうな。

大崎 抽象的で漠然としていますね。

品川 面目ない。ただ，そうとしかいえないのも現実なのだよ。頭がよさそうだけど，性格的に融通がきかなそう，とかすべて平均点くらいだが，もう一つ物足りないとか数字では表しきれないものがあるのだ。今言ったことを裏返せば，融通はきかないかもしれないが，頭はよさそう，あるいは目立ったところは無いが，問題点もない，とプラスにとらえること

も可能だしね。

大崎 さて。内定通知を受け取って，通信教育を受けさせられましたが，ペン習字なんて意味があるのですか？

品川 ある。

大崎 どんなことですか？

品川 内定者の引きとめさ。通信教育を受講させ途中で返信が来なくなったようなら，うち以外の会社に行く可能性があるということにもなるからね。他社の例だけれど，アルバイトとして土日や学校終了後に手伝いに来てもらう，あるいは頻繁に内定者懇談会を開くとかね。各社苦労しているのだよ。

大崎 私の面接成績などはどうだったのですか？

品川 それは社内秘。知らない方がいいということもあるよ。落ちた学生よりよかったことだけは確かだ。

2　採用の内実

わが社では大学名不問としていますね。実際のところ大学名はどの程度採用に影響しているのですか？

ゼロとは言わないけれど，ほとんど影響していない。人柄というか，いろいろな考え方を持った人間がいて，異質な考え方の衝突からイノベーションが生まれる「だろう」，という考え方があるからね。

大崎 「だろう」ですか。

品川 イノベーションは研究開発部門だけのことではない。組織改革でも必要だし，人事でも必要だ。たとえば最近で言えば賃金制度における年功序列からの脱却もイノベーションの一つだからね。

大崎 同質の考え方からはイノベーションは起こり難いということですね。

品川 その通り。年功序列の世界で育ってきたものだけで議論していてはそこから脱却するようなアイデアは生まれ難い。

大崎 だから中途で目黒部長代理を外資系企業から採用したわけですね。

私の名前が出てきたような気がしたのだけれど？

品川 あぁ，賃金制度改定の際に目黒君を採用した話をしていたのだよ。

目黒 外資系企業はいろいろな国籍の者が一緒に働いているからね。毎日議論のし通しさ。

大崎 その中でいろいろな考え方がぶつかりあうわけですね。

目黒 そういうこと。品川部長はきれい

に説明したかもしれないけれど，現実は結構どろどろしている。基本的には社員間の競争だから，上司に対し他人と同じ意見を出しても意味が無い。自分でウンウンうなって考え，他人の意見より優れていることを示さねばならない。上司は皆の意見のメリット，デメリット（これは日本的な言葉。英語では通常advantage, disadvantageを用いている）を整理し，もっと優れたアイデアを出すように求める。どんどん煮詰めさせるわけだ。すると誰かがポンと発想の転換をしたアイデアを出し，それを皆で洗練されたものにしてチームのアイデアとして上司はその上司に提案する。そうすれば自分の手柄になるわけだからね。

大崎 なるほど。今まで部長からは新規学卒者の採用の話をうかがっていたのですが，中途採用は日本ではなぜ広まらないのでしょうね。

品川 ここは目黒君にまかせよう。

目黒 日本の大学新卒者はすぐ仕事ができるかね？

大崎 いいえ，無理です。

目黒 そうだね。実務的なことは習っていないものね。だから会社が代わりに実務教育を行う。君もOJT（詳しくは後述）を受けてきただろう？

大崎 はい。

目黒 するとその会社独特の仕事の進め方や行動様式が身についてしまう。組織風土が刷り込まれてしまうわけだ。そういう人材を他社が採用してすぐ役に立つかな？

大崎 組織風土が異なる会社では難しいでしょうね。

目黒 中途採用が多い会社はまだいいのだ。考え方が違うのが当たり前だからね。でも新規学卒者が多い会社で中途採用者がポコッと入ってしまうと，仕事や考え方が違うとやりにくい。中途採用者についてしまった前の会社の色を一回脱色して新しい会社の色に染めなければならない。手間がかかるのだよ。人によっても新しいところになじみやすい人となじみ難い人がいるしね。

品川 目黒君はもう何十年もいる生え抜きみたいな顔をしているけれど，5年目だからね。うちの会社がなじみやすかったのかな。

目黒 それはあるでしょうね。また3社目ですから，転職なれしていたのかもしれませんね。部長代理という部長直属のスタッフで部下もいなかったということも大きかったでしょう。

大崎 他社の優秀な人材を引き抜いてく

れば最強の会社ができるじゃないかと思っていました。

目黒 （苦笑）それができれば苦労はしないさ。新卒にしても中途にしても会社との相性というものはあると思うよ。ねぇ，部長。

品川 その通りだね。今日はもう少しレクチャーせねばならないから，少し待っていてくれないか。終わったら3人で一杯やろうよ。

3　非正規社員との関係

さて，今まで正社員の採用の話だったけれど，非正規の人たちの話は出さなかったね。

そういえばわが社にはパート，派遣，嘱託，顧問，その他もろもろの名前の人たちがいますね。この人たちも人事部が対応するのですか？

品川 嘱託，顧問といった人たちには対応するけれど，パート，アルバイトについては現場に任せているからね。人数の把握しかしていない。

大崎 派遣についてはどうなのですか。

品川 派遣社員については人件費に入っていないから，人事部は関与していない。

大崎 え？

品川 派遣社員についての経費は業務委託ということで，人件費ではなく物件費勘定になるのさ。

大崎 では労働者派遣法に書かれている派遣先の義務やいわゆる派遣先指針について人事部は関与しないのですか？ちょっと読んだだけですが，こんな膨大なものを現場で運用するのは無理です。

品川 私としては辛いところだね。もちろん現場の管理者にはマニュアルを渡しているし，研修会も行っている。だけどそれが徹底しているかどうかは心もとないところがある。

大崎 後の回で議論になりますが，厚生労働省はこうした非正規労働者について不安定雇用として正規雇用に移行させようとしているように見えます。

品川 その通り。でも会社には会社の事情もあってね。全員を正社員化したら人件費は大変高額になってしまう。業務のコア，つまり中核の部分は正社員に，周辺領域は社外に外注するか，多忙な時には社員を派遣してもらうというように住み分けをしているのだよ。製造部門などは繁閑の差が大きいから，多忙な時に合わせて正社員を雇用すると，閑散時には遊んでいてもらうことになってしまう。どうしても閑散時に正社員数を合わせ，多忙な時には非正規の人たちに応援して

もらうということになるのだよ。

大崎 でも非正規の人たちと正社員とでは処遇は大きく違うでしょう。

品川 そうだね。一時的なお手伝いという趣旨だからね。

大崎 同じ仕事をしているのに不公平な感じがします。

品川 人事としては正社員と非正規社員とでは同じ仕事をしてもらわないように指導をしているけれど、どこまで徹底しているか、監査の必要はあるね。不安定雇用問題は世界的な問題になってきている。ただ、人件費の高騰は国際競争力の減退につながるから、抑えたいのも事実だ。

大崎 部長は「社員を大切にする会社にしたい」とおっしゃっていましたよね。その社員には非正規社員も入っているのでしょう？

品川 難しいところを突いてくるね。その通り。だけど非正規社員の方にも、正社員にはなりたくないというニーズがあるのだ。

大崎 例をあげて説明していただけますか。

品川 たとえば午前中だけ働きたい、とか週3日だけ働きたい、という人たちも

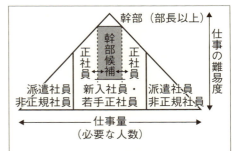

図表2-1　労働力のポートフォリオ例

やさしい定型的な仕事は新人でも、非正規社員でも対応できるが、難しい仕事になってくると教育された正社員や他社で経験を積んだ派遣社員に任せることになる（派遣社員に定型業務を任せることもある）。そして将来の幹部候補は一定年齢で選抜し特別な訓練・業務のルートに乗せることも多い。

いるのさ。残業したくないとかね。自分の都合に合わせた働き方をしたいという人たちとわれわれのニーズが一致すれば、これほど好ましいことはない。

大崎 ではなぜ最近この問題がクローズアップされてきたのでしょう？

品川 今までは非正規社員を希望していた人が非正規社員になっていた。たとえば専業主婦の人たちだ。ところが最近、本当は正社員になりたいのになれず、非正規社員にならざるをえない、という状況になってきてしまったから、と見ているけれどね。正直非正規社員の収入だけで4人家族の生活を支えるのはきついと思う。

大崎　解決策はないのですか？

品川　限定正社員というアイデアはでているけれど，普及するかどうかはこれからの課題だね。ただ，会社としてはいろいろな雇用形態の人たちを組み合わせて全体の業務を行っていこうという姿勢，これを「雇用ポートフォリオ」と言っているけれど，現実的にはそれを考える必要があることを知ってほしい。あぁ，そうそう，ポートフォリオというのは「組み合わせ」という意味だから。

大崎　前のディーセントワーク論ともつながりますね。

品川　非正規社員の人たちのやりがい，生きがいという問題だね。残念ながら私にも正解は見えていない。三人寄れば文殊の知恵とも言う。目黒君に声をかけ，場所を変えて議論の続きを行うとするか。

大崎　おごっていただけますか？

品川　それは勘定がいくらかによる。われわれにも小遣いの上限というものがある。

ホームワーク

⇒公正な採用選考方法を考えてみよう。

⇒中途採用が広まらないのは日本の労働市場が内部労働市場になっているからとも説明されることがある。労働経済学のテキストで内部労働市場について調べてみよう。

⇒非正規社員については「オランダモデル」がよく参照されている。どのような仕組みか調べてみよう。

第3講 異動・配置——適材適所？

1 仕事は誰が決めるのか

　さて，入社後の話に入ろう。まずどの部署に配属するかが問題だ。

　私の場合は営業をしたいと最初から話していましたから，問題はなかったのですが。

品川　なるほど，それでは勤務地はどうだった？

大崎　私の場合は東京出身でしたので，新しい場所に行きたいと思っておりましたから，名古屋支店というのは聞いた時にはうれしかったですね。でも…。

品川　でも？

大崎　新しいところに住むのは慣れるのが大変でした。習慣がいろいろ違いますからね。そういった職務や勤務地について人事部はどのように配分しているのですか？

品川　会社によっても違うけれど，うちの場合にはまず事務系は営業を経験してもらう。現場を知ってほしいということだ。化学メーカーだから，お得意様は当然会社相手になる。証券会社や銀行などでは個人相手の営業もあるけれど，うちでは消費者相手の営業はない。営業と言ってもいろいろな形態がある。営業というのが学生には一番わかりやすいかもしれないが，それでも業種・会社によってまちまちなのだ。まして企業の中の具体的な仕事は学生にはイメージできないだろう。

大崎　たしかにそうですね。私がイメージしていた営業とはかなり違いました。

品川　だから新卒者の配属には希望を聞かずに全員営業に回している。

大崎　でも人付き合いが苦手な同期もいましたよ。

品川　そうだろうね。だから成績が上がらなくとも最初のうちは人事考課にひびかせないようにしているのさ。

大崎　一種の研修みたいなものですか。

品川　そうともいえる。

大崎　ではなぜ私が人事に異動になった

のですか？

品川 よく適材適所というけれど，結局のところ，適性なんてものはその仕事をやらせてみなければわからない。そのためいろいろなところを皆に経験してもらっている。だから３年目で皆一斉に異動しただろう。３年経つと，大体どのセクションはどんな仕事をしているか，何となくわかるだろうからね。そのため希望もある程度反映させている。

大崎 でも私は人事とは書きませんでした。

品川 引き続き営業をやりたいと自己申告書には書いてあったね。君の場合は名古屋支店から，幅広く全社をみることのできる部署が適当だという推薦があったのだよ。

大崎 すると人事に３年いたらまた次はどこかに行くわけですか。

品川 その可能性は大きい。君の適性をみるために30歳くらいまでに３箇所は経験してもらうのが基本だ。その中で一番適性があると思われる部署のプロになっていってもらうわけだ。こういうふうに一定の期間を定めて定期異動させる考え方をジョブローテーションと言っているのだけどわが社もそれを行っている。

大崎 それでは同じ営業を続けている同

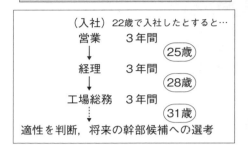

期に対してはどういうお考えなのですか。

品川 でも支店を移動させているよ。法人営業といっても場所が変われば，仕事の内容も変わっていくことがありうるからね。ただ本人も上司たちも「営業が一番向いている」と考えているなら営業一筋ということはありうる話だ。

大崎 そういえば技術系の課長の方が支店の営業部長に配属になりましたが，あんなこともあるのですか？

品川 X部長のことだね。人事部内だけの話だが，彼は将来の経営幹部候補と目されている。そういう人物が「私は技術しかわかりません」では経営者として失格だ。営業の現場で頭を下げて一生懸命働いている部下の姿を見，自分もお客様に頭を下げ，クレームを聞くという経験を積ませるという意図がある。よく見ると，「その道一筋」というプロだった人が畑違いのところに異動するときには，そういう例も多い。

大崎　逆にこの3年のうちにころころ異動した人もいましたが、それはどういうことですか。

品川　若手で幹部候補とみなされている場合にはそういうこともある。Y君などは海外の関係会社に役員としていくことが予定されているから、営業・経理・人事と回ったのだよ。いずれも経営者には必須の経験だからね。

2　適性の判断

適性については誰が判断しているのですか？

適性検査は正直あてにならないことも多いから、実績をみて本人の意向や上司や人事部の判断を加えて異動の立案をすることになるね。

大崎　本人の意向を無視することもあるのですか？

品川　大いにある。自分は嫌いな分野だと思っていても、実際にやってみたら、結構性にあったりしてね。自分ではどのような分野が「適所」なのか、わからないものだよ。

大崎　部長の場合はどうだったのですか？

品川　幸い人事の仕事が合っていたということなのだろうね。

大崎　でもそうするとその人の人生を会社が決めてしまうということにもなりますよね。

品川　そうだね。だから慎重でなければならないし、どこかで失敗した場合でも「敗者復活戦」がなければいけないと思う。そうでないと皆失敗をおそれて萎縮してしまうからね。「失敗表彰制度」を作りたかったけれど、私の任期中にはだめだったな。

大崎　失敗をほめるのですか？

品川　そうさ。前向きな失敗なら後に続くものとしては、「こうやってはいけない」という参考になるだろう。私がアイデアを出してみたが、現場ではその失敗の評価が難しいというのだね。開発部門では効率化に役立つと思うのだけれど。話は戻るが、敗者復活は絶対に必要な考え方だと思うよ。

3　異動の必要性と会社の配慮

仕事のほうはわかりましたが、地域の問題は大きいですね。

転居を伴う転勤のことをわが社は異動といっているけれど、転居自体が問題だということだろう？

大崎　はい。一人でも引越しは楽ではありませんでしたから、家族みんなで、し

かも海外ということになるとさぞ大変だろうなと想像するだけですが。

品川 そうなのだよ。それに単身赴任せざるをえないという状況になると会社が家族を引き裂くことになるからね。

大崎 それをわかって異動を命令するのですからね。

品川 残酷なことをすると言いたいのかい。会社には会社の理由があるのだ。先ほども言ったとおり，地方によって営業など仕事の違いがありうる。

大崎 それはわかります。

品川 違う理由もある。たとえば経理部だ。同じ仕事を同じ部署で長年やっていると，慣れもでてくるし，考えたくないことだが，会社の金を横領するような輩もでてくるかもしれない。金融機関が一定時期を越えたら支店をまたいだ異動をさせるのは，後任者が前任者の仕事をチェックするという意味もある。また，ジョブローテーションによって能力向上にもつながる。後でも出てくるけれど「仕事が人を鍛える」という側面もあるからだ。そして勤務地の変更によって上司部下の関係も変わるから，ある上司の下では芽が出なかった人物も別の上司が見ればよい点を引き出してくれる，ということもある。

大崎 逆はいやですけれどね。ある課長は部下をつぶすので有名だという話も聞きます。

品川 見当はつくけれど，その課長の名前を後で教えてくれ。

大崎 その点は場所を変えてからにしましょう。本論に戻りますが，転勤によって家族が犠牲になることもあるでしょう？

品川 そうなのだ。一番わかりやすいのは親の介護や子供の進学だ。子供が幼稚園に入園が決まり，制服まで作った時点で転勤が発令されたり，子供としても仲良くなった友達と別れたりするのだから，会社は恨まれるよね。今後は親の介護のために転勤できないということも多くでてくるだろう。

大崎 介護の場合は逆に親元へ転勤させてくれなければ退職する，という人もでてくるでしょうね。

品川 それも心配の種だ。人間性を無視した人事はしたくないから，一応の対応策として，なるべく早く内示を出したり，意向を聞いたりしている。でもみんなの意向が100％通ることは無理だ。それに介護の問題や配偶者が他社に勤務している場合などはあまり深く聞くとプライバシーの侵害という問題もでてくる。結果として単身赴任手当とか，介護休暇の充

実といった小手先の施策しか出来ていないのが現状さ。だから自己申告書には「今すぐ転居できますか」「今は無理だが，2年後なら転居できる」などという選択肢を設けているのさ。

大崎 あの欄はそのためにあったのですか。でも全員が「転勤できない」と書いたら困りますね。

品川 困る。そのため，限定勤務地制度を作りたいのだよ。どこでも転勤できる国際社員，転居を伴わない転勤ならできる地域社員，というような制度だね。

大崎 それでも国際社員が皆転勤したくない，と言ったら同じ問題がおこりますよ。

品川 困ることばかり今日は聞いてくるね。そうなのだよ。しかしこのくらいしかうまい手が思いつかない。あとは転勤したら昇格・昇進させるといった優遇措置かなぁ。

4　キャリアと異動

本人が考えているキャリアプランと異動が違う方向だったら本人は不本意でしょうね。

その通り。だけど新しいキャリアが開けるかもしれないわけだ。「試しにこの仕事をやらせてみる」こともあるわけだから，いやがらないで社命をうけてほしいな。ただ，いやいや仕事をするのは本人・会社とも不本意だから，事前に全社員に面接し，本音を聞いて双方納得づくの上で異動を発令したいところだけれどね。

大崎 全社員に面接というのは難しいですよ。人事考課で目標管理制度を入れていますから上司との面接はしていますが，上司に「私はこの部署より他の部署に移りたいです」とはいえませんよ。

品川 それはそうだ。だから直属上司でなく，役員や直接の上司に当たらない部長クラスが手分けして社員と1時間半面接している会社もある。この制度を「キャリア面接制度」といっておこうか。もっとも1年に全社員ではなく，3年に一度くらいのペースらしいけれど。人数が適正規模ということもあるから，すべての会社ができるわけではないとは思う。

大崎 その制度はすごくいいと思います。採用時のうたい文句にも使えますよ。

品川 部下にあたる人物が上司への不平不満を訴えた場合，それが本当かどうか，他の情報もとれるしね。是非やりたかったのだけれどなぁ。

大崎 なぜできなかったのですか？

品川 簡単さ。役員や一部の部長の仕事

が激増するもの。自分自身の仕事を持っている上に，キャリア面接まで行うことはとても大変だ。本社だけでなく地方支店や海外まで広げると二の足を踏むのは当然ともいえる。でも人数を絞れば不可能ではないと思うのだけれど。

5　職場の「相性」

　新しい職場に来るにあたって不安はなかったかい？

不安だらけでしたよ。新しい仕事だし，どんな人たちと仕事をするのか，いい人ばかりならいいなぁ，でもそうはうまくいかないだろうなぁ，と思っていました。

品川　それが現実だね。こればかりはやってみないとわからないからな。

大崎　部長だって，気に食わない上司や部下と一緒の部署になったことがあるでしょう？

品川　…あった。

大崎　血液型B型はマイペースとか，おひつじ座はどの星座と相性がいいとかいいますね。

品川　おいおい，血液型占いや星占いを信じているのかい？外国人に会うと，「日本人は会うと血液型をよく聞いてくるけれど何か意味があるのかい」と不思議がられる。こうした占いは統計上全く意味がないものだからね。

大崎　でもA型はきっちりしているとか，B型はマイペースなどといわれると当たっているような気がしますよ。

品川　それがレトリックだよ。ある人の一面をみると「当たっているような感じ」をおこさせるような抽象的な説明になっているだろう？現に血液型の分布は民族によっても違うし，人間をたった4類型で説明できるわけがない。同じ星座の人の運命が全員同じだったらその方が不思議だ。ちなみに私の血液型は何型だと思う？

大崎　O型ではないでしょうか？

品川　なぜ？

大崎　大雑把だからです。

品川　……。俺は君の上司だぞ。少しは遠慮しろ。まぁいい。実はA型だよ。

大崎　そうなのですか。でも何も基準がないのも相性を考えることができませんね。

品川　直接相性の問題ではないけれど，リーダーシップ理論ではPM理論というものがある。Pはパフォーマンス（業績）志向，Mはメインテナンス（組織維持）志向と二つの次元にわけると，PM，pM，

Pm, pmと4タイプにわかれる。人間のリーダーシップはこのいずれかに入るという考え方さ。アメリカではマネジリアル・グリットとして研修にも使われているけれど。このPM理論は珍しく日本人が開発したものなのだ。九州大学におられた三隅二不二先生の説だね。

大崎 P, Mというのは具体的に言えばどういうことですか？

品川 イメージで言うとPタイプはとにかく業績を上げろと部下に強制するタイプ。部下が疲れていようと、休みをとれなくても意に介さないという人だね。Mタイプは組織がうまく回っていくことを重視するタイプ。部下を飲み屋などに誘って、悩みはないか聞くような人だね。三隅先生は両方重視するPMタイプがもっとも業績をあげるというけれど、結果としては当たり前といえば当たり前。

大崎 それでは全員PMタイプになればいい、ということなのですか？

品川 現実問題としてそれは可能だと思うかい？

大崎 いいえ、個人個人バラバラだと思いますし、自分と違うタイプの行動をしようとすると無理がでてきそうですね。

品川 その通り。本人の個性をつぶすという面もでてくる。ではどうしたらよい？

大崎 いろいろな個性があっていいわけですから…，Pタイプの支店長とMタイプの次長といった組み合わせを考えたらどうでしょう。

品川 正解。逆もあるけれどね。二人で一人前のリーダーというわけだ。シェアード・リーダーシップ（Shared Leadership）という考え方さ。

大崎 そういえば名古屋支店では課長から怒られた後、飲みに誘ってくれた係長がいました。係長はお酒を飲みながら「課長の意図はね…」と説明してくれたり、今後気をつけることを注意してくれたりしました。

品川 そのコンビは理想的だね。二人ともPタイプだとその組織は崩壊するかもしれない。二人ともMタイプだと一向に業績は上がらないかもしれない。人事もある程度把握しているから、その組み合わせには気を使っているのだけれど、全員まで把握してはいないからね。

大崎 たしかに組織内の相性を一人ひとりの人事異動では配慮できないでしょうからね。すると相性の悪い人とも一緒に仕事をしなければならないわけですね（タメイキ）。

品川 だから組織の長は部下の相性の組

み合わせを考えたマネジメントをせねばならない。そこの配慮をすることができない部長，課長は部下を使いこなすことができない管理職と判断されるわけだ。

6　出向と転籍

　さて，今までは社内での異動を話してきたが，社外への異動もある。

社外へというと…なるほど，出向とか転籍というものですね。関連会社のA産業に「出向を命ず」という辞令を出された先輩がいました。

品川　社内の異動とどう違うかわかるかな。

大崎　出向はあまり変わらないようですが。

品川　出向は異動先の会社とも雇用契約を結ぶことになる。これは民法の規定によるのだが，契約当事者の変更になるから本人の同意が必要になる。

大崎　皆同意しているのですか？

品川　その点判例上就業規則で「出向させることがある」と明記していれば「包括的同意」があったものとされているし，もちろんわが社とも契約が継続している。

大崎　それでは二重に雇用契約があることになります。

品川　そういう説を唱える人もいるね。判例ではこの点は明確ではない。有力説では「特別な契約関係」と論じる人もいるが，元の会社とは契約関係があると認めることは同じ。

大崎　転籍はどうなります？

品川　転籍の場合は元の会社との契約関係は切れる。退職するわけだ。重要なことだから，本人の個別的同意が必要とされているね。これらの関係も異動・配置に含めて考えているのが実務だ。

ホームワーク

⇒リーダーシップについての理論を調べてみよう。

⇒自分自身のキャリアをどのように形成していくか，考えたことがあるだろうか。考えたことがある人は見直してみてほしい。考えたことが無い人は今一度考えてほしい。

⇒みんなが納得できる転勤の方法はあるだろうか。考えてみてほしい。

第4講 人事考課
——その不可解なるもの

1 目標管理制度の概要

 人事考課の季節がやってきましたね。

 あぁ、管理職にとっては地獄の毎日だね。

大崎 そんなに大変なのですか。

品川 部長にとっては次長・部長代理・課長の一次考課を行い、さらに一般社員の二次考課だからね。考課表を見るだけで正直うんざりしているよ。

大崎 各項目に○をチョイっとつけるだけでしょ。

品川 失敬な。この評価一つで本人の昇給・賞与・昇進・昇格が決まるかもしれないと思うと、厳粛な思いでつけているよ。うちの場合は目標管理制度を導入しているから、面接も大切だしね。

大崎 実は目標管理制度について質問がありまして。その前に全体像をお話いただけませんか。

品川 目標管理制度（MBO, Management By Objectives）は君も知っての通り、期初に業務目標を上司と本人が面談して設定し、その目標が達成できたかどうか期末にまた上司と本人が面談を行って確認するという制度だ。ここまではいいね。

大崎 はい。実際に面談したのでわかります。

品川 ポイントは三つある。第一点は目標を本人が参画して決めることだ。上司の押し付けでは本人もやる気がなくなる。本人が参画すれば、自分で決めた目標だから自分でもやる気になるだろう。達成度も面談しながらだと、本人の言い分を上司に訴えるチャンスともなる。第二点は本人にあった目標を決めることができることだ。同じ営業でも新規開発を要請されている地区担当と、従来のお客様を逃がさないようにするという営業とでは目標の決め方が違うだろう。第三点は上司と無理やりにでもコミュニケーションをとらせることだ。うっかりしていると上司は部下の仕事ぶりを見逃してしまうかもしれない。わが社では目標設定と達成度判定の間に進捗度合いの確認を求め

ているけれど，それは上司との意思疎通を密にすることが狙いだ。

大崎 それもわかります。そこで質問です。同期のA君とB君が同じ部署にいたとして，担当地区が変わるなどすれば，与えられた目標は1年1億円と1億5千万円というように変わってきますよね。

品川 ありうることだね。

大崎 それではこの2人の目標は公平なのでしょうか。A君の担当地区は難しいから1億円でいいよ，B君の担当地区は従来からのお客様だから1億5千万円売り上げてね，ということは2人の間に不公平感が生まれないでしょうか。

品川 不公平感は仕方がないと割り切っている。

大崎 ええっ？

品川 だって考えてごらん。今の例では同じような業務だから不公平に見えるかもしれないけれど，研究開発部門に配属されている君の同期の人間に与えられた目標と，人事部の君の目標は比較できるかい？

大崎 仕事が全く違いますから無理ですね。

品川 そうだろう？でもいいところをついている。MBOでは個人に対しては適切な目標かもしれないけれど，他人との関係では公平かどうかは本質的には問題にしない。ただ，担当部署の管理職が部下の実力と業務内容を把握していれば，この程度の目標は完遂できるというラインは設定できるはずだ。だから不公平感が生じる部署では管理職の力量が問われるというわけだ。

大崎 部下の力量の把握は管理職にとって不可欠でしょうし，どのような業務を命じているかがわからなければ管理職失格ですよね。

品川 その通り。だから目標管理制度をきちんと実施したいのであれば，管理職の考課能力が高いことが前提となる。

大崎 でも部下の評価能力というのは管理職として必須でしょう？その能力を持った人物だけを管理職に登用しているのではないのですか？

品川 そのはずなのだけれどね。お恥ずかしい限りだが，評価能力に欠けているといわざるをえない管理職も存在している。

大崎 わかるのですか？

品川 わが社では人事考課のとき目標設定面接と目標統合面接をすることは先に述べたね。この面接をしたくない，という管理職がいるのさ。そういう人は面接

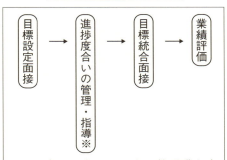

図表4-1　MBOの流れ

目標設定面接 → 進捗度合いの管理・指導※ → 目標統合面接 → 業績評価

※この部分を行っていない管理職も多い。これでは「目標を達成させるマネジメント」にはならない。

しないで考課表だけ出してくる。

大崎　なぜ面接したくないのでしょう？

品川　面接すると必ず評価の根拠を聞かれる。低評価であればなおのことだ。きちんとした管理職なら自分がつけた評価の根拠を説明できるはずだが，その根拠がはっきりしないで，イメージでつけている。反撃されるのが怖いのだね。もしくは低い評価を示すと本人といさかいになってしまうことを恐れて本当は低評価なのに高い評価をつける管理職もいる。

大崎　人事考課をつける管理職の評価のほうが先みたいですね。

品川　あぁ。そのために考課表とともに目標管理シートを出してもらったり，そこに本人のサインを求めたりもしているのさ。そして最近導入したシステムなの

だが，社内LANで「あなたは目標設定もしくは目標統合面接を管理職としましたか」と聞くことにした。まだ行っていない部署の管理職には人事から早く面接を行うように催促することにしている。

2　目標管理制度の長所と短所

　それだけ手間のかかる制度なのに，なぜ導入したのですか？

　もし目標管理制度がなかったら，どんな方法を使う？業績評価に限ることにしよう。

大崎　そうですね。期待に応えたか否か，頑張ったかどうか，業務にミスが無かったか，といった項目に5段階尺度（非常にあてはまる，あてはまる，どちらでもない，あてはまらない，全くあてはまらない，など）でつけてもらうでしょう。

品川　それは客観的評価かい？

大崎　主観が入らざるをえませんね。

品川　その考課表を公開できるかい？

大崎　正直，こんな簡単なもので評価しているのか，という不満がでてくるかもしれません。公開にはためらうでしょうね。

品川　この内容だと社員本人には人事考課に介入する余地がないわけだ。

大崎　そうなります。

品川　今君に聞いたことがすべてMBOの長所なのさ。客観的な評価の基準ができる。評価の内容が公開されている。面接によって本人の意向を聞く機会ができる。ほらね。

大崎　たしかにそうですね。

品川　もちろん短所もある。君があげた不公平感もその一つだが，管理部門の目標といったら何だろう。たとえば人事部員の目標は？

大崎　う〜ん。優秀な学生を目標数採用すること，でしょうか。

品川　数はいいだろう。客観的に判断できる。でも優秀かどうかはわかるかい？

大崎　使ってみなければわかりませんね。

品川　どんな会社の人事担当者に聞いても，採用者の3分の1は「間違えて使えない学生を採用してしまった」といっているものね。

大崎　でも経理部でも同じですよ。ミスをしないことが目標になってしまいます。

品川　そうかもしれない。だから間接部門の評価はMBOに乗り難いのだよ。

大崎　研究開発部門もそうですね。彼らの研究がすべて製品化でき，売れれば私たちは安泰です。失敗もたくさんあるでしょうからね。

品川　そうそう。特に製薬会社では新薬を売り出すまでに開発から10年かかるというからね。こういう長期のミッションではどういう目標を立てる？

大崎　この1年ではこの程度，という途中のポイントにならざるをえませんね。

品川　このMBOで来年の昇給，賞与，昇格が決まるとしたら，君ならどう目標を立てる？限度一杯実力の120％で目標を立てるかい？

大崎　いいえ，失敗したらこわいですから，できるだけ低い目標にします。

品川　君が上司の立場だったら？

大崎　もちろん部下の業績の累積が私の業績になりますから，高い目標を要求しますね。

品川　さぁ，上司と部下の衝突だ。どうする？

大崎　足して2で割る。ですか？

品川　そこがMBOを評価につなげた問題点だよ。部下は安全を見積もるし，上司はできるだけ高い目標を要求する。結果として一致しない。本来MBOを提唱した人たちは評価とは別に，管理手法として考えていたのだけれどね。でも評価

とつなげなかったから当初日本では広がらなかった。評価とつなげたから日本でもMBOを導入する企業がふえたというわけだ。

大崎 わが社は目標の設定の齟齬をどう調整していましたっけ？

品川 本人に対してチャレンジングな目標だったら加算する，というやり方だけど十分でないこともわかっている。今後の課題だね。定性的な目標の場合は双方が一致する目標にするよう話し合ってもらう。人事部員の場合は「人事考課制度の素案を12月1日までに課長に提出する。その内容は従来の制度の問題点を指摘し，制度案ならその点がどう是正できるか明示しておくこと」というようにね。

大崎 でもデータ入力のような単純業務の場合は目標が立て難いですね。

品川 その場合はMBOの対象からはずすのさ。

大崎 製造現場においては個人でなければ，そのチーム全体の不良品率とか納期で評価することもできそうですね。

品川 チーム評価というのもすでに一部やっているよ。

大崎 いろいろ短所もあったり，面倒な調整もあったりすることですし，他の方法はないのですか。

品川 実は上司がえいっと○，△，×とつけるのが一番当たっている，という意見もある。私も理解できるのだけれど，それで評価される方は納得できるかな？

大崎 いいえ，好き嫌いが反映されるようで納得するのは難しいでしょう。

品川 その納得性が問題なのさ。逆に言えば被評価者が納得できればどんな制度でもいいともいえると考えている。短所もあるけれど，このMBO以上に被評価者が納得できる制度は今のところ存在しないと思っているよ。

3　360度評価

本で読んだのですが，部下が上司を評価する，という制度もあるようですね。

360度評価とか，多面評価というようによばれている制度だね。

大崎 うちの会社でも考えてみる価値はあるように思うのですが。

品川 考えてみたのだけどね…。問題点もあってね。

大崎 どんなことですか？

品川 部下が上司を評価することになると，上司は部下に厳しい要求をすることができるだろうか。

大崎 上司が部下におもねる，ということですね。

品川 そう。でもそれは部下自身が感じることでもある。この上司は部下に甘すぎる，とね。

大崎 同僚や他の部門の管理職からも評価されると本で書いてありました。

品川 沢山の目から評価されればそれだけ「正しい評価」に近づくのは統計上ありうることだけど，他の部門の人から評価されるのは少々疑問だ。本当に仕事ぶりを見ているのか，わからないからね。ある企業の人事担当者から聞いたのだけれど，1人を24人が評価するということだ。国際的な企業だから，外国の人事課長が日本の担当者を評価することもあるそうだ。

大崎 外国の仲間が本当に評価できるのですか？

品川 一緒のプロジェクトで働いたから十分評価できるとの話だったけれどね。問題は24人から評価されるということは，自分も24人を評価しなければならないということだよ。

大崎 1ヶ月以上かかりますね。

品川 その担当者の方もおっしゃっていた。評価の期間は自分の仕事ができないって。

大崎 わかります。

品川 でも考えてみれば，評価するというのはその人の本来業務でもあるわけだ。真剣に取り組んでもらうのは当たり前ともいえるよ。

4 その他の方法

先ほど部長は他に方法が無い，とおっしゃいましたが，本当に無いのですか。

先進的な企業がとっている方法はあるけれど，わが社では今ひとつ考え難くてね。

大崎 どんな方法ですか？

品川 考課表も考課基準もない。

大崎 え？それで人事考課をするのですか？

品川 ある人物を評価するのに課長や課長代理クラスが集団討議して決めるということらしい。たとえばA君の評価にあたり，A君の行動を直属上司が説明し，それを皆でAかBかCかDか，議論する，というイメージのようだ。部長は参加しない。部長が一言言うと，みんな影響されるからね。

大崎 それを一人ずつ行うのですか。

品川 そういうことだ。そうすれば，好

き嫌いなどの主観をいれた評価をした者は周囲からすぐわかってしまうから，自己規制するだろう？牽制機能もあるわけだ。時間は結構かかるらしいが，みんなで決めた評価ということで，納得性は高いということだ。

大崎 面白い制度ですが，わが社でできない理由は何ですか？

品川 わが社ではいろいろなプロジェクトチームを作って仕事をしているだろう？人事制度作りには労組だけでなく営業からも製造からも人を出してもらい，その意見を取り入れているからね。その貢献は反映されなくなる可能性があるからさ。その部署だけで完結できる仕事だけなら別だけどね。

大崎 私もプロジェクトチームに入ったことがありますが，どんな貢献をしてくれたか，君の上司にレポートしておくよ，とチームリーダーから言われたことがあります。

品川 プロジェクトチームでの仕事もMBOではおろそかになりがちだからレポートを義務付けているのだよ。リーダーには負担かもしれないけれど，これも仕事だ。

大崎 結局「正しい評価」というのはどういうことでしょうか。

品川 神ならぬ身だからね。被考課者に納得性ある考課制度（システム）を作ることとしかいえないな。その意味では前回話をしたジョブローテーションも考課システムの一つということができる。

大崎 ある上司から×をつけられても，他の上司は○となることがある，という話でしたね。

品川 そう。ずっと×をつけられていた人物に急に○をつけた管理者がいたら，人事も話を聞くからね。逆も同じ。その管理者の考課能力が高いのか低いのか。高かったとしたら，それまでの管理者の考課能力が低かったということもできるからね。

大崎 それでは前例踏襲になりませんか？

品川 無難な考課をしておこうと思えば，前の考課者と同じ評価をつけることになるけれど，そこは考課者には見せていないから大丈夫だと思う…よ。

大崎 その…が気になりますが。

品川 前任者に評価を聞く者がいないとは限らないからさ。

大崎 結局は評価が良くなるか悪くなるかは上司頼みなのですね。最後は運なのかぁ。

品川　そう悲観することもないさ。お天道様は必ず見ていてくれるよ。

ホームワーク

⇒人が人を評価することはできない，という考え方がある。この考え方に対する反論を考えてみよう。

⇒あなたの会社の評価制度は公開されているだろうか。公開されているなら納得できるものだろうか。

⇒あなたが考えている理想の評価制度はどのようなものだろうか。

第5講 教育・訓練
——企業は「学校」？

1 新入社員教育・フォローアップ研修

おはよう。昨日は外部の研修会に行ってきたらしいね。どうだった？

私みたいな若造はおらず，皆ベテランのように見えて緊張しました。

品川　来年度の春季賃金交渉への姿勢を示すセミナーだから，課長クラスも来ていたかもしれないね。

大崎　はい。ところどころ難しくてわからない言葉もでてきました。後で教えてください。ところで，有料でしたが研修費用もばかにならない額になりますね。

品川　その通り。自社講師や自社研修所を使っても，講師や参加者の人件費を考えれば間接経費も多額になるからね。

大崎　以前中途採用のところで，それぞれの会社の色に染めるという話がありましたが，今思い返すと，新入社員研修はまさにわが社の色に染めるようなものでしたね。

品川　ちょっと復習から始めようか。わが国の大学では実務教育は全くと言っていいほど行っていない。だから会社で必要な能力は会社で身につけてもらわないといけない。そのために会社は社員教育に力を入れている。ここまではいいね。

大崎　はい。

品川　その第一歩が新入社員研修だ。ここでは社内の組織，部署，歴史，理念などの知識を身につけてもらうことはもちろん必要だが，意識改革が重要なポイントだ。

大崎　学生気分から社会人への脱皮ということですね。

品川　その通り。だから少々手荒なショック療法も行うことがある。

大崎　私たちの時は深夜のオリエンテーリングでした。7人のグループに渡されたものは地図1枚，磁石1個，懐中電灯1個で7つの目標を探し，そこに書かれた文字を書き写す，というものでした。午後10時出発，午前6時までに帰着でしたね。

品川 5つのコースを20分間隔でスタートさせたのだからなぁ。

大崎 そうです。部長がそのときの人事部長だったのですから。意地悪でしたよ。文字を5つまでならべたら,「オツカレサ」だったから「オツカレサマ。」かと思ったら「オツカレサアホ」でしたものね。

品川 いや,そうすれば後は回らずあてずっぽうで「オツカレサマ。」と書いてくるグループがあるかもしれないと思ってね。それはともかく,自衛隊への体験入隊や「地獄の特訓」といわれる研修に参加させる会社もあるから,うちは甘いほうだよ。

大崎 あとはグループ作業が多かったですね。

品川 同期の顔と名前,できれば性格まで知っておいてほしいからね。グループも固定せずに入れ替えをしていただろう?

大崎 はい。おかげで大体の顔と名前はわかりましたし,その後の3ヶ月研修,1年後研修で,大卒同期80名は把握できました。

品川 新入社員研修ではその同期意識の醸成も目的にしている。辛いこと,辞めようかと思うようなことがあったら,まず同期に相談するだろうし,仕事で役立つ人的ネットワークでもある。

大崎 同期は仲間ですから,辞めたいなどと相談されたら,まず止めるでしょうね。

品川 そうそう。それに同期同士は競争相手でもある。同期に負けたくないと思うだろう?

大崎 それはもちろんですね。他の連中が自分より早く昇進したら「負けるものか」と思うでしょうね。

品川 その切磋琢磨が会社の原動力の一つさ。昇進昇格のところで話すけれど,最初から同期の間で大きな差をつけてしまったら,やる気をなくしてしまう者もでてくる。全く差をつけないと手を抜く者もでてくる。だからみていてごらん。最初の役職は主任だけど,同期全員が昇進するかどうかを。

大崎 その同期意識を強めるのが3ヶ月研修,1年後研修なのですね。

品川 そういうこと。新たに知識を得るというより,みんなどんな仕事をしているのかを知ること,一杯やって仲良くすることがメインだということはわかっただろう?

大崎 はい。気づきました。そういえば総合商社では一時廃止した独身寮を復活

させたというニュースもありましたが，同じような狙いなのでしょうね。

品川　そういっていいと思う。

2　職能別教育・階層別教育・OJT

　このたび新製品が発売されたようですね。

　あぁ，P-1000のことだね。営業担当者を集めてその特殊性とか使い方について研修しなければならないな。

大崎　営業のノウハウや新製品情報を知らせるにはやはり教室での講義形式が一番楽ですね。

品川　書いてあるマニュアルだけでなく，開発担当者から直に話を聞いてもらったほうがわかりやすいからね。知識を全員で共有してほしいときは学校スタイルの集合研修が効率的だ。管理職になったとき，管理職に必要な知識を覚えてもらうときにも集合研修を行っているだろう。こういった職場を離れて行う教育をoff-JTとも言っている。仕事別の職能別教育，階層別は言葉通り階層別研修と言っているね。

大崎　offということはonもあるわけですね。

品川　その通り。OJT（On the Job Training）はJobすなわち仕事をしながら訓練することを指している。そしてこれが日本企業の強みだとも言われているのさ。

大崎　仕事をしながらの訓練ですか。

品川　君も無意識のうちに受けていたはずだよ。最初は易しい仕事を与え，それができたら徐々に難しい仕事を与えていく。その繰り返しで高い能力が身についていく，という仕組みだ。仕事をすることが能力を高めるといってもいい。

大崎　そういえば，最初は手取り足取り教えていただき，営業に同行させていただきました。そうしていると，「今度は君が主となって商談をしなさい」と言われ，２年目の後半あたりからは先輩も同行せず，一人で客先に行きましたね。

品川　そういう先輩ばかりならいいのだけれどね…。

大崎　そうではないのですか。

品川　うん。そのように順序だてて仕事を与える計画を立て，進捗状況を見ながら実際にまかせていく，というのは大変手間がかかる仕事なのだ。君に対して人事労務のことを一から教えていくのは周囲のスタッフの忙しさをみても自分の仕事の片手間でできるようなことではない。だから私が担当しているのだけれどね。

大崎　部長から教えていただいているのはoff-JTとOJTの中間のような形ですね。

品川　まあね。話を戻すとOJTの担当者は教育計画を立てて，新人を育てるより，自分で仕事を進めたほうが手っ取り早い。そう考える担当者に当たった新人は悲劇だ。

大崎　どうなるのですか？

品川　放っておかれる。またはいきなり難しい仕事をやらされる。いずれにしても育成にはつながらない。こういう形だけのOJTが多いこともおそらく事実だ。

大崎　OJT報告書を出させたらどうでしょう。

品川　担当者にかい？仕事を増やすだけだと思われて，いい加減に書いてくるような気がするな。やっている会社もあるけれどね。そういう会社は若い人も育つと思うよ。

大崎　OJTがうまく回るためにはどうしたらいいのでしょうね？

品川　ひとつ言えるのは，自分が育てられたようにしか，後輩を育てることができない，ということだろうね。自分の背中を見て仕事を覚えろ，とか，仕事は先輩から盗むものだなどと言われてきた人たちにOJTで丁寧に部下を育てましょう，と言っても理解できないかもしれないよ。

その点，わが社でも製造現場はうまくOJTが回っていると思う。後輩に仕事を覚えてもらわないと，自分が一段上の技術を習得する時間がなくなるからね。ホワイトカラーの職場ではまだ個人プレイが多いからなぁ。

大崎　仕事が標準化できないということもありますね。

品川　それもあるね。たとえば新しい企画を生み出すためのOJTは考え難いからね。君もOJT指導者になったらしっかり後輩を鍛えてくれよ。

3　経営者の育成

君にはまだ早いかもしれないけれど，わが社の教育システムについて大きな問題を話しておこう。それは将来の経営者の育成だ。

優秀な課長から部長を選抜し，その中から執行役員を選んでいくのではいけないのですか？

品川　逆に考えてみたまえ。これからの激動の時代に会社を率いていくのは何歳くらいの人材だい？思考が柔軟で，国際感覚が豊かで，人望もある。もちろん健康でなければならないという条件だが。

大崎　50歳代でしょうね。

品川　社長が50歳代なら役員登用は？

大崎　40歳代半ばでしょうか。

品川　すると部長には？

大崎　ちょっと待ってください，部長。そうすると課長には30歳前くらいには就けなければならなくなりますよ。

品川　その通り。すると社長候補は何歳で選抜することになる？

大崎　20歳台後半ですよね。わぁ！私の数年後だ！

品川　非現実的だと思うかもしれないが，中央官庁の国家公務員総合職試験を合格したいわゆるキャリア組は現実にこのような道を歩んでいる。財務省なら30歳前で税務署長，警察庁なら県警本部の課長になる。今は少し遅くなっているかもしれないけれど。

大崎　前に話が出た海外の関係会社に行くことになっているYさんも30歳代半ばで関係会社役員ですから，似たようなものですね。

品川　国家公務員とわが社が異なるのは，わが社の場合，将来の経営幹部候補とされたとしてもそれが保障されないことだ。仕事をさせてみて資質がないと判断されれば降格や左遷は当然ありうるね。敗者復活戦は考えねばならないが。

大崎　採用の時の話ではありませんが，「あっ，間違えた」という人事もあるかもしれませんしね。

品川　だから経営幹部になれそうな候補者のプールを作っておく，というイメージのほうが近いかな。

大崎　その人たちにはどんな教育をするのですか？

品川　一言で言えば，修羅場を経験させる。

大崎　修羅場，ですか。

品川　金井壽宏先生の言葉を拝借したのだがね。これは私の経験からも同感できる。苦労して成功すると，一皮剥けたように変身するものだよ。

大崎　大きなプロジェクトの責任者や海外支店の支店長みたいなイメージですか？

品川　さすがに会社の命運をかけるような仕事はさせられないさ。海外で事業の種を探すとか，小規模の関係会社の役員にしてその会社を実質的に経営させるとかね。

大崎　経営者になるためのテストですね。

品川　そうだね。途中でギブアップしそうになるとか，判断を間違うこともある。本当にみたいのはそのときにどうリカ

バーするかということだね。

大崎 アメリカなどのビジネススクールに行かせてMBA（Master of Business Administration）をとらせる会社もありますね。

品川 うちも希望者には行かせているよ。自力でビジネススクールに合格するという前提だけどね。経営者教育としてはそれも有効だけど，転職する者も多いのだよ。会社が費用を貸与するという形にしているのは転職を防ぐためさ。ただ，勉強と実務とはやはり違うところもある。MBAも厳しい勉強を強いているし，数多くのケーススタディを行うことは十分知っているけれど，その経験を現場で生かしている者と，生かしきれていない者の違いは大きいよ。MBAを取得しても花が開かない者がいることはその証拠だよ。

大崎 行かせればいいというものではないのですね。

品川 会社のほうにも責任がある。MBAで経験したことを全く生かすことができない職場に配置したら，それはもったいないことだしね。

大崎 ただ，20歳代後半で選抜するとなると，何がポイントになるのですか？

品川 それまでの実績，人柄，あとは勘だ。

大崎 抽象的で心もとないですね。

品川 そう思うだろう。私もそう思う。

大崎 おや，素直ですね。

品川 部下にほめられてもなぁ。しかし本心だよ。だからこそ「人選に失敗した」ということもおこりうるし，1回だけの選抜ではだめだ。30歳代，40歳代になって芽を出す人がいるかもしれないからね。「人材のプール」は入れ替えが必ず必要なのさ。

大崎 大器晩成の例もあるということですね。

品川 ある外資系会社の例だが，急に社長が転出してしまったため，次の社長候補はすぐには間に合わない。あわてて，候補に挙がっていなかった50歳代の人物を本国の枢要な部署で修行させたという例もあるね。

4 自己啓発と会社の支援
－人件費は投資－

　馬を川へ連れて行くことはできるが，水を飲ませることはできない，という言葉は知っているね。

　私は馬ですか。

品川　鹿でもいいけれど。…失礼。会社がいくら教育システムを充実させても本人がやる気にならなければどうしようもない。自分で自分を高めていくという自己啓発が根本にあるということは認識してほしいな。

大崎　自分で勉強するということですね。

品川　そう。会社でも経費を支援する通信教育のパンフレットを作るとか，夜間大学院に行きたいという者には学位取得祝い金を出す，あるいは残業を少なくする，という施策をとっているし，社内カレッジと称して簿記や英語，営業のノウハウ伝達の講座を社内の会議室を使って初級から中級まで行っているのは社員の利便性を考えてのことだからね。

大崎　英語のネイティブの講師に聞いたら，claimという言葉は「苦情・不満」と理解している日本人が大変多いのに驚いたと言っていました。

品川　そうだろうね。日本ではクレーム処理というように苦情と理解されがちだけど，本当の意味は「主張する」だからね。受講者がその気になればかなり高度な勉強もできるはずだよ。

大崎　これらのカレッジは強制ではなく，自由選択制ですね。沢山受講する人と全く受講しない人とでは経費のかけ方が不合理のようにも思いますが。

図表5-1　教育費の位置付け

コスト（経費） →	できるだけ少なくしたい（社員のやりがい減）
インベストメント（投資） →	将来の収益源・多くともよい（社員のやりがい増）

品川　それは教育費をコストと考えているからだよ。われわれは社内教育の費用は投資だと考えている。沢山受講している人には沢山投資している。その代わり自分の能力を高めた上で会社の収益に貢献してほしいと考えているわけだ。

大崎　投資に見合わない，収益に貢献しない人もいますよね。

品川　Sunk cost（埋没費用）として考えるしかないね。でも投資をしなければ収益も上がらないのは事実だろう？

大崎　それはその通りです。

品川　だから有効な投資をせねばならないわけだ。全員に高額な投資をしても割に合わない。かといって投資をしないと能力開発もできない。結局将来の経営幹部たりうる社員に投資を集中させることにならざるをえない。

5　教育の効果測定

　社内・社外を問わず，社員教育のお話を続けてきましたが，結局の

ところ，教育が有効だったか否かどうやって測定するのですか？

痛いところをつくね。集合研修や外部のセミナーでは最後にアンケートをとるだろう？

大崎 役に立ったかどうか，というものですね。

品川 皆果たして本当のことを書いてくれるだろうか。

大崎 外部のセミナーでは「まぁ役に立った」とか「どちらでもない」くらいに丸をつけてしまいますね。内部の研修で「役に立たなかった」とか「意味なし」などと書いたら犯人探しをされるのではないかと思い，いい評価にしてしまいます。

品川 そうなのだよ。結局教育の効果が上がったかどうかはその教育をうけた人物の行動によって判定するしかない。口の悪い社員は研修は人事部の自己満足のためにある，などと言っているけれど，あながちはずれてはいないように思うよ。

ホームワーク

⇒ 効果ある研修とはどのようなものだろうか。考えてみてほしい。学生なら授業形態をどう変えればよいか考えるのも意味があるだろう。

⇒ 大学以下の学校でも実務教育を行う必要性があるという意見に対してあなたはどう考えるか。

⇒ 後輩への指導の際，どういうことに気をつけているか，箇条書きにしてみよう。「人を見て法を説け」とはいうが，個人別にどれほど違っているだろうか。ほめて伸ばすのか，叱って伸ばすのかなどいろいろな切り口があることに気づくだろう。

第6講 昇進・昇格
――誰が決めるのか

1 役職の意味

 今回は異動でも縦の異動だ。

昇進は○○さんが係長から課長に昇進した，などと発表されますが，昇格は発表されませんね。

品川 昇進と昇格はどう違うかね。

大崎 昇進は役職があがることですよね。主任，係長，課長，部長というラインですね。昇格は社員資格があがること。私は今社員3級ですが，今年は4級にあがることを期待しています。

品川 それでは役職は何を意味し，資格とは何を意味しているのかな？

大崎 役職はその部門の責任者を示します。資格とはわが社では職能資格制度をとっていますから，本人の職務遂行能力を表しています。

品川 ほう，それでは以前登場してくれた目黒さんのように部長代理とか，専任部長とは何を意味しているのだろう。

大崎 部長代理は部長の代理ですから，部長が欠けたときにその代わりを務める。専任部長は…本当は仙人で，霞を食べて生きている人だったりして。

品川 まじめにやれ。それでは部長がいるときの部長代理の立場は？

大崎 う～ん。そういえば決裁書には次長のハンコの欄がありますが，部長代理という欄はありません。それに部長代理はたくさんいるセクションもありますし。

品川 そう。硬く言えばラインとスタッフの違いだ。役職はその部門の責任と権限を負っている。ライン管理職とよく言っているね。わが社では次長も部長の下にいて，何人かの課長を率いている。次長は課長からあがってきた案件を判断したり，部長からの命令を課長に分担させたりする権限と責任を負っている。

大崎 部長代理はどんな仕事をしているのか，一見しただけではわかりませんね。

品川 部長代理はスタッフ管理職と位置付けられる。部長がいろいろアイデアを練る際，相談相手になったり，草案を

作ったりしている。また，ルーティンワークで忙しい次長以下に担当させると仕事が多すぎてパンクするような緊急事態や特命事項を担当しているから，外から見ただけではわかりにくいだろうね。

大崎 ラインとスタッフという言葉は軍事用語でもありますね。私はミリタリーものがすきですので。

品川 それなら都合がいい。経営用語は軍事用語から来ていることも多いからだ。戦略と戦術なんてもろに軍事用語だし。ラインは部下を率いる部隊長，スタッフというのは直属上司のために作戦を練る参謀たち，と言えばわかりやすいかな。

大崎 参謀は自分たちの部下は持っていませんしね。

品川 そうそう。実際の軍隊では事務作業をする人たちもいなければ仕事にならないけれど，会社では調べものは自分で調べ，コピーも自分でとってもらう。人員の余裕はないからね。課長代理も同じだ。課長からの指示を受けて動き，自分自身では部下は持っていない。

大崎 部長代理はわかりましたが，仙人，いや専任部長はどうなのでしょう。

品川 器用な話し方ができるな。それが活字のいいところだが。わが社では専任部長は第1講で述べたとおり，役職定年制で役職を離れた者に対して使っている。基本は部長代理と同じ役割のスタッフだ。正直言って部長だった人に対して職名を全く与えなかったり，部長代理とつけてしまったりしては，外部の人たちからは降格人事だと思われてしまう。それはモチベーションの減退を招くだけだ。そこで「専任部長」とか「専任課長」という名称を与えているわけさ。

大崎 「対外呼称」と言っているのは外部向け，という意味なのですね。

品川 その通り。だから社内では通常の業務については権限も責任もない。上司から命じられた事項についてのみ権限と責任が発生することになる。

大崎 そういうスタッフ職の人が仕事上，人手がほしい，というときにはどうするのですか。

品川 組織図の線を見てごらん。これが指揮命令の系統図になる。そのスタッフ職に仕事を命じた部長にお願いして，部長の指揮下にある課から何人かそのスタッフ職の人の下で働くよう命じてもらうことになる。

大崎 そしてスタッフ職の人の仕事が終わったら元に戻るわけですね。

品川 そうなるね。だからわが社は係長，課長，部長，担当役員という役職しかラ

図表6-1　組織図の例

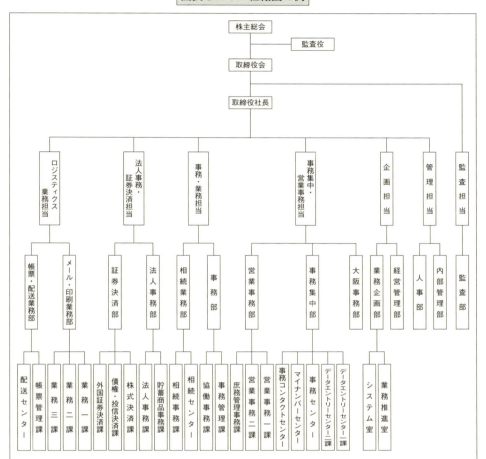

大崎 この会社では監査部は社長の権限外になりますね。

品川 そりゃそうさ。社長の仕事も監査の対象となるし、社長が業務命令で監査部に不祥事には目をつぶれ、などと言うことができたら困るからね。

大崎 社長自身のスタッフはいないのでしょうか。

品川 この図だけからははっきりしないが、管理担当や企画担当がその仕事をしているのだろうな。

イン管理職として位置付けていない。部長代理，課長代理，専任部長などが権限を主張したらどうなると思う？

大崎 ある課長を使いたがる部長代理の意向と正式な部長の意向がバッティングするかもしれませんね。

品川 そうしたら課長はどちらの言うことを聞くべきだろうか。

大崎 もちろん正式の部長です。

品川 その通り。スタッフ職の人が権限を振り回すことになると現場が混乱してしまう。どちらの言うことを聞けばよいのかわからない。一人の部下は一人の上司を持つことが組織の大原則だ。一人の部下が複数の上司を並列に持つことはありえない。誤解してもらいたくないのは組織図のラインがつながっている役員や部長まで含めれば「複数」となるのは当たり前。自分に命令を出す上司は一人だけ，ということだよ。

大崎 では私は品川「専任部長」の命令を聞く必要はない，ということですね。

品川 残念でした。私は「人事部長」の田町君から「大崎君を指導するよう」命令されているし，君は「人事課長」の浜松君から「品川専任部長の指導をうけるよう」命令されているだろう？人事部長は君に対する指導に関して，私に権限を譲渡したわけだ。だから指導に関して君は私の命令を聞く義務がある。ただし指導以外のこと，たとえばコピーをとってきてほしい，とかコーヒーをいれてくれないか，などということは君に命じたことはないはずだ。もし，通常の仕事と私の指導の時間がバッティングしたら，部長にどちらを優先すればいいか，聞いてもらえばいい。

大崎 おっしゃる通りです。

品川 ただし世の中には役職とは指揮命令の「組織の原理」で位置づけられていることを誤解している会社も多いことは事実だね。部長代理が何人もいる部において，部長代理に決裁権を与えたら，理屈上部長代理が全員同意しないと人事部長の決裁を得られないことになる。それでは時間がかかって仕方がない。スピードが大切なこの時代にそんなことをやっていられない。

大崎 でも，それをわかってなぜ役職を増やしているのでしょう？

品川 濫発だとしても，役職をつけた方がやる気を出してもらえると思っているからさ。「石を投げれば管理職」だね。

2　資格の意味

　資格があがる昇格はなぜ公表しないのですか？

君は先程「資格とは職務遂行能力を表す」と言ったね。

大崎 はい。

品川 そうだとすれば，同期でA君とB君の資格が違ったら，それは能力の違い，ということになる。昇格しなかったほうは面白くないだろう。

大崎 昇進でもそれは同じでは？

品川 役職は必ずオープンにしなければ，誰がその部門の責任者かわからないだろう？それに役職は数に限りがある。どんどん会社が大きくなれば役職も増えるが，少数精鋭を標榜しているわが社では規模の拡大は必ずしも目標ではない。誰か辞めるか，昇進するか，または亡くなるかしないと役職は空かないわけだ。能力は同等でも運悪く役職がつまっている部署にいる社員と運よく役職が空いた社員とでは残念ながら役職に差がついてしまう。これは仕方がないのだ。

大崎 でも昇進しなかった社員は面白くありませんよ。

品川 それは納得してもらうしかないな。あとは次のステップでは同時昇進，あるいは逆転するとかね。1回遅れただけなら挽回できることもわかってもらわないと。

大崎 事務取扱，代行，心得などというものを付けている会社もありますね。どう違うのですか。

品川 その会社によって意味はまちまちで，統一した定義はないのだよ。さっき話したとおり急にその役職に就いていた人がいなくなったときに，その人の仕事を臨時に誰が行うか，という場合に使っているね。たとえば人事課長が空席となったときに上位の人事部長に「人事課長事務取扱」を発令するとか，下の係長や課長代理の誰かに「人事課長心得」を発令するとかね。

大崎 なるほど。資格に戻りますが，今までの役職の話の裏返しになりますね。役職には定数がありますが，資格には定数がありませんよね。同等の能力を持っている人は何人もいていいわけですから。役職の面倒な話もありませんし。

品川 そういうこと。役職不足，つまりポストがたりないけれど同等の能力を持っている人は多い，という場合は資格で処遇する，ということだ。課長ではないけれど課長同等の能力があることは認めますよ，といえばわかりやすいだろう。賃金のところで話すけれど，資格に応じた賃金体系になっているから，課長と課長代理とではそれほど差はつかない。もっとも権限・責任が異なるから課長のほうが手当をつけるから少し高いけれどね。

大崎 これですべて解決ですね。よくできているなぁ。

品川 問題点も多い。

大崎 たとえばどういうことですか？

品川 能力はどのようにして測定する？

大崎 人事考課のときに少し話がでましたね。目標管理にはそぐわない内容ですから，やはり上司が判断するしかないでしょうね。

品川 それは客観的に判断できるかい？判断の基準やものさしは？理解力，判断力などと分けて考えられるか？

大崎 機関銃みたいに畳み掛けないでください。ペーパーテストができれば点数化できますけれど，たしかに能力の有無の判断は難しいですね。

品川 ごめん，ごめん。それでも低い資格の社員に対しては，自分の仕事に対し手伝ってもらわないとできないか，一人でできるか，後輩を指導できるか，といった点でチェックリストを作れば「できるかできないか」はわかる。自動車教習のハンコみたいなものだね。だけど高い資格の人たち，たとえば部長クラスの判断力と次長クラスの判断力といったら，違いがわかるかい？

大崎 歳の差くらいしかわかりませんね。そうすると判断基準を作ることも難しいです。

品川 その通り。基準がないと能力の差をつけたといっても説得力がない。だから教育・訓練のところで述べたように「修羅場」を経験させるとできたかできないかがはっきりわかる。そういう経験がない社員間では昇格させるかどうかは正直判断に迷う。

大崎 率直に申し上げて，なぜあの人が役員になったのかわからない，という人もいます。

品川 そうだろうね。私も役員にして失敗した，というケースを見ている。年功的に運用してしまったからだね。何年入社の誰々が役員になったから，同期の者も甲乙付けがたいから役員にしてしまおう，という感じさ。これは役員だけでなく高い資格ではありがちなのだよ。

大崎 年功制度の打破のために職能資格制度を入れたという話も聞きましたが。

品川 耳が痛いところだ。結局元に戻ったのではないかという声は人事部にも届いている。

大崎 能力が低い，とわかった人は降格させてもいいのではないですか？

3　降格・降職

　能力は一旦身についたら落ちるものではない，という考え方からすると降格はありえないことになる。

　そうですね。

品川　しかし，君の言うとおり，「間違えた」とか昔は高い能力を持っていたけれど，今は陳腐化してしまった，というケースもありうる。だから資格規程では降格の項目を入れたのさ。

大崎　実際に降格させたケースはあるのですか？

品川　資格の降格は本人に納得させられるだけの証拠があれば行っている。でもそれをオープンにすると本人は大きなダメージを受けるだろう？だから資格の昇格・降格は公表しないのだよ。

大崎　役職を下げること，これも一般的には降格と言っていますが，これは公表されますからわかってしまいますね。

品川　役職を下げることの適当な日本語が無いからね。ここでは降格と区別するために降職と言っておこうか。これは会社の人事権の発動として本人がいやと言っても強制する。

大崎　厳しいですね。

品川　それはそうだ。業績を上げられなかった人物を同じ役職にずっと就けていては会社はやっていけない。これは判例上も人事権の発動として会社に広い裁量権が認められている。

大崎　いわゆる左遷というものは？

品川　二つタイプがあってね。業績不振という今言ったタイプのほかに，不祥事を起こしたけれど，懲戒処分にはしなかったといった懲罰的なタイプがある。同じ支店や部でも何となく序列があるのは君も知っているだろう？格上のA支店長から格下のB支店長へ，という左遷もあるしね。昇進に見せかけた左遷もあるよ。課長から部長代理に，というケースだね。これなどは部下を持たせないために行う事実上の左遷だよ。

大崎　昇進したといって喜んではいけないのですね？

品川　部下をつぶすという管理職は残念ながら存在する。その場合にはつぶれる部下を作らないためにスタッフ職に移す。

大崎　それ以上の昇進は？

品川　ない。

4　仕事基準人事

　こうみてみるとわが社の人事は一人ひとりの人を見て人事をしてい

るように思いますね。

　日本企業の特徴の一つだと思うけれど，異動して仕事が変わっても賃金は変わらないだろう？つまり賃金を人に結び付けているわけだ。

大崎　そうですね。

品川　しかし諸外国は違う。仕事が違えば賃金も違う。賃金を仕事に結び付けているのだよ。

大崎　なるほど。

品川　人を基準とした人事を行うと人事異動や仕事の転換などが大変やりやすい。仕事を基準とした人事では仕事自体を変えると賃金も変わるから契約の更改という形になる。本人の同意が必要なわけだ。

大崎　採用の時の話で就社か，就職か，という話題がありましたね。

品川　そう。就職だと自分でキャリアを設計し，もうこの会社で学ぶことはない，と思えば他社に転職する。就社，つまり人基準人事は長期安定雇用施策を実施するためのものともいえるだろうね。おさらいしておこう。会社は何も知らない学生を採り，教育投資をして一人前に仕上げる。投資をするからには収益を会社にもたらしてもらわねばならない。いろいろな仕事をしてもらって，会社が適性を判断し，本人にとりもっともふさわしい職務に就いて長期間わが社で働いてもらう。結果として長期安定雇用となる。ということだ。

大崎　職能資格制度が年功的に運用されたとすると，今後の日本企業はどうなるのでしょうか。

品川　仕事基準人事に転換していくことになるだろうな。

大崎　その理由を教えてください。

品川　第一に世界共通の認識として，わかりやすいということだ。どんな仕事をしているかということが処遇の軸になるのだからね。

大崎　でも，日本の仕事の進め方と諸外国の仕事の進め方は違うとおっしゃったばかりですよ。

品川　たしかに。そうすると日本企業の仕事の進め方自体を変える必要がでてくる。

大崎　そんなこと，簡単にできますか？

品川　簡単にはできないさ。難しいだろうね。仕事の範囲を明確に定めるということは日本企業の風土とは合わない側面がある。チームとして集団の力で仕事を進めていこうというのが日本企業のパワーだったが，他人の仕事には基本的に手を出さない。その代わり自分の仕事は

きっちり果たすという職人みたいな意識, よくいえばプロ意識が必要になるからね。集団主義と個人主義というように対比することも可能かもしれない。

大崎 日本企業では個人主義は成立しない, と断言できないのですか？

品川 してもいいけれど, そうしたら, 外国人からは特殊日本的なものとして, 優秀な外国人からは敬遠されることになるだろうね。

大崎 これから日本は人手不足になりますから, 優秀な外国人も必要ですからね。

品川 そうさ。これからといわず, 今でも外国人の力は必要だ。海外事業はもちろん, 新製品の開発など創造性が必要とされる職場では異質な人材の発想が要求されるからね。

大崎 わが社ではまだまだですね。部長, 英語でビジネスできますか？

品川 面目ない。さて仕事中心人事に向かう第二の理由は今の話とも関連する。少数精鋭を指向すると, 社員が他の人の仕事にぶらさがることはできなくなる。

大崎 すみません。ぶらさがるとはどういうことですか。

品川 チームで仕事をすると, 自分はろくに貢献しないのに, 成果だけは誇るという奴が出てくるだろう？

大崎 ああ, なるほど。思い当たる節があります。

品川 祭りのお神輿をみたまえ, みんなが一緒にかついでいるならいいけれど, ぶらさがっているだけの者もいるかもしれない。そうした人間は会社に不要なのだ。その結果, 会社が社員一人ひとりに何を要求するか, はっきりと明示するようになるということだ。

大崎 私も具体的に指示していただいたほうがわかりやすいです。

品川 第三の理由は仕事が変われば処遇も変わるという認識を持ってもらわないと, 今後変化が必要な時代には対応していけない, といったことだな。変動的要素が入ってこざるをえないだろう。

大崎 厳しい世界になりそうですね。

品川 またこの点は賃金のところで議論しよう。

大崎 部長, 喉が渇きました。居酒屋へ行けという業務命令を発してください。

品川 やぶさかではないが, 割り勘にするという命令でもいいかな？

大崎 そんな…。

ホームワーク

⇒あなたの会社では職務権限は明確になっているだろうか。たとえ職務権限規程があったとしても、その通りに運用されているだろうか。

⇒組織論の勉強をすると「マトリックス組織」という形態が出てくることがあるだろう。この場合には一人の部下は複数の上司を持つことになる。上司たちの意見が異なったらどうすべきなのだろうか。

⇒「資格」は処遇のための論理で動き、「役職」は組織のための論理で動いているともいえる。これらが混同されないようにするためにはどうしたらよいだろうか。

第7講 定年・退職・解雇
——次のキャリアに向けて

1 前回の復習

　前回のホームワークで，処遇の論理と組織の論理の区別をきちんとするにはどうしたらよいか，という趣旨の設問がありましたが，結論がよくわかりません。お教え願えませんか？

　自分で考えたかい？

大崎　はい。たとえば処遇のものさしである資格は能力で計るけれど，その判断基準が難しい。それはわかります。しかし役職につけるかどうかは適材適所というだけで判断基準自体がありません。役職に必要なのは第一に能力でしょうから，結局同じになるのではないでしょうか。

品川　ほう，いいところに気がついたね。同じ能力でも資格昇格と役職登用とでは基準や条件が違うはずだが，その違いが明確でない，ということだね。

大崎　そうなのです。資格については一応資格等級基準がありますが，役職にはありません。

品川　一つには，いろいろな役職に要求される能力・経験・適性は異なるから，一つの基準にまとめることはできない，ということがある。営業課長に要求される条件と経理課長に要求される条件とでは違う。人付き合いが苦手な者にはつけられない役職とか，大雑把な性格では任せられない役職といったものがある。それを公表することは躊躇してしまう。だから外部から見ると役職は柔軟に，資格は厳正に，ということになるかな。回答としては人事部や人事担当が二つの論理を峻別する事，ということだね。

大崎　抜擢人事はその結果の一つですね。

品川　役職には誰かがつかなければいけないからね。もう一つは上の役職になればなるほど，能力以外の人柄，品性といった全人格的なものが必要となる。人徳と言ってもいい。これを文章に表すのは無理だ。

大崎　人徳ならある無しはわかりそうな気もしますが，人柄でいい悪いはいえないでしょうからね。

品川　だから前回「部下をつぶす上司」の話題を出したけれど，正直誰だって彼の部下になりたくない。厳しいことだけ言って，フォローが何も無いからね。人柄だって「お友達にはなりたくない」タイプだ。部下を使って仕事をすることができない人なのだね。でもいざというときには頼りになる。そういう彼もこれ以上の昇進は望めない。

大崎　わが社では社長や役員になっている人は全員人徳があるとは思えないのですけれど…。

品川　…相対的に「よりまし」な人を選んでいるからだよ。聖人君子ばかりではないからね。好き嫌いも入っているだろうし，バカなトップもいなかったとは言わない。

2　退職

さて，話も退社のところに来た。あまり意識されていないだろうけれど，退社にも2種類ある。

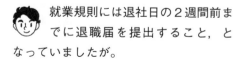就業規則には退社日の2週間前までに退職届を提出すること，となっていましたが。

品川　会社が認める合意退職と会社が認めない退職，人によっては辞職という言い方をする。この2種類がある。

大崎　どう違うのですか？

品川　自発的に退職する時をイメージしてみたまえ。たとえば退職届を社長に提出したとする。その時，「わかった。明日から来なくていい」と言われたら，法律上双方が雇用契約の終了に合意したこととなり，退職した扱いとなる。

大崎　それでは「2週間前」とはどういう意味なのですか？

品川　これは民法627条からきているのだ。相手方，つまり会社が退職を認めない，といっても2週間経ったら雇用契約は終了する，ということなのさ。

大崎　いきなり明日辞めます，と言われても上司や人事は困りますね。反対にその場で「いいよ。明日から来なくても」と言われたら，本人は「自分はいらない存在だったのか」と思うでしょうね。

品川　本人がどう思うかはさておき，会社の事情はその通りだ。いきなり辞められたらそれまでの仕事の引継ぎはどうする？　また補充の人員を手配しなければならない。だから就業規則でも2週間前までの事前通告を必要としているのだよ。仮にその場で会社が合意したら，はい，それで終わり。後の手続きは後日連絡する，ということになる。

大崎　会社がどうしても辞めさせない，

辞めさせたくないというときにはどうなるのですか？

品川 それはできない。労働基準法で強制労働が禁止されているし，そもそも憲法上職業選択の自由が認められているからね。退職届を提出して2週間経てば自動的に労働契約は消滅する。

大崎 でも，いわゆるブラック企業では辞めさせないところもあると聞きました。

品川 それは労使双方とも労働法の知識が無いからさ。

大崎 銀行などでは1ヶ月前までに届け出る必要がある，という話もあるそうですね。

品川 2週間前では短いということなのだろう。特にお金を直接扱う金融機関では，退職届が出されたら，退職日までの間に本人に不正がなかったか調査するという話も聞くからね。お客のお金に手をつけて休暇と称して何千万円も持って海外に行き，その間に退職届を出されたら，とても2週間では調査できないかもしれないね。

大崎 そのまま海外に消えていきそうですね。

品川 1ヶ月前としても歯止めにはならないかもしれないが，心理的な圧力になるということだろう。

大崎 退職届には理由は書かなくていいのですか？

品川 まだ退職届を書いたことがない君には経験がないだろうが，本来は書かなくてもいいのさ。いくつも人事部には原本があるけれど，皆「一身上の都合」だよ。

3 定 年

私は60歳定年までまだまだですが，部長はもうすぐですね。

きついことを言うなぁ。実際にそうだから仕方ないけれど。あと何年かと思うと寂しいがね。

大崎 でも定年制がなければポストが空きませんからね。

品川 それは定年制がなければならない理由の一つだね。組織の新陳代謝を促進する，ということだ。

大崎 ただ，まだ働くことができる人材を辞めさせるのはもったいないのでは？

品川 今の世の中，60歳はまだまだ若いからな。だから法律でも希望者に対して65歳までの雇用措置を設置することを企業に義務付けている。

大崎 そういえば，定年は退職なのですか，解雇なのですか？

品川　退職届を出すではなく，解雇通知を会社が出すではなく，というものだから，判断に困るということだね。結論としては定年退職と言ったり，定年解雇と言ったり会社によって扱いは異なる。わが社のように「貴殿は来年3月31日をもって定年退職となりますので，ご通知申し上げます。」という通知を出している会社は法的には解雇に近い。退職の意思表示がないからね。

大崎　定年制を無くしたらどうなるでしょうか？

品川　現在わが社にいる中高年を見たまえ。退社してもらうのはもったいない，という人もいれば，早く辞めてくれないか，という人も混在しているのが現実だ。

大崎　正直，そう思います。でも後者のような人でも辞めさせることができないのでしょう？

品川　日本には解雇権濫用法理が定着し，労働契約法で条文にもなっているから，簡単な理由で解雇するのは難しい。

大崎　辞めさせることはできるが，リスクヘッジしているということですね。

品川　その通り。たとえば業績不良といっても，辞めさせるくらい悪いのか，会社が目をつぶらねばならないくらいなのか，裁判所の判断に委ねられているのが現状だからね。ところが定年になると事情が違う。

大崎　年齢は客観的で一律ですものね。他の優秀な人も一緒ですから，なぜ自分が辞めなければならないのか，不満を言うこともできないはずです。

品川　それが定年制の意味の一つさ。辞めてもらいたい人に納得して辞めてもらう，ということだね。そのために辞めてもらいたいと思っている人にも定年まで賃金を払っていることになる。

大崎　会社としてはお金がもったいないような気がしますが。

品川　うん。そうも思う。でも社員の立場にたってごらん。能力不足で解雇されたら，次の職場は簡単に見つかるかな？

大崎　なかなか難しいですね。

品川　それに年功賃金制度の下で働いていた人々だから，若い時には安い賃金で働いていたのだよ。その頃に「将来は賃金も高くなるから」と言われて働いていたのに，「もう使えないから辞めてくれ」と言われたら，やはり納得できないものがあるだろう？

大崎　私なら怒るでしょうね。約束違反だ，と言うと思います。

品川　本当は会社も約束していないのだ

けど，一種の「心理的契約」というものだろうね。

大崎 シンリテキケイヤク？

品川 詳しくは自分で調べること！

大崎 諸外国では年齢差別禁止法が制定されている国も多いですね。日本では定年制は法律上どうなっているのですか？

品川 ドイツやフランスでは年金受給年齢以降は年齢を理由とする解雇を認めているようだし，法律では定年制は禁止されているが，実際には年金をもらうようになったら退職する人が多いアメリカのようなタイプもある。日本でも希望者に対する65歳までの雇用確保措置を企業に求めているとともに60歳未満の定年制は違法とされているよ。高齢者雇用安定法を読んでごらん。一方で「終身雇用制」は文言上間違いともいえるから人事担当の間では「長期安定雇用」というのが普通になっている。

大崎 死ぬまで働ける，ということではありませんからね。

品川 でも定年制をはじめて導入したといわれている日本郵船では1918年に55歳定年としたけれど，その当時のいわゆる平均寿命は50歳に達していなかったから，文字通りの終身雇用だったかもしれないね。もっとも平均寿命とは生まれてきた子全員の統計だから，子供の死亡率がとても高かった当時でも50歳くらいまで生きていれば定年退職後も長生きする人も多かったともいえる。

大崎 子供の死亡率が平均寿命に大きく影響するとは知りませんでした。

品川 昔は抗生物質がなかったから結核みたいな感染症にかかったら死に直結した。医療の発達と社会の豊かさが平均寿命を延ばしてきたといえるのだろうな。

4 解雇

退職と定年についてはわかりましたが，会社のほうから「クビ」にする解雇は退職と同様，一方的に解雇する，と言えるのですか？

アメリカではいろいろな差別禁止法に抵触しない限り，そのように考えられているね。Employment at Will という原則だ。ここでのwillは名詞の「意思」という意味さ。

大崎 日本では？

品川 現実問題として，適切な理由が無いと解雇できないことになっている。

大崎 適切な理由ですか。

品川 それはそうだろう。君の顔が気に食わないから解雇する，と言ったら納得

できるかい？

大崎 いいえ，どうして？とききます。

品川 そこで2つの解雇の種類に分かれる。本人が悪いことをしたときに懲罰として行う懲戒解雇と特に悪いことをしていないけれど，本人が会社に在職していることは望ましくない，という普通解雇だね。後者は通常解雇ともいう。懲戒解雇は次回に述べることとして，普通解雇について話しておこう。

大崎 具体例でお話しください。

品川 そうだね。一番よくわかるのは能力不足だろう。本人が悪いことをしたわけではないけれど，仕事ができない，ということだね。そのほか業績が悪くなって事業所を閉鎖したり，個別に解雇したりする整理解雇のケースがある。

大崎 みんな本人のせいではありませんからね。能力不足と言っても採用したのは会社ですしね。

品川 まさにその点が議論の焦点になる。本当に解雇するだけの理由があるか，ということだ。たとえば君が言った能力不足の場合，能力不足だといって新人を解雇することは認められるかな？

大崎 新人に完全な能力を期待するのは無茶ですよ。それについた仕事がたまたま相性の悪い仕事だったかもしれませんしね。そんな解雇は認められません。

品川 日本では「就社」というようにどんな仕事につくのか特定しないのが通常だから，他の部門でも使ってみて，本当に解雇すべき者なのか判断する必要がある。仕事はのろい，時々ミスを犯す，くらいで解雇することは躊躇するね。

大崎 整理解雇では会社の経営判断のミスもあるでしょうね。

品川 その通り。でもそのミスを指摘してもそのままの状態だったらますます業績が悪くなってしまうかもしれない。整理解雇は最後のやむをえない措置なのさ。だから裁判所も4つの要件，要素といっている裁判所もあるが，それを提示している。第一に解雇の必要性，第二に人選の合理性，第三に社員や労働組合への状況説明，第四に解雇回避努力を行ったかどうかという条件だよ。

大崎 具体的にはどういうことですか？

品川 解雇の必要性は一言で言えば業績の悪化だね。業績が良いのに解雇する必要はない。ただし解雇しなければ倒産する，という逼迫した状況までは必要ないとされている。

大崎 それはわかります。

品川 しかし，人事担当としてはすんなりわかられては困るのだよ。

大崎 どうしてですか？

品川 事業構造の再編，つまり本当の意味でのリストラクチャリングは業績がいいときに行いたいからさ。一方で業績が悪い部門があっても，業績の良い部門が会社を支えていたとする。その場合業績が悪い部門を閉鎖する，あるいは他社に売却することを会社の経営戦略上考えねばならない。

大崎 なるほど，業績の良い時に部門を閉鎖して社員を解雇することも考えたいということですね。

品川 そのとおり。そうすれば解雇対象の社員に対して割増金を大きく出すことも可能だ。業績が悪くなってからだと条件も悪くなってしまうのだよ。それに業績の良い時は他社も好況のときが多い。転職の可能性も広がっていく。でも裁判所は解雇には厳しくてね。

大崎 長期安定雇用を維持したいという意図が見えますものね。

品川 そういうと批判を受けるかもしれない。社会構造が長期安定雇用を志向していることを無視できない。社会が変われば判決も変わっていく，とね。裁判所自身は長期安定雇用を維持する意図を持っていないと言いたいだろうね。

大崎 判決と社会の動向との関係は難しいですね。

品川 大きなテーマだと思うよ。次に人選の合理性だ。これについては差別にあたらないかどうかが問題となる。同じ工場で共働きしていた社員夫婦がいて，その工場を閉鎖することになった。夫を他工場に異動させるが，妻は夫の収入があるから解雇しても生活には困らないだろうといって解雇した。さあ，このケースはどう考える？

大崎 男女差別にあたりそうですね。夫が退職して妻が残るという選択もありますからね。

品川 そうだね。裁判所は不当と判断した。成績で下位の者から解雇するといったら？

大崎 本人が本当に成績下位なのか証明する必要があるでしょうし，何より前もって成績を本人に伝えておかないといけないでしょう。

品川 よくできました。社員や組合への説明義務はどの程度果たしたらいい？

大崎 難しいですが，少なくとも「わが社の経営は健全である」といわれていた場合にいきなり解雇と説明されたら憤慨しますね。

品川 ケースバイケースになるが，業績が悪くなってきたことを知らせて，経費節減や利益拡大を訴えること，それでも

状況が改善しなかったこと，など適宜状況を開示することは必要だろうね。

大崎 社員に包み隠さず現況を知らせる真摯な態度が必要だということですね。

品川 その通り。会社の具合が悪くなってきたことを社員に知らせないというのは，社員を信頼していないということでもあるからね。

大崎 最後は解雇回避義務ですね。

品川 解雇ということは人件費の削減だ。解雇の前に行うべき人件費の削減策はどういうものがあるだろう。

大崎 残業規制，新規採用の中止，パート・アルバイトの雇い止め，そうそう，賃金カットもありますね。まず高給をもらっている社長から大幅に削りましょう。

品川 まったく同感だ。下の者だけに犠牲を強いて，上層部はのうのうとしているのでは全くけしからん。

大崎 部長，何か私憤が入っているような気がしますが…。

図表7－1　労働契約の終了形態

```
                  ┌ 退職 ┬ 合意退職
労働契約の終了 ─┤      └ 不合意退職（辞職）
                  └ 解雇 ┬ 懲戒解雇
                        └ 通常（普通）解雇
```

ホームワーク

⇒転職してキャリアアップを図るためにはどうしたらよいだろう。

⇒定年無き会社は幸せなのだろうか，考えてみよう。

⇒「出入り自由の会社」というところもあるが，一旦退社した者と一緒に働くことができるか想像してみてほしい。

第8講 懲戒——クライシスマネジメント

1 懲戒と刑罰

 今日は暗い話題ですね。

 そうだけどね。いわば社内の刑罰に関する問題だ。

大崎 こんな問題が無ければいいのに。

品川 そうはいかないさ。仮にこの世の中に刑法がなかったらどうなると思う？

大崎 みんな好き放題でしょうね。いやな上司をぶんなぐるとか。

品川 おいおい，物騒なことを言うなよ。要は組織の秩序維持のためには，こういった秩序違反に対する懲罰や秩序の強制は不可欠なのだね。これは社会でも会社でも，学校でも同じだよ。

大崎 社会における刑法に相当するものが会社内の懲戒規定だと考えればいいのですね。

品川 そういうことだ。だから刑法の理論をそのまま懲戒の問題にあてはめることも多い。

大崎 文学部出身の私にもわかるよう説明してください。

品川 まず罪刑法定主義だ。どういうことをすると罪になるか，その罪を犯すとどのような刑罰が科されるのか，法律で決まっていなければならない。社内では就業規則に書いてあるかどうかという問題で議論される。

大崎 だからわが社の懲戒規定にはたくさんの事例が載っているわけか。

品川 だけどどんなことがおきるか，想定できないようなことをする者もいるかもしれない。だから最後に「前各号に準じた場合」とつけておいた。ただし，これは厳密に言えば罪刑法定主義に反するという学説もあってね。運用は難しいね。

大崎 何が「準じる」のかわかりませんからね。でも思いがけないことをする者も確かにいるでしょうしね。

品川 たとえばハラスメントだ。最近いろいろなハラスメントが議論されているだろう。セクハラだけでなく，パワハラ，マタ（ニティ）ハラ，こういうことは従

来考えていなかったから，懲戒規定には載っていない。パワハラなど，何をもってパワーハラスメントとするか，懲戒規定に載せねばならないが，定義は難しい。狭い定義だとその網から逃れる者もでてくるし，広く考えると境界があいまいだ。現場は困るのだよ。

大崎 たしかに運用は厄介ですね。

品川 でも，これは刑法の原則に立ち戻れば，逆に国民を保護することでもある。こういうことをしたら罪になる，ということは，逆に言えば「こういうことをしなければ罪にならない」と保障することだからね。

大崎 なるほど。罪刑法定主義はわかりましたが，その次は何ですか？

品川 一事不再理の原則だ。1回決定した罪と罰は覆すことはできない，ということだ。1回最終的に決まったことをまた変えられるかもしれないと思ったら，安心できない。

大崎 でも地裁判決が高裁で変えられたりしますよ。

品川 それは判決がまだ確定していないからさ。当事者のどちらかが不満なら地裁から高裁に控訴したり高裁から最高裁に上告したりすることができるよね。ただ控訴，上告しなかったり最高裁で最終的な判決や決定がなされたりしたらその判決は「確定した」ということになる。これは民事事件でも同じ。「確定判決」ということもある。

大崎 確定したらそれ以上は再度審理できないということですね。でも前科何犯といったら同じ事件を何回も審理することになりませんか。

品川 だんだん理屈を覚えてきたな。1件の犯罪はそれで審理は終わり。ただ刑罰の段階で重くなっていくことはある。

大崎 始末書提出は懲戒処分なのですか？

品川 また面倒な問題を…。わが社では始末書提出は懲戒処分として扱っていない。懲戒条項にも載っていないだろう。事実関係を確認したいだけと位置付けているからね。会社によっては始末書提出を懲戒処分としているところもある。その場合，何かの懲戒処分とくっつけて過去の始末書提出を懲戒理由とすると一事不再理と議論される可能性もある。次に行こう。刑罰不遡及の原則がそれだ。

大崎 刑罰がさかのぼらないということですか。

品川 そう。ある日までそれは罪にならない，と言っていたことについて，突然それは罪になる，したがって過去に同様

のことをした者は罰せられる。とされたらどう感じる？

大崎 具体的に考えましょう。えーと，今までネットゲームをしていたけれど，ある日いきなりネットゲームをすることは犯罪となる，という法律ができ，過去にネットゲームをしていた者は一斉に逮捕される，といったことですね。それは大変なことですよ。

品川 そうだよね。だから刑罰に関する法規は施行日以降の行為を問題とする。

大崎 懲戒規定もそうなのですね。昨年からパワハラ条項が入っていますが，3年前新入社員だったときのあの係長の言動は明らかにパワハラでした。

品川 だから刑罰不遡及なのだよ。当時は懲戒処分にならないと思っていたのだから，違法性の認識が無かった。仕方がなかったとしかいえないな。最後は類推解釈の禁止だ。

大崎 まだあるのですか…。

品川 仕方が無い。刑罰規定は国民が国から刑罰を受けるのを防ぐという意味もあるのだから。

大崎 類推解釈とはそもそも何ですか？

品川 電気は物か？

大崎 うっ…。物として見えないし，だけど電気を使うには本当なら電気料金が必要だし…。

品川 電気は物である，と解釈するのは拡張解釈。電気は物ではないが物として認める，というのが類推解釈だ。明治年間に問題になってね。昔の刑法ができた当時，電気は一般的でなかった。だから条文がなかったのだが，電気の普及によって他人の家の電灯線から勝手に電線を引っ張って使うという家があらわれた。しかし類推解釈の禁止から窃盗罪は認められない，と下級裁では無罪となった。でもこれでは電気会社はたまらない。最終的に当時の最高裁に当たる大審院から電気は物とする，という判決が出され，これもその後新刑法の立法で電気は物とみなすこととされた（刑法245条）。だから君が会社で携帯電話を充電していたら，これは電気窃盗という罪になる。

大崎 そんなこと，していません。時代が変わればいろいろ問題が出てくるのですね。

品川 急に活字が小さくなったような気がするが，まぁいい。類推解釈を行うと人の解釈によってどこまでも広がってしまう可能性がある。そうすると刑法の「罪刑法定主義」に反する。だから類推解釈は禁止するわけだ。でも会社として懲戒事由を厳密に並べるのは大変だ。そのために一番下に「前各号に準じる事

項」というのを置いたのだが…。

大崎 結局類推することと同じになりませんか？

品川 そういう論理を展開する研究者もおられる。だがこの項目がないと実務では難しい局面も出てくる。結果的に判決などで明確に否定されない限り，この項目を置いておこうということにした。

2　懲戒の種類

わが社では懲戒は訓戒，減給，出勤停止，諭旨解雇，懲戒解雇とありますが，他社ではもっとあるのですか？

各社まちまちだね。それに法的定義もないから，減給を除いては各社自由にきめてよいことになる。労働契約，つまり就業規則に明記されていることが条件になるけれど。

大崎 減給については労基法に規定がありますね。労働基準法91条では，「一回の減給額が平均賃金の一日分の半額を超え，総額が一賃金支払期における賃金の総額の十分の一を超えてはならない」となっていますね。

品川 減給が厳しくて，生活できないくらい低くなっては困るからね。

大崎 諭旨解雇と懲戒解雇とはどう違うのですか。

品川 わが社の場合では退職金支払いの有無と考えてもらえばいい。懲戒解雇の場合，退職金は不支給だが，諭旨解雇の場合は退職金を支払っている。

大崎 解雇の場合，解雇予告手当を払う必要がありますよね。

品川 簡単に触れておこう。解雇の場合は30日前に通告するか，30日分の賃金を支払う必要がある（労基法20条）。しかし「従業員の責に帰すべき理由による解雇の場合」には，解雇予告や解雇予告手当の支払いをせずに即時に解雇することができる。ただし，解雇を行う前に労働基準監督署長の認定（解雇予告除外認定）を受ける必要がある（労基法21条）。

大崎 面倒ですね。

品川 まったく，書類を作ること自体面倒だね。わが社では労基署長の認定をうけることが面倒だから30日分の手当を払って，「もう来るな」と即日解雇するケースも多い。

大崎 盗人に何とやら，ですか。

品川 そんな面もたしかにあるけれど，のちのち裁判になったりすることを考えれば1ヶ月分の賃金なんて安い，という見方もできる。

3　懲戒事由

　わが社の懲戒事由はたくさんありますね。30項目を超えていますよ。

先程話した罪刑法定主義を実践したおかげさ。もっとも，本来ならこれこれの懲戒事由は訓戒に処す，というように懲戒事由と処分を対応させる必要があるのだけれど，いろいろなケースがあるからね。

大崎　履歴書の経歴を偽る経歴詐称と，会社の機密をもらした場合とは重さが完全に違うような気がしますが。

品川　経歴詐称を例にとろう。入社直後に大卒として入社したのに，実は高卒だったという場合，これは解雇していいかね？

大崎　うそをついたのだからいいと思います。

品川　それでは大卒として入社して15年後に実は高卒だったことが発覚した。この場合はどうだい？もちろんその間勤務態度は優秀だったとしよう。

大崎　うわぁ。その間問題が無かったのなら，解雇は厳しいですね。

品川　そうだろう？懲戒事由と懲戒処分を対応させるのは難しいのさ。ハラスメントでも程度の差がある。何気なしに女性社員の肩に手を置いて話しかけた場合，「キャッ，止めてください」と言われたり，逆に好意を抱いていたりしたらいいムードになったりするだろう？

大崎　そういう経験がないからわかりませんが。

品川　君子危うきに近寄らず。またこれもいいお付き合いをしていたときには女性も問題にしないが，別れたあとは「やめて！」ということになるかもしれない。

大崎　懲戒は限界事例が多くて難しいですね。

品川　事実関係を明確にし，証拠をきちんとそろえておかなければ，正直なところ懲戒処分を行うことはできないのが現実だ。労働契約法でも正当な理由が必要とされているが（15条），裁判で「正当」と主張できるだけの証拠をそろえるのは

図表8-1　懲戒事由の主なもの

懲戒事由	具体的内容の例
経歴詐称	学歴詐称
職務懈怠（けたい）	無断欠勤
業務命令違背	残業拒否
業務妨害	違法な争議行為
職場規律違反	業務上横領
従業員たる地位・身分による規律の違反	私生活上の非行

出所：菅野『労働法第11版』（2016）の整理による。

かなり大変だよ。

大崎 懲戒処分を発動する前に，社員が懲戒事由に該当しないよう行動させることの方が重要な気がします。

品川 その通りだよ。常日頃のマネジメントだね。でもねぇ，人間というものは難しくてね。だから面白いともいえるのだけれど。

ホームワーク

⇒主要な懲戒裁判例を読み，妥当かどうか議論してみよう。
　例）「大成観光事件」最高裁昭和57.4.13判決

⇒懲戒処分を決める際，会社の意向だけで良いだろうか。労働組合や従業員代表を加えた懲戒委員会の設置は必要だろうか。

⇒懲戒該当行為を事前に防ぐ（予防する）ことは可能だろうか。考えてみよう。

第9講 賃金の形態と決定
──職務給・職能給…

1 労働条件の決定

今日からは労働条件，つまり賃金，休日，休暇といった問題に入る。まず，労働条件はどうやってきまるのかな？

就業規則に書いてありますよね。

品川 就業規則に書いてあれば，社員はそれに従わなければならないのかね？

大崎 従わなくともいいのですか？

品川 そこには論理が必要だろう。これこれこういう理由で社員は就業規則に従わなければならない，とね。

大崎 だって就業規則は就業規則だし…。

品川 法理論的には重要な論点なのだよ。とりあえずここでは「労働条件は就業規則で定められている」と考えておけばいい。それではわが社では職能給を取り入れているが，それは就業規則に書いてあるかな。

大崎 えーと，あれ，就業規則には書いてありませんね。「賃金については別に定める」となっています。

品川 それでは何を見れば書いてある？

大崎 賃金規程でしょうか。あぁ，あったあった。「基本給は職能資格によって定める」となっています。

品川 賃金規程やその他の労働条件についてすべて就業規則に入れると分厚くなって仕方が無い。だから労働条件に関しては付属規定として賃金規程の他，人事考課規程や教育研修規程などを別規程化している。でも法律上はこれら別規程も就業規則の一部とみなされる。また冊子にすると賃金表の改正など一部だけの改定を行う場合でも全部を刷りなおす必要もあるしね。だから印刷物としては各部署にバインダー形式で一冊ずつ配布し，全社員向けには社内LANに載せて，いつでも見られるようにしている。

大崎 規程（キホド）と規定（キサダ）はどう違うのですか？

品川 うまく言い換えたな。個々の条文が規定，規定の集合体として規程がある，

と考えればよろしい。

2 年功給の発端

 わが社はなぜ職能給を入れたのですか？

 その話をする前に，歴史を簡単に振り返ろう。第二次大戦後からでいい。今から70年程前，終戦直後の日本はどのような状態だったか。教科書で焼け野原になった東京の写真をみたことがあると思う。

大崎 破壊されつくしたでしょう。

品川 その通り。そして日本を占領した連合軍は二度と戦争を起こすことができないように，武器などを作る軍需産業を徹底的に分割したり，武器以外の製品を作らせたりした。車のスバルの前身は戦前の戦闘機を作っていた中島飛行機だし，空港のボーディングブリッジなどを作っている新明和工業は戦前の川西航空機だ。川西は二式大艇や紫電改など…。

大崎 部長もミリオタですか。

品川 うむ。そんな中で外地に行っていた兵隊や民間人が500万人以上ともいわれているが，大量に日本に戻ってきた。彼らの就職先はあるだろうか。

大崎 企業自体が無くなってしまったのですから，雇用先などないでしょう。

品川 その通り。一方で占領軍総司令部，General Head Quarters，略してGHQだが，ここは日本を戦争させない国にするため，企業に労働組合を作ることを奨励した。さぁ，賃金交渉の始まりだ。

大崎 日本全体が疲弊しているのですから賃金交渉どころではないでしょう。

品川 でも生き残った会社は社員に賃金を払わねばならない。そこで労働組合や社員たちが要求したのは「生きていける賃金を払ってほしい」ということだ。そこで提案，妥結したのが「電産型賃金体系」といわれるものだ。

大崎 電産とは何の略ですか？

品川 日本電気産業労働組合協議会の略。今で言う電力会社の横断組織さ。東京電力・関西電力・中部電力などの労働組合の連合体と思ってもらえばいい。電気がなかったら何も動かないからね。電気の復旧は最優先だったわけだ。もちろん電気を作るには燃料が必要だ。石炭産業も同様に重要産業に指定されていた。

大崎 その電産型体系とはどのようなものだったのですか。

品川 図表9－1にあるような体系。つまり能力部分が約20％，あとは年齢や勤続年数，そして扶養家族数で半ば自動的に決まってくる。

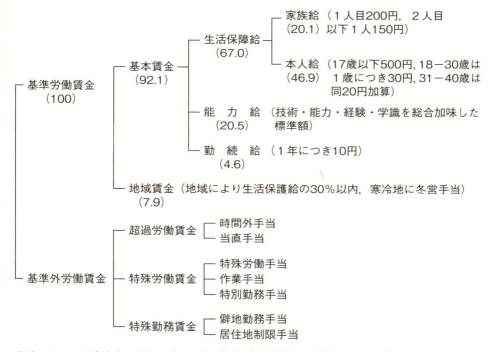

図表9-1 電産体系の構成―年功賃金の典型―

（注）カッコは妥結時。昭和21年11月の比率（基準賃金の合計は1,854円）。
出所：孫田良平『年功賃金の終焉』日経文庫（1978）。

大崎 でも能力部分で20％も違ってくるわけでしょう？

品川 ゼロか20％かではないからね。その部分での差はほとんどつかなかっただろうね。生きていくための賃金は生活費が基本になるから、その意味では「生きていくための賃金制度」だったわけだ。

大崎 なるほど、これが年功給の基本になるわけですね。

品川 その通り。他の産業も同じような状況だったから、みな同じような体系になってしまった。この考え方は世帯主が一家の生活費をすべて賄う、という考え方だったから、世帯主の賃金と非世帯主の賃金は異なっていい。つまり世帯主の多くは男性だったから、男女別賃金という発想につながっていってしまった。

大崎 それが今日まで続くのですか。

品川 そう簡単ではない。労基法11条

で賃金は労働の対償であると書かれているだろう？

大崎 はい。

品川 年齢や勤続年数，扶養家族は労働とどう関係ある？

大崎 年齢が高くなれば能力も高くなりますから…。

品川 それなら能力給とした方がずっと合理的だ。年功給は年齢，もしくは勤続年数が能力や業績と比例する，という前提なら合理的ともいえるが，そうでなければ不合理だという指摘をうけることになる。

大崎 それでは合理的な賃金とはどのようなものですか？

3 職務給の試み

終戦直後はアメリカのすることならすべて正しい，と考える傾向があった。アメリカで当時から一般的だった職務給に多くの会社が目をつけ，視察団を編成したり，実際に職務給を導入したりした。

職務給とは何か，簡単に教えてください。

品川 仕事に対する賃金さ。社内のすべての仕事を分析してランク付けする。人事部長はA－1ランク，人事課長はB－3ランクとかね。そのランクごとに賃金を決める。純粋な職務給なら，年齢は関係ない。たとえば一番易しい仕事をE－1ランクとしよう。その仕事をしていれば，18歳でも35歳でもE－1の賃金を支払うことになる。

大崎 合理的じゃないですか。自分がどのような仕事をしているかで賃金が決まるのなら，客観的ですし。

品川 それでは君の仕事を羅列してごらん。それと人事課の仕事，人事課の他のスタッフの仕事を列挙してみたまえ。

大崎 これは大久保さんの仕事で，これは目白さんの仕事だから…。あれ，重複したり，誰の担当でもない仕事が出てきたりしてしまいます。

品川 それが日本企業の仕事の進め方の問題点なのだよ。図9－2を見てほしいのだが，俵型の方が日本だ。レンガ型がその他の国さ。俵型には隙間がある。こ

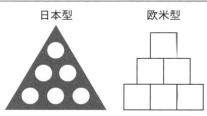

出所：石田英夫『企業と人材』放送大学教育振興会（1989）。

の隙間の仕事は誰がやっているのかな？

大崎 新入りの私か，年齢順にやることが多いです。でも皆が資料作成などで忙しいときは係長や課長代理，ときには皆で分担しています。

品川 それでは君の仕事の範囲ははっきりとしているかい？

大崎 忙しい時は課長が資料のホチキス止めをしてくれますし，係長が外出している時は私が部長に説明に行っていますし，バシッと線引きはできませんね。

品川 だから仕事に賃金を結び付けられないのだよ。人事部長の仕事もそうだね。ある年の人事部長は制度改革プロジェクトで大変なときもあれば，次の年は一段落してルーティンワークだけかもしれない。仕事の内容が違えば賃金も違っていいはずだ。

大崎 しかし賃金は変えられない。したがって仕事と賃金を結びつけるのは難しい，ということですね。

品川 そういうこと。そもそもすべての仕事を分析するのは大変だ。仕事も時々刻々変化する。そのたびにランク付けを変えねばならないのか。そして日本では君のように営業部から人事部へ，など職種を超えた人事異動は当たり前になっている。賃金が高い仕事から賃金が低い仕事への異動もあるかもしれない。

大崎 それは減給ということですか？そんな異動なら会社辞めます！

品川 そう思うよな。ジョブローテーションがあると職務給は入れにくい。このように職務給を全面的に導入できないもろもろの理由があるのだよ。

大崎 職務給は合理的な制度だと思うのですけれどね。

品川 仕事の組み立て方から変える必要があるからね。でも後で話すけれど，将来的には仕事基準人事の方向に進むと思うよ。それに今後は外国人社員も増えるとすると，彼・彼女らには日本的制度はあいまいで理解できないかもしれない。

大崎 職務給が挫折してその後はどうなったのですか。

4 職能給の発想

仕事に賃金を結び付けることが難しいとなったら，個人に賃金を結び付けるという発想が出てくる。ただし楠田丘先生は年齢や勤続といった個人の属性に賃金を結びつけるのではなく，能力と賃金を結び付けた。

職務遂行能力というものですね。わが社の職能給がでてきました。

品川 そうだね。仕事を進めるために必要な能力を職務遂行能力と名づけ，その能力のグレード化を図った。資格試験などで1級，2級とあるように，職務遂行能力を等級別にわけ，社員を各等級に当てはめたのさ。それを職能資格制度とよんでいる。ここは前の復習だ。

大崎 人に賃金がついていると，どんな仕事をしても賃金は変わりませんからね。

品川 理屈からすると有能な人材，つまり高い資格の個人は難しい仕事をこなすことができる。難しい仕事は会社に収益という形で貢献できる。収益が高まれば，人件費も高められる。すると高い資格の人材に高給を払ってもよい，という循環だね。

大崎 なるほど。

品川 ところが！この循環がうまくいかなくなった。

大崎 おや。なぜでしょうか？

品川 この職能給制度には前の回でも話したとおり，いくつかの前提がある。第一に資格には定数が無い。当たり前だ。一定の能力を持っていれば全員資格を認定していいからね。第二に，一度身についた能力は落ちない。したがって降格はありえない。これは机上の空論だがね。第三に，これがもっとも重要なのだが，能力の定義が難しい。判断材料になりにくい，ということだ。たとえば，前にも聞いたけれど次長の判断力と部長の判断力の違いを文章に書くことができるかな？

大崎 難しいですね。部長は難しい問題を判断できる…となると次長は易しい問題？わぁ，お手上げです。

品川 そうなのだよ。いろいろな能力の判定基準を作るのはむずかしい。かといって基準がなかったら？

大崎 合格，不合格を明記できませんから，皆合格させてしまいがちになるでしょうね。そうすれば不満がでませんから。でも上の資格に人がたまってきます。

品川 定数がないから落とすこともできない。まして落とすには「あなたはこの資格には能力不足である」とつきつけなければならない。役職なら人事権の発動もできるけれど，資格を落とすと賃金の低下になるからね。労働条件の不利益変更問題がでてきてしまう。そのため上の資格に人がたまってくるというのは正解。そして君が言ったように，昇格圧力がどんどん高まる。部下を昇格させたいと思うのは人情でもある。A君を昇格させたから同期のB君も昇格させようなどという議論がでたら末期症状。能力のない高い資格の者が多くなってしまう。

大崎　能力が無いと認めた高い資格の人をどんどん辞めさせましょう。

品川　それも正論だけどね。退職，解雇のところで述べたように辞めさせるのは簡単にはいかない。そこで日本企業が目をつけたのが「企業に対する貢献度」いわゆる成果主義というものだ。

5　成果主義？　その後は？

評価のところで議論になったMBOですね。

成果イコール目標達成度だ，これは使える，というわけだ。

大崎　でも部長はMBOには問題がいろいろあって，決定打にはならない，とおっしゃっていましたよ。

品川　その通り。成果主義のはずなのに成果が上がらない，という企業がたぶん続出した。ひどい会社では人件費を削減するために成果主義を導入するということまで行った。「成果」の趣旨がねじまげられたのだね。

大崎　他社で見られる職責グレード給というものは？

品川　能力と賃金を結び付けるのはやめよう，という考えだ。それでは何と結び付けるか。職務と直接結び付けるのはこれも問題がある。そこで「職務遂行責任」の意味で職責という概念を設けたのだ。

大崎　ポイントはどこなのですか？

品川　仕事の責任を果たしたかがポイントだから，責任を果たすことができなかったら低いグレードの職責しか与えられない。会社への貢献度と言ってもいい。それにつれて賃金もアップダウンすることになる。役職の異動は人事権の範囲内だから，会社に裁量権がある。したがって会社の賃金決定の自由度が高まる。

大崎　でも結果的に減給になるなら，問題になりませんか？

品川　そこは証拠を集めておくのだろう。そして警告は出しておく。「このままだと危ないぞ」「危ないと言っただろう，来年うまくいかないと落とすぞ」「ダメだったな。落とすよ」という具合にね。今年ダメだったらすぐ降格，ということになると社員も萎縮してしまう。それに冒頭話したように敗者復活の道は残しておかなければいけないと思う。

大崎　この制度でうまくいきますか？

品川　正直わからない。5年くらいで見直ししなければね。もともと人事制度は「これが絶対良い」というものはないから，定期的な見直しは必要なのだよ。

大崎　人事制度の良し悪しはやってみな

ければわかりませんからね。

品川 それに制度が有利に働く人もいれば不利に働く人もいる。全員が納得できる人事制度は作れないと断言してもいいだろうね。一つの案として，頑張り度合いを軸にした制度を作ることはできないかとも考えたことがあるけれど，指標作りがむずかしくてね。

大崎 なぜわが社は職責給を入れなかったのですか？

品川 いくつか理由はあるが，一番大きいのは，職能給は運用を柔軟にできることだ。運用次第によっては業績を軸に据えることもできるし，年功的にもなる。

大崎 融通が利くということですね。

品川 そのとおり。また職責給の考え方も成熟していない。将来的には仕事中心人事にならざるをえないとは思うがね。わが社で「能力育成」を掲げ，やっと浸透してきたところで賃金制度を変えて，今度は「成果」だ，「職責」だということになったら社員は混乱するだけだ。変革も重要だけど，継続も大切なのさ。人の考え方は簡単には変わらないからね。

大崎 それはわかりますが，運用次第なら，人事部長が変わると方向性も変わるのではないですか。今の部長の運用は大丈夫でしょうか。

品川 時代によってウエイトは変わるさ。ただし年功的運用になってはいけない，ということは代々伝えていかねばならないがね。他の会社みたいに職能給が年功的になったら困る。社員が次のステップを受け入れるようになったら，明確に職責給を導入してもいいかもしれないな。

ホームワーク

⇒自社の賃金体系を調べてみよう。賃金表はあるだろうか。どうすれば昇給できるのか，明確だろうか。

⇒アルバイト・パートタイマーにも労働条件は就業規則が適用される。非正規従業員向けの就業規則が制定されているだろうか。もしくは労働条件通知書が交付されているだろうか。

⇒自社の賃金は高いと感じているか，低いと感じているか。その理由は？賃金統計と比較したり，労働分配率という言葉を検索したりして，自社に当てはめてみよう。

第10講 賞与と退職金 ——日本独特の思想

1 賞与・退職金の位置付け

さて，賃金には月次給与だけでなく，賞与，退職金も含まれる。

慶弔費などを除いた会社からの現金給付は法律上賃金ですからね。

品川 その通り。だけど月次賃金と大きな違いがある。何かね？

大崎 毎月払われないことです。

品川 当たり前だ！法律上の違いを聞いているのだよ。労基法の就業規則の項をよ〜く見てごらん。

大崎 あれ，賞与，退職金は必要的記載事項ではありませんね。「定めをする場合には」と書かれています。

品川 そこがポイント。つまり賞与・退職金を支払うかどうかは会社に委ねられている。制度が無くとも違法ではないということさ。

大崎 てっきりすべての会社に賞与・退職金はあるものだと思っていました。

品川 通常の会社にはこれらの制度があるからね。そう考えるのももっともだけど。

大崎 でも賞与がなかったら，住宅ローンなどで6月や12月に多く払っている人は困りますよ。

品川 現実的にはそうだ。これは賞与が生活費の一部になっているとも言えるね。日本の賃金論で外国と比べたときに大きな違いとなっている点の一つだよ。

大崎 日本では年間に4ヶ月〜5ヶ月分でていますから，大きなウエイトを占めていますね。

品川 外国では一般労働者に対する賞与はほとんどない。出しても1ヶ月程度だ。その代わり経営トップにはドカンと何億円と出されている。業績への貢献度見合いという趣旨を徹底しているわけだ。

大崎 退職金もそうですね。外国には無い制度と聞いています。

品川 その通り。何のために退職金があると思う？

大崎　長く勤めてもらいたいからでしょう？

品川　そうだよ。日本では長期勤続を奨励するために退職金制度を設け、高いお金を定年時にはらうことにした。外国では転職がよくあるからね。その必要も無いのさ。ただし例外はあるよ。あとは経営トップだね。スカウトされ入社する時など、「退職する場合にはいくら支払う」という条項を前もって入れる場合もある。

大崎　がっちりしているなぁ。

品川　それだけリスクが大きいということだよ。いつクビになるかわからないしね。さて、時は明治にさかのぼる。

大崎　退職金の発端ですか？

品川　温故知新。歴史を知るのは重要なことだ。

2　明治〜大正期の労務管理 －女工哀史

まず退職金には縁の無かった女性労働者、いわゆる女工さんの話を本論と対比するために始めよう。

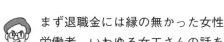女工さん、ですか。

品川　なじみの無い言葉だよな。

大崎　はい、正直言ってそうです。

品川　明治から大正年間にかけて、主として紡績業に従事していた女性工員の方々のことだ。当時の労働条件はどんなものだったと思う？

大崎　労働基準法や労働組合法など無かったでしょうからね。とても厳しかったのではないですか？

品川　後に成立した工場法によると労働時間を一日12時間に制限したという。

大崎　ということは一日12時間以上働かされていたということですね。

品川　その通り。時間外労働があれば16時間労働もあったという。一日24時間だから、残りの時間で睡眠、食事、入浴、休憩などをとったわけだ。

大崎　自分の時間なんて無いじゃないですか。よくそんなブラック企業に入社しますね。

品川　当時は農村中心だからね。農村といっても小作農だ。とれた作物は地主に差し出すから現金収入の道はない。子供も多い時代なので結局貧しい生活から逃れられない。

大崎　どうやって生活していたのでしょう。

品川　ホームワークで掲げるような書物を読んでみるといい。さて、そんな状況

のところにお金を持ったおじさんがやってきた。おじさんは言った。「お宅に娘さんがいるようですね。うちの工場に娘さんが来れば賃金を払いますよ。寄宿舎という住む所や食事もついていますから，生活の心配はありません。それどころか，ほら，ここに現金100万円があります。これをお宅にお貸ししましょう。何，このお金は3年の契約期間が明けたら返さなくて結構です。ただし，途中でお辞めにならなければ，ということですけれどね。」さて，君がこの家の主人だったらどうする？

大崎 のどから手が出るほどほしいお金ですね。イエスと言っちゃうでしょう。

品川 そうだろうね。ところが！娘さんが工場に行ってみたら労働時間は長い，寄宿舎は10畳に10人以上，外出は月何回か。休日も外出日とイコールだった。賃金の日には一部が強制的に企業貯金に入れられている。その貯金は契約終了日まで引き出せない。途中で辞めたら企業貯金は工場に没収される。

大崎 私なら逃げ出します。

品川 そうはいかない。一部の寮では外から鍵をかけられている。外出日に脱走したらその寮の全員が連帯責任で外出禁止になるから，それもできない。何より途中で辞めたら借りていたお金を返さなければならない。君なら借りたお金をそのまま持っているかね？

大崎 生活が苦しければ使ってしまいますね。

品川 お金を返すことができなければ，工場を辞めることができない，ということだ。つまりうまいことを言って女工さんを集め，しかも途中で辞めることができない仕組みを作ったのさ。ちなみに人集めをする仲介業者はもちろん工場から金をもらっているが，女工に渡す賃金の一部をネコババすることもよくあったらしい。

大崎 中間搾取そのものじゃないですか。でもそんなことが広まったら誰も女工に行かせないでしょう。

品川 まさに中間搾取だ。ただ時代を考えてごらん。マスコミはないし，農村まで情報が伝わる手段もないわけだ。あるとすれば口コミだけだね。ただ女工が辞めることを工場が積極的に認める場合が一つだけあった。

大崎 何ですか？

品川 結核にかかった場合だよ。衛生状態が悪く，すし詰めの状況では伝染病はすぐ広まる。しかも抗生物質がない時代では結核は不治の病，薬や治療法がないから死ぬのを待つだけだ。この場合は実

家にすぐ戻される。

大崎 実家も困るでしょう。

品川 困る。でもどうしようもない。女工は機械と同じ。簡単に取替えができる設備として扱われたのさ。未熟練工でもできた仕事だからね。

大崎 人間性は無視されたわけですね。

品川 そうだ。しかし，さすがにこれではいけないと思う経営者が出てきた。鐘紡の武藤山治，倉敷紡績の大原孫三郎といった人たちだ。この人たちは寄宿舎の改善，病院の建設，工場内に学校を作り，当時のエリートである大学出身者を教員にあてるなどして理想の工場を作ろうとした。

大崎 この人たちはなぜ時代と逆行するような考え方ができたのでしょう？

品川 人によるだろうが，イギリス発祥の空想的社会主義やキリスト教の影響もあったといわれているね。倉敷に行くと大原美術館がある。これも大原孫三郎のコレクションを基に作られたものだし，地域中核病院の倉敷中央病院は倉敷紡績が建て，市民に開放したものだ。

大崎 立派な人たちですね。

品川 諸手をあげて賛意を示すわけにはいかない。やはり時代からくる限界はあったのだよ。この人たちの考え方を経営家族主義と間宏（はざま・ひろし）先生は名付けたけれど，経営者は親で労働者は子供なのさ。

大崎 いい考え方じゃないですか。

品川 この思想の背景には子供は親に逆らってはいけない，という儒教的な精神も見うけられる。

大崎 すると親がどんな無理難題を言っても子供は従え，ということですか？

品川 そう。その代わり親は子供に対し愛情を持って接しろ，というわけだ。パターナリズム（paternalism）の一種だね。当然労使対等の原則などそこにはない。「企業は家族だ」という中小企業経営者が今でも多いけれど，いいところ取りをしている可能性もある。

大崎 家族だから文句を言うな，という感じですか。それはたしかに問題あり，ですね。

3 熟練工への対応

だけど男性熟練工が必要な重工業では状況が違っていた。

産業としてはどういったところですか。

品川 鉄鋼，造船さ。明治政府は富国強

図表10−1　『女工哀史』（抜粋）

　保信金没収の圧制　内外綿株式会社第一紡織工場では，三年の年期制度厳守のため途中で退社する者に，たといその事情いかんにかかわらず絶対に「保信金」を払い戻さなかった。

　その工場では毎月各自の稼ぎ高から日給一日分（受負者は仮定日給の一日分）を天引きこれに保信金という名目をつけて無利子で積ませるのであった。そうして中途で退社する者にはたとえ満期に一カ月欠けても断じてこれを支払わない。あの工場が明治何年に始まったのか正確なことは判らぬながら，元大阪撚糸会社の工場を買収したのであって，何でも私がいる自分内外綿株式会社創立三十周年記念祝賀会を挙行し，饅頭(まんじゅう)一包みを貰(もら)った憶えがあるから，今は最早工場法で撤廃したにもしろ，先ず三十年ぐらいその圧制が続いたのである。ちなみに同工場は職工大(たい)約五百人（実際は六百余人だが）であるから毎年その一割五分が平均一年半で中途退社し，日給の平均を五十銭と見做して計算を立てれば，二万〇二百五十円の金を横領したと推定される。

　なおこのほか，これに類似したやり方は方々の工場に見ることが出来た。

　体格検査について　往時は入社の当初において体格検査などしなかった工場も少なくなかったが，今ではほとんどこれを行ない，かつ非常に，それは徴兵検査くらい難しい工場さえある。鐘紡などが最も面倒なうちだ。

（中略）

　第五　労働条件
　十三
　およそ紡績工場くらい長時間労働を強(し)いる処はない。大体においては十二時間制が原則となっているが先ずこれを二期に分けて考えねばならぬ。

　第一期は工場法発布以前であってこの頃は全国の工場ほとんど，紡績十二時間，織布十四時間であった。しかして第二期に当る工場法後から今日にかけては紡績十一時間，織布十二時間というのが最多数を占める。

　［イ］　外出の制限
　何と言ってもこの一項について動かすことの出来ない寄宿舎における女工虐待の事実があって，いかなる工場寄宿舎へ行っても，この外出に制限を加えぬ処とてない。

　しかしてこれは全体的に「制限」個人的には「禁止」さえやるのであって一般「門止め」と言っている。工場における女工虐待の第一期頃には，実に極端な禁止をやったもので，大阪，東京のごとき大都会の工場でも，始めて入社したっきりねんあけまで唯だの一度も出してもらわなかったという嘘の

ような事実も珍しくない。そして横暴飽くなき舎監はこれを事情の懲戒手段に用い，二言めには「門止めにするぞ！」と威嚇するのだった。そして門止めにも，個人が門止めになる場合と，一部屋が門止めになる場合と，寄宿全体が止められる場合との三つがあった。

外出は成績の良好な者に限り一カ月に一遍位いは許され，部屋長，世話婦，舎監と三人もの検印を貰って門衛所へ行き，そこで木札の門鑑と伝票を交換してようやく門を出るのだが，時間は制限されておって昼夜とも十時までが関の山，もし規定より五分でも遅れて帰ろうものならたちまち刑罰として次の一カ月間は閉門されるのだ。これが個人の門止め法である。

ところが行った先で退っ引きならぬ用事が出来，止むを得ず一夜泊まって来たとする。さあそうなることはいよいよ大変で，その女工の部屋全体が一カ月間外出止めにされるのである。はたの者こそはとんだ災難といわねばならぬ。

第三は寄宿全体の門止めであるが，これは工場の横手へ夜店が出る時とか，祭り，または舎内でちょっとした催し物などをやるとき，全員その足を封じられるのである。

暑さ百度以上も昇る工場で立ちどおしに十二時間も働いて，夜かえってから氷水一ぱい飲みに出る自由もないとしたら，余りにそれは誇張的とさえ聞えるが，しかし，私の言うことは一つも誇張ではない。いささかの疑問もあらば，亀戸工場を見るべしだ。死の幕のような気味悪いナマコ板をめぐらせた工場の塀外へ，バンド紐に結えた風呂敷にお銭を包んでおろす女工を見せよう。彼女はそうして場外の店から買物をするのであるが，時々巡視に発見されて小ひどいこと叱られ，おまけに買った品物は没収されてしまう。しかし，これにも飽き足らないのか，会社は遂に一間の塀に持って行って，どうしても登れぬようグリスつけた鉄条網を張りまわすのである。工場監督とは何という冷血児の寄りあいだろう。女工はうたう。

「籠の鳥より　監獄よりも
　　寄宿ずまいは　なお辛い……。」
「寄宿流れて　工場焼けて
　　門番コレラで　死ねばよい……。」

出所：細井和喜蔵『女工哀史』岩波文庫。

兵と言っていたろう？軍事には必要不可欠な産業だな。繊維工業，特に絹織物の輸出で国を富ませ，その金で軍隊を強化したともいえるだろうね。重い鋼材を扱い，鉄板を加工する技術などはすぐには身につかない。

大崎　それを企業が教え込んだわけです

ね。

品川 ところがそうでないところが面白い。〇〇組の組長，親方と言っておこうか，が子分を鍛えた。賃金は会社が〇〇組にまとめて渡して，親方が配分した。さて労働者は企業か親方か，どちらに忠誠心を持つようになるかな？

大崎 もちろん親方です。

品川 そうなるね。賃金が安い企業や工場だった場合には他の賃金の高いところへ組ごと集団で転籍することもあった。

大崎 熟練工がごそっと抜けるのでは工場はたまったものではないですよ。第一仕事になりません。

品川 だったらどうする？

大崎 工場や企業同士で賃金協定を結びます。

品川 それはひとつの考え方だが，親方の力はそのままになってしまい，協定破りの会社が出てきたら意味がなくなる。

大崎 それでは親方の権限を奪うしかないですね。

品川 まさにその通り。ここに親方と会社との間で熟練労働者の忠誠心を奪い合うバトルが始まるわけだ。君が会社の人事担当ならどのような手を打つ？

大崎 会社が労働者を直接雇用して，教育する方向に切り替えます。

品川 「敵」は手ごわいぞ。新人対象ならそれでいいかもしれないが，今いる熟練工に対しては？

大崎 う～ん。社宅や福利厚生の充実，それから…そうか，それまでの勤務年数に比例させた年功給や勤続年数に対応する退職金制度を導入します！

品川 やっと本題が見えてきたかな？

大崎 ということは明治年間には長期安定雇用などはなかったということですね？

品川 そうだよ。転々と会社を変わるのは通常だったのさ。昔から日本人は会社への忠誠心が高かったという論調があるけれど，そうではなかったのだよ。

大崎 退職金制度や賞与は会社への勤続年数を延ばすための施策だったのですね。

品川 企業と従来からの「親方制」の壮絶な戦いの末の産物ともいえるね。

4 賞与の意味

 日本では賞与が生活給の一部分になっているということは君の発言だったね。

はい。何か問題でもあるのですか？

品川 今の制度では意味が無くなったけれど，昔は健康保険料や厚生年金保険料は月次賃金に即して決められていたから，月次賃金を低く抑えて賞与を高くすれば経費が安く済んだのだよ。私が見た例では賞与年間10ヶ月という中小企業があったよ。びっくりしたね。

大崎 それは経費節減という意味ですね。でも賞与は業績対応という意味ですから，業績の高低によって賞与額が大きく変わるのは社員としては困る面があります。ローンが払えなくなるほど低くなったりしてしまうと大変です。

品川 生活費になってしまっているからね。業績対応といっても，ゼロにはしにくいね。現物支給もできないから。

大崎 鉄鋼会社で鉄をもらってもしかたないですよね。

品川 それ以前に賃金の現物支給は禁止されているのだよ。労基法に明記されている。賞与の本来的な意味が日本では薄れてしまったとはいえるだろうね。しかし人件費の調整には意味がある。会社の業績に対応して高くも低くもできるのだから。月次賃金で上下させることは大変難しい。そう考えると使用者側にとっては便利な制度ということもできる。

5　退職金の変化

 一方，退職金はわが社みたいに高齢化が進むと問題になりますね。

 なる。大量採用した年次が一斉に定年を迎えたりすると退職金支払いが大変なことになる。以前の話だが，その危機を先延ばしするために定年を65歳に延ばした大企業もあったくらいだ。

大崎 かといって定年時に急カーブであがる現在の仕組みを変えるのは大変ですね。

品川 労働条件の不利益変更に当たる可能性があると考えるからだろう？

大崎 そうです。

品川 その点は定年退職時の退職金まで保障している，という解釈ではないのだ。現在辞めたら支払う退職金は保障するけれど，将来のことはわからないからね。

大崎 でも退職金を楽しみにしている社員は多いですよ。

品川 だから退職金制度をポイント制に切り替える会社も多い。

大崎 今の制度は定年時の賃金に勤続年数に応じた係数を乗じた額ですよね。ポイント制とはどういうものですか？

品川　今の制度では月次賃金の改定がもろに退職金に反映してしまうし、賞与も自動的にあがることになる。賞与は仕方が無いとしても、退職金への反映をなくそうというシステムだ。

大崎　具体的に教えてください。

品川　わが社は職能資格制度だったよね。ある資格に1年在籍していたら何ポイントかつける。その累積が退職時には1,000ポイントとか、2,000ポイントになるはずだ。そのポイント数にポイント単価、たとえば1ポイント1万円を乗じた額を退職金とするシステムだよ。こうすれば毎年の賃金改定は退職金に影響しないし、場合によってはポイント単価を調整すれば金額も簡単に改定できる。上位資格者の退職金が大きくなりすぎると思えば、そのポイントを落とすことになる。

大崎　会社にとってはいいシステムかもしれませんが、社員にとっては、将来いくらくらいもらえるかわかりませんね。

品川　シミュレーションして、この資格に何年いて、次の資格には何年、といった仮定をおかないと無理だね。まぁ、一応のめどは会社でも出しているけれど。モデル社員ではいくら、とかね。

大崎　基本的に長期勤続を求めるなら退職金制度も意味がありますが、初回で部長がおっしゃったように、転職が普通に行われるようになったら、退職金は意味を無くしませんか？

品川　いいポイントをつくね。退職金の法的意味として、功労報償制度だという考え方、賃金の後払いだという考え方、そして両方の要素を併せ持つ、という考え方がある。懲戒解雇のときに退職金を支払わない、というのは功労報償説に立った考え方だね。わが社もそうだけど。賃金の後払い説だと退職金をゼロにすることはできなくなる。

大崎　賃金の後払い部分は支払わねばならない、ということですね。

品川　その通り。それでは賃金の後払いなどといわずに、退職金の積み立て部分を毎月支払ってしまおう、という考え方がでてきた。退職金制度を無くして、その部分を毎月の賃金の中に入れるという制度だ。実際に大手電気メーカーが導入した。

大崎　どの程度の社員が応募したのでしょう？

品川　初年度は新入社員の7割くらいだったようだ。だけどその後の情報が入手できない。ただ、それ以降の社員はあまり「退職金前払い制度」は選択していないらしい。

大崎 まとまったお金はやはり魅力なのでしょう。

品川 税金も退職金としてもらえば優遇措置があるしね。もう一つの考え方は退職金カーブのピークを40歳にしてしまおうというものだ。

大崎 その後は？

品川 下げていく。たとえば40歳で辞めたら1千万円払うが，45歳だと800万円というようにね。

大崎 40歳で辞めるかどうか決断しろ，ということですね。

品川 そうなるね。寡聞にしてここまで大胆な制度の導入は聞いたことが無いが，考え方は十分成り立つだろうね。社員の考え方がどうかはわからないけれど。

ホームワーク

⇒労務関係の古典にふれてみよう。細井和喜蔵『女工哀史』は岩波文庫に入っている。親方と会社のバトルはゴードン『日本労使関係史』（岩波書店）が詳しいが，読むのが大変な大著である。初学者には勧めないが，良書なので，いつか手にとってほしい。

⇒キーワード「確定拠出年金」を検索し，自分だったらどう運用するか，考えてみよう。

⇒「退職金前払い制度」は自分だったら選択するか，否か。またその理由は？

第11講 福利厚生 ―― 法定福利と独自福利

1 法定福利の概念

人件費の中で賃金など現金支給以外の費目が入っているのは知っているね。

福利厚生費ですね。

品川 案外見落とされがちだが，比率はかなり高いのだよ。現金給与額の何％にあたるか，計算してごらん。

大崎 え…と，約20％になりますね。

品川 社員に支給する給与以外にそれだけの支出があるのは会社にとって大変なコストアップになる。

大崎 大卒の初任給が20万円だとすると4万円だから大きいですね。何とか減らしましょうよ。

品川 減らしたいのはやまやまだが，減らすことができない部分がある。それが法律で義務付けられた法定福利費というものだよ。

大崎 どのようなものが法定福利費に入るのですか？

品川 社会保険からいこうか。厚生年金保険料，介護保険料，健康保険料だ。労働保険には雇用保険料，労働者災害補償保険料がある。主なものはそのくらいだ。

大崎 あれ，厚生年金保険料などは従業員も払っていますよ。

品川 社会保険料は労使折半，労働保険料は雇用保険が従業員0.7％，使用者が10.5％，労災保険料は全額使用者負担となっているからね。微妙に負担割合が違う。もっとも，社会保険料を企業が多く負担している会社もある。

大崎 それでは労使合わせると結構な負担をしていることになりますね。

品川 そうなのだ。大体の社会保険，労働保険の使われ方は知っているね。

大崎 健康保険はわかりやすいですね。病院や診療所に行ったとき，自己負担は3割で済んでいるのは保険のおかげです。厚生年金は65歳以降にもらえる年金のためですね。雇用保険は失業の際再就職

までの間，給付が受けられます。労災保険は業務上の事故・疾病（しっぺい）の治療費ですね。

品川 あと細かいところで重要なのは雇用保険から払われる育児休業時の賃金補償や教育訓練の給付，労災の通勤途上災害といったところかな。いずれにしても「いざ」というときのための制度だね。

大崎 こういう制度があるから安心して働くことができるわけですね。

2 年金制度の問題点

ところがそう安心してもいられない。

なぜですか？

品川 厚生年金など公的年金制度は近い将来破綻するからさ。

大崎 そう断言できるのですか？

品川 できる。現在の公的年金は自分が払った年金保険料を積み立ててそれを自分がもらう，という積み立て方式ではなく，現在の現役世代が払った保険料をまとめて，現在の年金受給者に支払うという賦課方式を採用しているからだ。

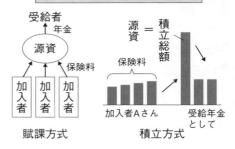

図表11-1　公的年金の仕組み

大崎 そうするとどうなるのですか？

品川 これから少子高齢化社会になる。すると現役世代の人口が減って，年金受給者が多くなる。

大崎 そうなりますね。

品川 年金受給者が多くなるとそれだけ財源が必要だ。しかし現役世代は将来確実に減るから，現役世代一人が支払わねばならない保険料は高くなる。それに現役世代は耐えられるだろうか。

大崎 大体どの程度になるのですか。

品川 2011年で3.3人が1人の受給者分を負担するという試算があるが，2020年代には2人で1人。つまり月に1人20万円の厚生年金をもらうには，現役世代の君たちは月に10万円の保険料を払うことになるわけだ。国民年金は額がもっと低いけれどね。

大崎 ええっ，さらに高齢化は進んでい

くのでしょう。すると1人で1人を支えるということにもなるわけですね。

品川　理屈上はそうなる。

大崎　賃金が高くなれば別ですけれど。

品川　そうするとインフレになり，20万円の年金だけでは生活できなくなる。もっとも今までの話は年金に税金を投入しなければ，という前提だ。実際には税金から年金財政にも支出しているから，現状は破綻しないで済ませることができている。でも税金も限りがある。国債を大量に発行しているが，これは国の借金だからね。借金で財政を賄っているのが今の日本なのだよ。

大崎　厳しいですね。でもどうして破綻する制度にしたのですか？

品川　選挙のためさ。

大崎　え？

品川　今の制度ができた1960年代は人口がピラミッド型だったからね。現役世代10人以上で1人の受給者分の年金を払うことができた。

大崎　それなら楽ですね。

品川　当時の選挙では負担は軽く，年金は多い，ということを政権党は売り物にしていたから，その時代にはあっていた。ところがその前提が狂ってきたのだ。

大崎　でも高い年金がほしいなら高い保険料を払えというのは正しいのでは？昔が制度設計上楽すぎたのですよ。

品川　それは積み立て方式推進者の言い分。今から転換するのは大仕事だよ。

大崎　北欧などでは高負担高福祉といっていますね。

品川　福祉制度は充実しているが保険料や税金で60％とられてもいいのかい？

大崎　賃金の半分以上とられるのですか。

品川　それも一つの選択さ。低負担低福祉国家でもいいのか，高負担高福祉国家がいいのかという選択だね。

3　社会保障の原資負担

もっといい方法もありますよ。

どんなやり方だね？

大崎　年金受給年齢をもっと先送りして，年金受給者を減らせばいいのです。

品川　それだけかい？

大崎　年金がもらえなくなった高齢者には働いてもらって，保険料を負担してもらいましょう。そうすれば保険料収入は増え，受給者に対する支出は少なくなる。

一石二鳥です。

品川 自分で考えたのはほめてもいいけれど，残念ながら現在の政府の施策はその通りなのだよ。

大崎 もう考えている人がいたのかぁ。

品川 君が思いつくくらいだからね…失礼。年金支給開始年齢は60歳から65歳に延びたし，その間の生活は企業で働いてもらう。そのため高齢者雇用安定法では希望者全員の65歳までの雇用制度を設けることを企業に義務付けた。企業で働いてもらえば，労働者からも企業からも保険料を徴収することができるのは先ほど述べたとおり。

大崎 ということは60歳から65歳までの社会保障は政府が行うのではなく，企業に肩代わりさせるということですね。

品川 そうともいえる。また数年後には70歳まで，などということになるかもしれないよ。

大崎 一生働くことができると考えるのか，一生「働かねばならない」と考えるのかという問題でもありますね。難しいな。

品川 簡単だったらもう解はでているさ。最終的には政治判断だ。

4　法定外福利－衣食住－

法定外福利にいこうか。

法定外ということは各企業何をやってもいいのですよね。

品川 何もやらなくてもいい。

大崎 そうするといろいろありますね。わが社でいえば，社宅，工場の寮，社員食堂，会員制リゾートクラブ，スポーツジム，介護補助…たくさんあります。たしかに福利厚生費が膨らむわけですね。

品川 いくつかに分類して話をしよう。衣食住とわけるとわかりやすい。衣食住を反対から始めよう。

大崎 まず住まいですね。

品川 そもそも社宅や寮は…。

大崎 また歴史の話ですか。熟練工への魅力付けのため企業が始めたのでしょ。

品川 話の腰を折られたが，その通り。重工業では工場を立地したのは今でも京浜工業地帯，阪神工業地帯などというとおり，海岸に面していた。原料の搬入，製品の積み出しに便利だからだ。ところが施設は作っても，肝心の労働力が無い。

大崎 近くに住んでいる人だけだとたかがしれていますからね。

品川　すると遠方や農村から人手を集めることになったわけだ。

大崎　そうして人を集めても住まいが無い，だから社宅や寮を作ろう。そうすれば労使ともに安心だ，というわけですね。

品川　埋立地など土地はあるからね。もっとも，立派な社宅や寮を作ると会社の魅力付けになるというのは最近でも同じさ。いわゆるバブルのときは寮の立派さを各社とも誇ったものだ。

大崎　商社などではその動きが復活したと何かの記事で読んだことがあります。

品川　同期の連帯感を深めるとか，同じ寮の仲間という上下関係の緊密化を図るという趣旨だったね。新入社員は1年間同じ寮に入寮し，夜は会社の幹部がやってきて会社の歴史から風土を教え込み，一体感を醸成した，という会社もあった。

大崎　夜まで仕事みたいでいやですね。

品川　それは考え方次第だろう。でも30年位前にはそういう土地の活用法はいかがなものか，という疑問も出てきた。

大崎　もっといい方法があるということですか。

品川　社宅や寮，広いグラウンドを持っている会社もあるだろう？

大崎　あったでしょうね。よく知りませんが。

品川　そういう土地はキャッシュを生み出すだろうか？

大崎　持っているだけでは生み出しません。そうか，他社に売却したり，賃貸したりすればお金になりますからね。

品川　遊休土地の活用，という言い方をしていたけれどね。それに外資系の会社のように「どこに住もうと自分の自由」という考え方もある。それなら住宅関係の配慮はしなくてよいともいえる。

大崎　住宅手当も廃止するのですか？

品川　わが社はまだ残っているけれどね。そもそも住宅手当は何のためにある？

大崎　家賃やローンの補助です。

品川　それなら家を買ったりローンが終わったら住宅手当は無くてもいいだろう？

大崎　理屈はそうですね。

品川　親と同居していたら住宅手当は丸儲けじゃないか。

大崎　それはたしかにそうですけれど…

品川　だから住宅手当は不平等なので廃止する，という会社もある。

大崎　一理ありますね。

品川　次は食だ。これは簡単だな。社員食堂を思ってもらえばいい。

大崎　工場に行くと外にはお店がないところも多いですものね。

品川　会社から補助も出ているから安いしね。味のことやメニューまで文句を言ってはいけない。

大崎　がまんしろ，と言っているように聞こえます。

品川　そう言っているのだよ。社員食堂は集会所にもなるしね。

大崎　じゃ，問題なしですね。

品川　業者の選定の問題はあるね。やはりおいしい料理や某健康機器メーカーのような健康的なメニュー，夜もアルコールを出して歓談の場とする，お客様の接待などいろいろ活用の余地はあるからね。本社のように外の店で接待すると高いだろう。接待用の部屋はほしいなぁ。

大崎　結局部長もうまいものを食べたいのでしょう。最後は衣食住の衣ですね。

品川　うまいに越したことは無い。さて衣といっても，ここでは買い物一般としてとらえよう。今ではスーパーマーケットはいたるところにあるし，コンビニもある。会社が何か手当てする必要は無いようにみえる。

大崎　うちの工場でスーパーマーケットが近くに無いところはないはずです。

品川　ところが昔はだね，

大崎　また始まった。明治年間でしょ。

品川　始まりはそうだが，実際には近年まであったものだ。会社が今で言うスーパーマーケット，昔の言葉で言えば，何でも扱うよろずやを運営・提携していたこともある。人里はなれたところに住まなければならない業態の会社だね。

大崎　え〜と，イメージがわきませんが。

品川　無理も無いね。金属鉱山や石炭の炭鉱だよ。山奥の何も無いところで岩を掘るのだから，石炭会社は一つの町を作った。炭鉱住宅というものだ。ここの日用品を売っている店では「つけ」で買い物ができた。会社がやっている店だから，○○課の××だけど，これ頂戴，と何か買うと賃金から引き落とす。

大崎　現金が必要ない町なのですね。

品川　他のイメージとして現JRの前身である国鉄は人里はなれた場所に駅や施設を設ける必要があった。列車の行き違いのためのポイント切り替え，除雪，修繕など列車の定時運行のための業務はたくさんある。しかし地元の人が住む集落までは遠い。こういうところに国鉄は物資部という部門を作り，周辺に住む職員

や家族のための生活用品を調達していた。

大崎 まさに国鉄の中で仕事をし，買い物をし，住んでいたわけですね。

品川 国鉄一家という言葉もあったくらいだしね。炭鉱会社は大卒エリートを採用したら，まず炭鉱住宅の担当として配置した。これは労働者の生の暮らしを実体験させることが一つ，そして労働者の不平不満を吸い上げるのがもう一つの狙いだった。おしめの下をくぐって一軒一軒回るのが仕事だったときいたことがある。同じような話を覚えているかい？

大崎 エリート新卒を女工さんに対する企業内学校の教員として配置したという話ですね。

品川 そうだね。それと同じく現場を知らないと人事労務の仕事はできない，ということでもある。

5 昨今の福利厚生事情

最近ではまた運動会が復活したという話もありますね。

社員の一体感・凝集力を強めようという意図なのだろうね。強い組織はたしかに一体感が必要だからだ。軍隊しかり，宗教団体しかり，だ。以前は職場旅行も無くなっていたけれど，今では海外旅行は結構行われているようだね。

大崎 でも本当に福利厚生は必要なのでしょうか。

品川 おお，ずばり核心をついてきたな。

大崎 会社がいろいろ面倒を見るのがいいことか，わからなくなってきたのです。

品川 社員が必要としている制度は何か，考えてみよう。

大崎 大きく分けて育児面と健康面があるように思います。

品川 ほう，具体的にあげてみてくれないか。

大崎 育児で困っている女性社員も多いじゃないですか。彼女らに保育費の補助とか，ベビーシッター料金の補助をするのはどうでしょう。

品川 健康面では？

大崎 これから生活習慣病も増えますから，人間ドックの料金補助やフィットネスクラブの利用促進も考えましょう。

品川 だんだん人事屋になりつつあるな。その通りだ。本当に社員が必要としているものを提供しているのか，人事部も考えねばならないね。君があげたもの以外には自己啓発の促進や企業年金もある。

大崎 時代によってニーズも変わっていきますから，福利厚生制度もスクラップ

アンドビルトが必要でしょう。

品川 年金も企業独自で年金制度を作るという会社も多い。確定拠出型と確定給付型があるが, どう違うかわかるかな?

大崎 確定給付型は年金の支払額が決まっているものですね。確定拠出型は年金保険料は決まっているけれど, いくらもらえるかわからない, というものです。

品川 なぜいくらもらえるか不確定なのかな?

大崎 運用の仕方で変わってくるからですね。

品川 そのとおり。確定給付型だと企業が保険料相当の資金を運用して年金を支払わねばならない。高金利の時代ならともかく, 今のように低金利だと大変だ。証券会社や信託銀行に運用を任せても失敗があるからな。確定拠出型だと社員一人ひとりが運用しなければならない。債券を買うのか, 株式を買うのか, 儲かればいいけれど, 損したら責任を負うのは社員自身だ。このように福利厚生の形もどんどん変わっていくのではないかな。

大崎 カフェテリア方式というのもありますね。一人ひとりにポイントを与えて, そのポイントの中で自由に制度を使うことができると聞きました。

品川 たとえば君に1,000ポイント与えて, 君はその中から人間ドックに300ポイント, 住宅ローン補助に500ポイント, 自己啓発の通信教育に200ポイントと割り振る制度だろう?私は賛成ではない。

大崎 どうしてですか?

品川 必要な制度は全部使いたいからさ。カフェテリア方式は会社にとっては福利厚生費の総額を抑えることができるけれど, 社員にとってのメリットはあまりないように感じるが, 君はどう思う?

ホームワーク

⇒「カフェテリア方式」について調べてみよう。あなたは反対か賛成か。

⇒あればいいな, という福利厚生制度は何だろう。

⇒「企業年金」も福利厚生制度の一つである。「確定拠出型年金」について調べ, あなたは選択するか否か考えてほしい。

第12講 労働時間
——その原則

1 一日・一週の制限

日本の労働時間制度は面倒くさいからなぁ。まず原則からいこうか。

部長が面倒くさいと言うからにはよほど面倒くさいのでしょうね。

品川 まず一日8時間労働，週40時間労働が法定労働時間だということは常識として知っているよな。

大崎 そこで質問ですが一日8時間労働という根拠は何ですか？

品川 う〜ん，ILO1号条約が一日8時間と決めているけれど，日本は批准していないのだ。

大崎 日本が批准していないILO条約なんてあるのですか！

品川 実はたくさんある。1号条約についての政府の公的見解は昭和47年4月26日の参議院予算委員会第二分科会で当時の労働省国際労働課長が「わが国の労働基準法は一日8時間，一週48時間で原則的にはなっておるわけでございますが，ただ超過勤務の取り扱い等は，わが国では三六協定で超勤ができることになっておりまして，第1号の趣旨とはやや違うわけでございます。したがいまして（中略）1号（中略）については慎重に検討をいたしたいと，かように考えておるわけであります」と答えているね。

大崎 慎重に検討ということは「検討しない」ということですね。

品川 国会用語ではそんなふうに使われることが多いね。

大崎 一日8時間が人間の体力や生理学上ふさわしいとか，限界であるという医学上の根拠があるものと思っていました。

品川 普通そう思うよね。一週40時間労働も似たようなもので，40÷8は？

大崎 5でしょう。そうか，一週5日労働。つまり週休2日ということですね。

品川 そう。だから根拠がないといえば無い。

2 時間外労働

　でも残業は当たり前ですから，一日8時間労働といっても意味ないですよね。

　意味は大ありさ。時間外割増手当の算定基準となる。

大崎　でも時間外労働は青天井で何時間やってもいいのだし。

品川　バカモノ！人事担当が三六協定を見たことが無いのか！

大崎　担当が違うので…労働基準法36条に基づく時間外労働に関する協定書，これですね。あぁ，あった。週15時間，年間360時間などと書かれています。法律でなく，協定で上限を定めているのか。すると協定で上限無し，としたらどうなるのですか？

品川　36条だから三六協定というのだけれど，これは労働基準監督署に提出せねばならない。そこで受付を断られる。

大崎　うけとらない根拠は何ですか。

品川　時間外労働の限度に関する基準（平成10年労働省告示第154号）というものがある。それが改正され，平成21年5月29日に厚生労働省告示第316号になっている。上の基準はこの告示に基づいている。

大崎　それを超えて働かせたら違法になるのでしょう？

品川　協定で定めた時間を超えて働かせても使用者に対する罰則は無い。ただし働いた分の割増賃金は支払う必要がある。

大崎　罰則が無いのは変ですね。やらせ放題じゃないですか。

品川　仕方ないのだよ。上限の根拠は告示であって法律ではないからね。

大崎　告示ってそんなに効力が弱いのですか？

品川　法律は国会の審議が必要だ。だから効力が強い。政令になると政府が決定できる。省令は各省庁が決めることができる。告示も各省庁が決めることができる。国民のチェックが及ばないところには罪刑法定主義が適用されないということだね。

大崎　でも働いた分の割増賃金は支払わねばならないというのは刑罰ではないのですか。

品川　刑罰ではない。労働者に支払うというのは罰金ではないからだ。その分の割増賃金を支払わなかったらこれは労基法37条，119条で刑罰が科される。

大崎　時間外労働の割増率は25％でしたね。

品川　根拠条文は？

大崎　え～と，わっ，36条にも37条にも書かれていない！

品川　六法全書をよく探すのだ！参照法文が書いてあるから。

大崎　あっ，これか。「労働基準法第37条第1項の時間外及び休日の割増賃金に係る率の最低限度を定める政令」ですね。

品川　わかりにくいだろう？

大崎　はい…。それで休日労働の場合は35％ですね。時間外や休日労働の場合は上司から言われたらやらなければならないのですよね。業務命令ですから。

品川　それでは命令が無かったら？

大崎　時間外労働をする必要は無いことになります。

品川　君に依頼した仕事の締め切りが明日の朝だ。しかし上司は出張や営業活動でいなかった。この場合，君は時間外労働をする必要はあるだろうか。もちろん具体的な時間外労働命令は出ていない。

大崎　やる…でしょう…ね。やらないと怒られますから。

品川　ほう，それでは業務命令がないのに勝手に残業していたのだから，君には時間外割増手当も払わなくていいわけだ。

大崎　ちょっと待ってください。それとこれとは話が別で…でも労働していたし，ただたしかに命令はなかったので…。

品川　しどろもどろになってきたな。整理しよう。法定労働時間は一日8時間，一週40時間であり，それを超えると時間外割増手当を払わねばならない。ただしそのためには三六協定を締結する必要があるし，先ほどは言わなかったが，就業規則に「時間外労働を命じることがある」旨書いておかねばならない。労働契約の重要なポイントだからね。また契約だから業務命令が必要だ。

大崎　では，先ほどの例も業務命令が無かったから時間外割増手当を支給する必要はない，という結論になるのでしょうか。

品川　そこでロジックをいろいろ考えるのさ。たとえば「明日の朝まで」と期限を決められていたら，その命令の中には「間に合わなかったら時間外労働も行うこと」という内容も暗黙のうちに含まれていたというようにね。

大崎　何か三百代言みたいな感じもしますが。

品川　古い言葉を知っているね。昔は弁護士のことを代言人と言っていたからな。

大崎　判例はあるのですか。

品川 今の段階では出ていない。だから先ほどの私の発言も仮説の一つにすぎない。これから出るかもしれないけれど。なお各企業が独自に就業時間として決めているものは一般的に所定労働時間といわれている。もちろん8時間以内に収めねばならないのだが、所定労働時間以上、法定労働時間以内の残業はどうなる？

大崎 割増賃金は払わなくてよい、ということになりそうですね。

品川 その通り。ただ2割5分増しの部分は払わなくてよいが、通常の時給分は払わねばならないことは注意しておいてくれ。

3 休日・休暇

休日の原則は？

4週4日ですね。

品川 よろしい。では土日が休みで週休2日の会社の場合、どちらが法定休日でどちらが法定外休日なのかね。またその違いは何かな。

大崎 今日は矢継ぎ早ですね。え〜と、わかりません！

品川 いばるのではない！まず法定休日と法定外休日の違いだ。業務命令で法定休日に働いた場合、休日労働割増手当は支払う必要があるかな？

大崎 あります。

品川 法定外休日に働いた場合は？

大崎 ありません…ですか？

品川 自信無さげだな。

大崎 法定外休日労働の場合には割増手当は払わなくていいと思うのですが、わが社では払っているものですから。

品川 原則は君のいう通りさ。でも土曜日が法定休日だと明記したとしよう。土曜日に出勤した社員と日曜日に出勤した社員とで割増手当を払ったり払わなかったりしたら、社員としては釈然としないだろう？

大崎 それはそうですね。

品川 だからコストアップになることは承知の上で、わが社は両日とも法定休日のような扱いをしているのだよ。労基法以上の措置をしているのだから問題はない。

大崎 国民の祝日は法定休日にしなければならないのですか？

品川 そんなことはない。国民の祝日に出勤した場合割増手当を支払うか否かは

会社に任されているし，そもそも交通機関は祝日も動いているだろう？

大崎 そうですよね。土日や祝日も電車・バスは動いていますから運転士さんや駅員の方々は働いているわけですからね。

品川 そういう方々はいつ出勤する代わりにいつ休みになる，という出勤表が一人ひとりに配られているのさ。その場合には本来休みの日のはずなのに出勤せねばならなくなったようなとき，休日労働割増手当の問題が出てくる。

大崎 でもお子さんがいたりすると日曜日に休みたくなりませんか？

品川 人情としてそれはそうだ。だから各社で工夫して月2回は土曜か日曜を休みにするなど配慮しているよ。若い連中はデートもしたいだろうしね。

大崎 就職説明会などにかり出されると休日を振り替えるか，代休をとるかと聞かれることがありますが，違いは何ですか？

品川 人事担当のくせに聞いていないのか。振替の場合，代わりにいつ休むか，いつ聞かれた？

大崎 振替はそうですね。いつも事前にいつ休むか聞かれていましたが，代休は休日出勤のときに聞かれました。

品川 そこがポイント。振替は休日を移動させると思えばいい。つまり法定休日の出勤であっても代わりの休日を与えることを事前に約束しているから，休日労働割増手当は支払う必要がない。代休はもう働いてしまっているから，その後に休日を与えても休日労働割増手当を支払う必要がある。

大崎 同じ休みでも年次有給休暇はまた全然違いますね。

品川 年次有給休暇の取得は労働者の権利だから，使用者はそれを断ることができない。例外はあるがね。

大崎 業務繁忙などのときに他の日に変更せよという時季変更権行使の場合ですね。

品川 そうだね。ただ朝，急に電話してきて「病気で今日年休をとりたいのですが」などといわれると本当は困るのだけれど。

大崎 時季変更権の行使の余地がないということですね。

品川 本来なら欠勤扱いして給与を差し引くべきなのだが，運用で年休を認めてしまっているから今さら扱いを変えるわけにいかないしね。

4 休憩

 休憩の原則は労働時間が6時間超の場合45分，8時間超の場合60分ですね。

 先手をうってきたな。もう三つ原則があるぞ。

大崎 一斉付与の原則，自由利用の原則と労働時間の中間に与えることという原則です。

品川 なぜそのような原則があるのかな？

大崎 一斉に与えないととりにくいからですね。また休憩時間の利用に制限があると従業員は休息をとることができないからです。中間付与の原則は…えーと。

品川 始業時刻の冒頭や終業時刻に接着して休憩時間を与えたら？

大崎 なるほど，たとえば9時始業の会社でも冒頭に1時間休憩時間を与えたら10時から終業時刻までぶっ通しで仕事しなければならなくなりますものね。

品川 その「ぶっ通し」が問題なのだよ。間に息抜きが無ければ誰でも息が詰まってしまうからね。

大崎 もちろん例外もありますよね。

品川 一斉付与といっても，鉄道会社が一斉に列車を止めるわけにはいかないしね。飛行機の操縦士が休み時間だと言ったら，

大崎 飛行機が落ちちゃいます。

5 深夜労働

 割増手当の問題だから，深夜労働の問題は別のところで話した方がいいのかもしれないが，便宜上ここで扱おう。大崎君，深夜労働の制限は？

 えっ，深夜労働時間に制限時間なんてありましたっけ？

品川 無い。女子・年少者にはあるけれどね。

大崎 冗談がきついですよ。25%の割増手当支払いだけですね。

品川 それが問題になることもあるのだよ。イメージしにくいかもしれないが，深夜だけ働く社員を制度化したり，深夜勤が続いたりしたら，常識的に考えて身体にいいはずがない。24時間交代制をとらざるをえないわが社でも健康管理には気をつけなければね。特に昼働くパターンを1週間続けて，次に夜働くパターンを1週間続けるというような働き方だと身体のバランスが崩れるかもしれない。

大崎 現場実習のときにそれは感じまし

た。

品川 だから新人のときに現場を踏ませるのだよ。現業の人たちの苦労をわかってもらいたいからね。

6 労働時間の例外

今まで述べてきた労働時間制度だが、例外がある。労基法41条2号だ。

1号は農業、水産業、3号は監視または断続的労働ですから、あまり関係ないですね。2号は管理監督者ですね。

品川 管理監督者に時間外労働割増賃金を支払っていないのはこの条文が根拠になっているのだが、それが問題とされているのは君も知っているね。

大崎 はい、「名ばかり管理職」という問題ですね。

品川 簡単に説明してくれたまえ。

大崎 41条2号の管理監督者とみなされるためには、出退勤の自由、ふさわしい処遇、指揮命令の権限を有していることが必要ということです。

品川 そうすると管理監督者には？

大崎 労働時間に関する規制の適用がありません。

図表12－1　管理職と賃金

	時間外・休日割増手当	深夜割増手当
非管理職	○	○
管理監督者	×	○

品川 管理職の深夜労働については？

大崎 深夜労働は手当の問題だけで労働時間としての規制はそもそもありませんね。

品川 その通り。だから深夜労働を先に論じたのさ。深夜労働手当は管理監督者にも適用がある。したがって管理監督者が深夜労働をした場合には深夜労働割増賃金を支払う必要がある。

大崎 でもわが社で管理職からの深夜労働割増手当の申請は現場を除いてはありませんよ。

品川 そこは問題なのだけれどね。本当に深夜労働をしていないのか、自宅に持ち帰っているのか、深夜労働をしているが申請していないだけなのか、わからない。深夜労働については実態を探る必要があるな。

大崎 他社では指揮監督の権限がなかったり、出退勤の自由がなかったりしても「課長」とか「店長」という名の社員を管理監督職扱いしている例がありますね。これが「名ばかり管理職」ですが。

品川 私の知っている例ではファミリーレストランで「君も24歳で店長に，管理職になれる」というパンフレットを作っていたケースがある。なに，店長にしてしまえば時間外労働割増手当を払わなくていいという発想だけだったのだけどね。

大崎 店長の後はどうなったのですか？

品川 一旦管理職になったのだから，その後管理職からはずすことはできない，といって，ずっと管理職扱いさ。

大崎 それではほとんどの社員が管理職扱いになってしまいますね。

品川 本当だね。今はそんな管理をしていないのを祈るばかりだけれど。

大崎 要件の話に戻りますが，出退勤が本当に自由になっている管理職なんているのでしょうか？

品川 厳密に考えればその通りさ。9時出勤の会社で何の理由もなく堂々と11時ころ出社してくる課長が許されるなんて聞いたことがない。解釈と実態が乖離したいい例だね。

ホームワーク

⇒「名ばかり管理職」「サービス残業」の例を調べてみよう。

⇒なぜ日本企業でこのようなことがおこるのだろうか，あなたの考えは？

⇒このような事態をなくすにはどうしたらよいだろうか。考えてみよう。

第13講 労働時間の例外 ——複雑な体系

1 労働時間制の例外が多い理由

さて，原則は一応わかった上で例外の話だ。

条文を見ただけでも38条の2とか，32条の4の2などと枝番号があって，よくわかりませんね。

品川 条文を新設する時にたとえば34条と35条の間に入れたい，という場合，「新35条」と書きにくい。また今までの35条を36条に繰り上げることになる。そうすると，「38条」とした条文が改正前の38条なのか，改正後の38条なのかわからない。そのために条文の間に新条文を入れる場合，○条の2と枝番号をつけるわけだ。

大崎 そうすると，そうこうして32条の4，32条の5ができて，その間に新条文をまた入れたくなったのですね。だから32条の4の2になるわけか。

品川 そうなのだね。それだけ改正の頻度が多い，ということでもあるわけだ。

大崎 こんなに改正続きだと現場はたまりませんね。なぜ労働時間関係だけこんなに改正が多いのですか？

品川 理由はいろいろあるけれど，労働基準法の制定当時，労働時間といえば工場労働者，現業部門だね，この人たちを念頭において法律を作った。ところが今日では工場労働者だけでなくホワイトカラーの事務技術系や営業系の人たちが多くなってきた。すると工場労働者を念頭においた条文では実情に合わなくなってきたのだよ。イメージしてもらえばわかると思うけれど，工場だと機械が動きだせば一斉に仕事を始め，機械が止まったら仕事が終わるだろう？

大崎 機械が動かなければ仕事になりませんから，そうですよね。

品川 つまり労働時間を明確に算定することができるわけだ。しかしホワイトカラーの社員の労働時間は測定し難い。

大崎 どうしてですか。始業終業時刻は決まっているのですから。

品川 残業時間申請を考えてみたまえ。本当に彼ら，彼女らは仕事をしているの

だろうか。天井を向いて目をつぶっていたら，沈思黙考しているのかもしれないが，居眠りしているのかもしれない。パソコンに向かっていたら企画書を作成しているのかもしれないが，ゲームやSNSをやっているのかもしれない。そして気が向いたら本当に仕事をするのかもしれない。

大崎 そう考えると，自宅で企画書を作ったり，調べ物をネットで検索していたりすると，それも労働時間になりますね。

品川 そういうことだ。今はイメージだけつかんでもらえばいい。要はホワイトカラーとブルーカラーとでは働き方が全く違うのに労働時間制度が共通でいいのか，ということだ。

大崎 だからホワイトカラーの働き方に合わせた例外措置を設けたわけですね。

品川 そうなるね。ただ共通しているのは例外措置といっても，ホワイトカラー社員を無制限に働かせていいとなると，悪辣な使用者は時間外労働割増手当を支払わずにとことん働かせてしまうかもしれない。だからそこには各種の歯止めを設けたのだが…。

大崎 その次は？

品川 うん…歯止めの仕方が制度によって複雑なのだ。そこが労働時間制度の面倒なゆえんだろうね。

2　変形労働時間制

　まず変形労働時間制だ。条文との関係は法律編で論じるからここでは概念だけ理解しておいてほしい。大別して4種類ある。

　変形労働時間制の概念からお願いします。

品川 急ぎすぎた。たしかに。通常の労働時間は毎日9時～18時というように決まっているね。

大崎 交代制の場合には多少違いますが，それも事前に知らせてありますから原則はその通りです。

品川 ところが業務には繁閑の差がある。月単位で言えば，見本市の前後に忙しいが，終われば少しは楽になるだろう？

大崎 そうですね。

品川 そんな時には見本市の前後には10時間働き，その後は6時間でいいとする。そして通算して平均週40時間以内に収めようという考え方。一般論で言えば業務の繁閑に応じて労働時間を変えることができる，という制度だ。もちろん週平均40時間以上働いた場合には時間外労働割増賃金が支払われる。

大崎 それがそんなにたくさん種類があるのですか。

品川 まず1ヶ月単位だ。これは今話したような例。次に1年単位。これは季節ごとに繁閑があるような業種だ。たとえば鮭の缶詰を作る工場があったとする。

大崎 はい。

品川 そうすると鮭が獲れる時期は忙しい。しかしそれ以外の時期は暇だ。そういうときには忙しい秋は10時間労働、暇な春は6時間とかね。

大崎 鮭以外の缶詰を作ったらどうですか。トドの缶詰を見たことがあります。

品川 まぜっかえすな。トドやセイウチ、何でも作って作業を平準化しても悪くは無い。

大崎 はい…。

品川 そして1週間単位の変形労働時間制。これは温泉旅館を想像してもらえばいい。土日は大変忙しいが、平日は暇だ。まぁ、今は金曜日も休前日だから金曜日も多忙日とすると、金曜から日曜は10時間労働、月火は4時間労働、水曜はお休み、木曜は2時間、というようなシフトを組むといったことだ。面倒なのはこれら3種類の変形制の要件が全部違うことだ。

大崎 全部覚えねばならないのですか？

品川 全部は細かく見るスペースが無いのでその都度条文を読んでほしい。

大崎 そういう制度を導入しなければいいのですよ。

品川 まぁね。要件上導入できないものもあるけれど。

大崎 あと一つは何ですか。

品川 フレックスタイム制だ。

大崎 うちでも検討した制度ですね。でもこれも変形労働時間制なのですね。

品川 条文の位置がそうなっているからね。定義は始業終業の時刻を労働者の自由にまかせる、ということだ。

大崎 何時に来ても、何時に帰ってもよいということですね。

品川 その通り。全員そろわねばならない時間を決める場合、その時間をコアタイムという。ただし、法律上コアタイムを設定する義務は無い。

大崎 コアタイム無しだと30分だけ出勤するなどということも可能ですね。

品川 往復の通勤時間のほうが長いだろう。それなら現在検討中の在宅勤務にした方が合理的だよ。

大崎　なぜフレックスタイム制を導入しなかったのですか？

品川　まず製造部門では導入は難しい。

大崎　それはそうですね。来るか来ないかわからない者を待っているわけには行きませんしね。

品川　それに営業部門では9時始業といってもみんな10時に来てしまったら，その間にお客様から電話があったら誰もその電話をとることはできない。

大崎　当番制にしたらどうなのでしょう。

品川　それも考えた。でも人数の多い課と少ない課があるから不公平だという声もあるし「担当はまだ出勤していません」とは言い難い。ある会社では総合職だけフレックス，一般職は通常勤務としたら一般職が大反発して制度が取りやめになったと聞く。

大崎　育児中の社員にとっては便利な制度だと思うのですけれどね。

品川　そうだね。だから短時間勤務制度を導入したのだけれど。

大崎　フレックスタイムの場合の時間外労働というのは想定できるのですか。

品川　忘れていた。一定の期間内の法定労働時間は計算できるだろう？4週間なら160時間というように。その時間を超えたら時間外労働割増手当を支給せねばならない。所定労働時間以上だった場合も同じこと。

大崎　働いた時間を合計してその所定労働時間未満だったらどうなるのですか？

品川　働かなかった時間分を計算し，翌月の賃金からさしひくことになるね。ちゃんと清算しなければならないさ。

3　みなし労働時間制

　さあ，本日のハイライトだ。

　意気込んでいますね。

品川　まず一般的な事業場外労働制。営業経験がある君は知っているだろう。営業で外回りをしているときに喫茶店でコーヒーでも飲んでいなかったかな？

大崎　私はコーヒーフロートでしたね…。

品川　いや，怒っているわけではないから安心してくれ。そういった時間は労働時間ではないが，会社は管理できない。会社が管理できない時間がある場合には何時間働いていても，一定の時間働いていたとみなそう，という制度がみなし労働時間制なのさ。たとえば営業活動していて直帰した。その時間が12時間であっ

たとしても8時間なら8時間としてしまう，ということだな。

大崎 みなす，という言葉は強い意味を持つのですね。

品川 そう，法律用語では大変強い意味を持っている。似た言葉に「推定する」というものがあるが，意味が違う。推定する，は反対の証拠，反証というが，それがあれば否定される。たとえば夫婦の子については民法に「妻が婚姻中に懐胎した子は，夫の子と推定する。」という条文があるが（772条），「この子は夫の子でない」という証拠があれば夫の子でないことになる。しかし「みなす」は反証があったとしても，「そういうものとして扱ってしまう」ということだ。自分は12時間働いていた，という証拠があったとしても8時間なら8時間働いていたとしてしまう，という扱いとなる。

大崎 そう扱われても反対できない，というように考えればいいのですね。

品川 その方がわかりやすいかもしれない。逆に1時間しか働いていなくとも8時間働いていたとされる。

大崎 それはうれしいです。

品川 うれしいといっても，賃金に見合った実績をあげることができるかどうかがポイントだな。それに8時間労働とみなされると，何時間働いても時間外労働割増手当は支給しなくともよくなってしまう。

大崎 16時間働いても，時間外割増手当なしですか。それはひどいです。

品川 それがみなし労働の意味であり，最大の問題だ。そのため要件を厳しくしているのさ。私など研究会では「使えるものなら使ってみろ，という制度になってしまっている」と言ったものだ。ただ，この事業場外みなし労働制は厚生労働省の通達を厳密にとらえると実質的に無意味なものとなってしまっている。

大崎 ええっ，どうしてですか。

品川 上司の監督が全く行き届かない，つまり会社が労働時間を測定できない，という外回りの営業活動など現在はあるだろうか。

大崎 私も営業部門では携帯電話を持たされていましたから，時々上司から電話が入っていましたね。急に電話が入ったから甲株式会社に行ってくれ，とか，至急会社にもどるようにとか。

品川 今どこにいて，営業活動をしているかどうか，会社は把握できるわけだ。

大崎 その通りです。

品川 すると事業場外労働はこの項目の

図表13−1 労働時間制度の例外

```
変形労働    ┌ 1ヶ月単位
時間制     ├ 1年単位        時間外割増
         ├ 1週単位        手当の適用
         └ フレックスタイム制  あり

みなし労働  ┌ 事業場外みなし    時間外割増
時間制    │              手当の適用
        └ 裁量労働制 ┬ 専門型  なし
                  └ 企画型  (深夜割増
                          手当の適用
                          あり)
```

最初に述べたとおり「会社が管理できない時間」ではなくなる。

大崎 なるほど。携帯電話を持ち歩かない営業担当者などいないでしょうからね。

品川 でも多分，今でも営業手当を支払って事業場外労働のみなし労働時間だ，といい，時間外労働割増手当を支払っていない会社は多いと思うよ。

大崎 なぜですか？

品川 そういう通達を中小企業などは知らないから。もう一つは労基署も厳しくチェックできていないから。営業手当をその代わりに払っていると抗弁すれば詳しく調査せねばならないからね。人手が少なすぎる。

4 裁量労働制

さて，みなし労働時間制にはこの事業場外労働の他に2種類設けられている。一つは専門業務型裁量労働制，もう一つは企画業務型裁量労働制，というものだ。裁量労働制の意味合いから説明しよう。裁量とは何の裁量だろうか？

えーと，仕事の進め方の裁量ですね。

品川 そうだね。仕事を上司の指示で進めるのではなく，自分の判断で進めることができる者は労働時間を自分で管理できるはずだから，いつ帰ろうといつ出社しようと自由だというのが趣旨だ。専門業務型からいこう。

大崎 言葉からして，プロフェッショナルが対象のようですね。

品川 その通り。しかし，単にプロといっても範囲が広すぎる。そこで条文が登場する。労基法施行規則24条の2の2，第2項と平成9年2月14日労働省告示7号で19の業務が決められている。

大崎 聞いただけでもややこしいです。

品川 これらの業務に従事する人たちは一定の要件を満たせば裁量労働制のみなし労働時間の対象となりうる。

大崎 なるほど，ちょっとみてもプロっぽい人たちですね。大学の教授研究の業務も入っていますし。

品川 実はそこがちょっと問題となった。

大崎 なぜですか？

品川　医学部の先生方は大学病院で診察もしているだろう？「主として研究している」といえるか微妙なのさ。

大崎　たしかに。結論はどうなったのですか？

品川　通達の解釈で裁量労働制の適用が認められることになった。

大崎　一つひとつの業務を見ていくと問題ありそうなものも多いですね。

品川　だからこの制度は面倒なのだよ。最後になるが企画業務型裁量労働制だ。これは業務の限定がない。

大崎　本当だ。企画立案調査分析としか書かれていませんね。

品川　広く解釈すればホワイトカラーの業務がすべて入ってしまう。この中で自分の裁量で仕事を進めることのできる者がどの位いるか，どうやって限定するかが大きな問題となった。

大崎　一人ひとりの職務分析をしなければなりませんね。

品川　それも大変だ。そもそも労使協定が必要なのだが，そこにどう書くか。君の言うとおり，一人ひとり違うのさ。

大崎　時間外労働割増手当を支払いたくない使用者が企画業務型裁量労働制を導入したがった理由がよくわかります。

品川　ある講演会の質疑応答のとき，この制度に近い制度を導入した企業ではかえって人件費が高くなったという例をだしたら，がっかりした出席者が多かった。

大崎　最後の砦の要件は「本人の同意」ですね。

品川　そうだね。本人が同意しなければ適用がないからね。いろいろな労働時間制度があるけれど，本人の同意を要求するのはこの制度くらいだろうな。ちょっと場所を変えて続きをしよう。

（とある居酒屋）

大崎　ぷはーっ，生ビールはいいですねぇ。

品川　一日の労働はこのビールのためにあると私は思っているよ。さて続きだ。

大崎　ビールがまずくなります。

品川　一瞬でもリフレッシュできたと考えろ。今まで述べた裁量労働制だが，面倒だっただろう。

大崎　正直そう思いました。

品川　根拠条文に当たり始めるともっとそう思うようになる。それに管理監督者のところで述べたように，裁量労働制でも深夜労働割増手当は支払わねばならない。つまり労働時間管理をしなければならないわけだ。君ならこの制度を導入し

ようと思うかい？

大崎 いえ，深夜労働時間も把握しなければならないし，要件がいろいろありすぎます。

品川 ちょっと古い資料だが，平成17年の厚生労働省調査では「専門業務型裁量労働制は全企業の3.4％で活用されており，企画業務型裁量労働制は全企業の0.6％で活用されている。専門業務型裁量労働制は全労働者の1.1％，企画業務型裁量労働制は全労働者の0.2％に適用されている。」となっている

大崎 なんだ，ほとんど使われていないということじゃないですか。

品川 そういうことだ。だから厚生労働省も各企業に導入してもらうよう働きかけている。しかし現在でもこの数字はそれ程変わっていないだろう。

大崎 厚生労働省も本気なのでしょうか。

品川 その代わりに出てきたのがホワイトカラーエグゼンプション制度導入論だ。この話は第30講で議論することとして，今夜は一杯やろう。次回からは労使関係に入るから一区切りだ。串焼きの盛り合わせ一つ頂戴。

ホームワーク

⇒労働時間管理はどのようにするのが合理的だろうか。タイムカード，自己申告などいろいろ考え方があるが，あなたの考えをまとめてほしい。

⇒管理監督者や裁量労働制適用者にも深夜労働割増手当を支給する必要があるが，これは矛盾しているといえるだろうか。

⇒ブルーカラー中心の人事労務からホワイトカラーの人事労務への転換のポイントは労働時間以外に何があるだろうか，考えてみてほしい。

第14講 労働組合の必要性 ――誰が経営者のストッパーになりうるのか

1 労組の目的

　さて今日からは労使関係論に入る。

　私も営業にいたとき，職場委員として労組の仕事をしないかと言われました。忙しくてそれどころじゃない，と言って断りましたが。

品川　労働組合のことをこれから労組と略す。労組の仕事は忙しいからね。でも労組があるから労働条件の維持向上ができる。そもそも労組は…。

大崎　明治にさかのぼるのでしょう？

品川　いや，もっと以前だ。産業革命時のイギリスにさかのぼる。産業革命の一つのきっかけは蒸気機関，その燃料は？

大崎　石炭でしょうね。

品川　石油は一般的でなかったし，薪は火力が弱い。石炭はニューカッスルなどに炭鉱があった。せっせとトンネルを掘って石炭を採ったわけだが，少年労働を活用することもあった。

大崎　少年ですか？

品川　体が小さいからトンネルも小さくて済む。日本でも12歳以上なら雇用してもいいことになっていた。少年・少女なら賃金も安いし。

大崎　そうすると長時間労働も当たり前だったわけですね。

品川　そのようだね。15時間労働ということも聞いたことがある。

大崎　ヨーロッパでも日本でも同じように苦役だったのですね。

品川　一つ違いがある。イギリスではパブの文化があった。炭鉱に限らず，工場街のパブで一杯やって労働の辛さを癒していた。そこで一杯やっていると，同じような仕事をしている者が集まってくる。話題も仕事関係だ。どこそこの炭鉱で事故があって何人死んだとか，怪我して働けなくなったとかね。するとかわいそうだ，皆で少しずつ金を払って家族の生活を支援しようとする動きが出てきた。このパブの仲間たちが労組の発祥ともいえる。だからはっきり何年に最初の労組が

できたとは確定できない。

大崎 見てきたような話をなさいますね。

品川 歴史と地理を語る者は見てきたようなことを言うものだ。この「労組」が賃金についても各社と話し合いを始める。

大崎 でも経営者は最初のうちは取り合わなかったでしょう。

品川 敵視しただろうね。自分たちに反発する連中だから。経営者たちは金を持っているから，当時の貴族たち支配層と密接な関係を持っている。だから最初は労組を違法として取り締まったわけだ。

大崎 日本と同じ。

品川 しかし開明的な経営者もいた。

大崎 おお，これも日本と同じではないですか。

品川 日本はこのイギリスの経営者を真似たのかもしれないね。イギリスでは空想的社会主義者として有名なロバート・オウエン（Robert Owen）が労働者の理想的な工場や住まいを設けようと一つの町を作ってしまった。ニューラナークという町だ。学校を作ったりしたことが日本に影響を及ぼした可能性もある。ちなみにこの町は世界遺産に登録されているよ。そうこうしているうちに経営者は労働者の生産性を上げた方が賢明だと悟り，労組を合法化していくに至る。

大崎 最終的な労組の目的とは何になるのでしょう？

品川 労働条件の維持・向上だね。労働者の社会的地位の向上を目指した時代もあったけれど，今日では経済的な労働条件の維持・向上と考えていいだろう。

2 労組のパワーの源泉

でも，労組がいくらいろいろな要求をしても，経営者が相手にしないのでは意味がありませんよ。

その通りだけど，こうイメージしてくれ。1人で社長に賃金を上げてくれと言ったらどう返答が返ってくる？

大崎 うるさい，とっとと帰れ。

品川 そうだろうね。100人だと？

大崎 何だ何だ，お前らは。うるさいことをいうとクビだ！

品川 1,000人だったら？そして要求を聞かなかったら，みな仕事をしません，と言ったら？

大崎 身の危険を覚えるかもしれません。最終的に要求をのむかどうかはわかりませんが，言い分だけは聞くでしょうね。

品川 それが数の力，団結の力さ。だから企業と同じで規模を拡大しようとする。最近の日本でも労組の合併がよく見られる。鉄鋼労連と造船重機労連，非鉄連合が一緒になって基幹労連になったり，昔の全繊同盟がいろいろな労組を合併してUAゼンセンになったりしたのが例だね。

大崎 でも現在組合員数は低迷していると聞きましたよ。

品川 それは後で話す。

3 労組の形態

日本では労組といえば企業別組合だが，外国では企業別組合は少ない。韓国が企業別組合かな。

なぜですか？

品川 その前に労組の形態をおさらいしよう。企業別組合はわかるね。各社ごとに労組を作るものだ。日立，東芝，三菱電機などだね。産業別組合は産業ごとに労組ができている。各社の労組は事業所ごとに労組の支部として位置付けられることが多い。日本では海員組合くらいしか思い浮かばないが，ドイツのIGメタル，これは金属産業。アメリカのUAW，自動車産業だね。各社を串刺しにしたものと思えばいい。あとは職能別組合。これは職業や技能ごとの組合だ。イギリスで最初にできた労組がこれだ。配管工組合とか，旋盤工組合とかね。日本では建設職人さんたちの全建総連が近いが，無いといっていいかもしれない。

大崎 職能別組合の場合は，一つの会社に沢山の専門工員さんたちの組合があるわけですね。大変だなぁ。

品川 大変なのは日本でも同じ，いやもっと大変かもしれない。その話は後で。その前に日本企業で企業別組合が多い理由だ。終戦直後，GHQが労働組合の育成を奨励したという話は覚えているね。

大崎 電産型賃金体系の時の話ですね。

品川 さて，GHQが労働組合を作れといっても，戦前は労働組合法なんてなかったから，誰も作り方がわからない。それでは一緒に働いている仲間同士で労組を作ろう，というのが一番簡単だということになったのさ。

大崎 言われてみれば当然の話ですね。

品川 もちろん，世界情勢に詳しい人たちは産業別労組を作ろうとしたけれどうまくいかなかった。各社で労働条件は違うから難しいだろうね。

大崎 さきほど基幹労連とかUAゼンセンという話がでましたが，これらの組織は産業別労組ではないのですか。

品川 主体となっているのが企業別労組だから産業別労組とはいわない。ただ企業別労組といっても，同じ産業の労組の間で情報交換をしたいということもあるし，共同要求をしたいということもあるから，同じ産業の間で産業別組織を作ることもある。その産別組織が基幹労連であり，UAゼンセンなのさ。ゆるやかな連合体というイメージかな。

大崎 数がパワーだというなら産別組織同士は連合体を作らないのですか？

品川 ある。全国組織，ナショナルセンターと言っているけれど，それが産別組織同士の連合体にあたる。日本では一番大きいのが日本労働組合総連合会（680万人），長いから連合と略す。そして全労連（全国労働組合総連合，80万人），全労協（全国労働組合連絡協議会，11万人）と三つがナショナルセンターだ。

大崎 一緒になればいいのに，なぜ分かれているのでしょう。

品川 考え方の違いだね。連合は民進党に近い考え方，全労連は日本共産党に近い考え方，全労協は社会民主党に近い考え方の人たちの集まりと考えればそう間違いはない。

大崎 「誰でも入ることのできる労働組合」という労組もありますね。

品川 労組に入ることに制限をつけない労組，それを合同労組や一般労組とよんでいる。日本独特かもしれないね。ヨーロッパではギルド，同業者組合の伝統があり，そのメンバーとなるには審査があるなどメンバーのプライドが高いから誰でも入れる，ということには抵抗があるのかもしれない。これは私見だけど。

大崎 労働組合の仕事は誰がやっているのですか。私に声がかかったので，本来の仕事の片手間にやっている人が多いと思うのですが。

品川 そうなのだけれど，大きい組合では組合ニュースを作ったり，地方の工場に行って組合員の意見を吸い上げたりするなど仕事も多い。そういうことを考えると，本来の会社の仕事から離れて労組の仕事だけをもっぱら行う人たち，組合専従が必要となる。

大崎 組合専従者の身分や賃金はどうなっているのですか？

品川 会社の立場は休職扱い。仕事をしないのだから，賃金は会社からは出ない。それでは生活できないから労組から賃金をもらっている。

大崎 専従者の賃金を労組が払うのであれば，組合員は労組に組合費を沢山払わねばなりませんね。

品川　だから大きな労組しか組合専従者を置くことができないのさ。大きな労組では会社とは全く別個に組合専従者を雇用しているところもあるよ。

大崎　労組に就職するわけですね。

品川　そういうことだ。UAゼンセンや地方公務員の集まりである自治労，連合事務局などで大卒の新卒を採用したと聞いたことがある。

4　使用者との関係

労組と企業との関係にもいくつかあるから，ちょっと見てみよう。

うちは労組に入るのも入らないのも自由ですね。

品川　それはオープン・ショップという。社員であるから組合員である，というわけではないからね。

大崎　その他にはどのようなものがあるのですか？

品川　日本の大企業で多いのはユニオン・ショップだ。これは社員となったら労組に加入せねばならない。労組を脱退したり，労組から除名されたりしたら会社はその社員を解雇せねばならない。

大崎　厳しいですね。就業規則にも解雇理由として書いておかねばなりませんね。

図表14−1　労組と企業との関係

	加入強制	企業との関係
オープン・ショップ	なし	あり
ユニオン・ショップ	あり	とても強い
クローズド・ショップ	あり（組合員から採用）	なし
合同労組	なし	なし

品川　もちろん。その前に労組と労働協約を締結して，ユニオン・ショップについて合意せねばならない。労働協約についてはまた後で。

大崎　ユニオン・ショップだと労組が強くなりませんか。

品川　そこが考えどころさ。たしかに新入社員が全員労組に入ると人数も増える。すると労組との関係は良くなるだろう？

大崎　それはそうですね。労使協調になる傾向はあるでしょうね。

品川　ところが，将来のエリートと考えていた若手が労組を脱退したとする。労組から会社に通告があって，君は彼を解雇せねばならない。さぁ，どうするかね。

大崎　それは困ります。解雇しないで済ませたらどうなりますか。

品川　まずは労働協約違反だね。損害賠償ですめばいいけれど，労組との関係も

悪くなるかもしれない。

大崎 彼を解雇します！

品川 そうしたくないじゃないか。このような場合のために「解雇する。ただし特別な事情がある場合にはこの限りではない」などと例外規定をおくことがある。これを「尻抜けユニオン」という。

大崎 労組に加入させるときは強制しても，脱退などした場合にはその限りでない，だから尻抜けですか。

品川 そうだよ。こうした尻抜けユニオンはかなり多いと思うよ。

大崎 これで終わりですか？

品川 実はもう一つあるのだが，日本ではあまりみられない。クローズド・ショップというものだ。

大崎 どういうものですか？

品川 社員を採用するときは労組の組合員から採用せねばならない，という関係だ。

大崎 ？？？採用する前から労組に加入しているということですか？

品川 企業別組合の他に職能別組合もあると言っただろう？

大崎 はい，さすがに覚えています。

品川 労組に加入する資格として労働者であればいい。失業中で無職であっても労働者は労働者なのだよ。だから配管工を採用したいと会社が思えば，配管工組合の組合員の中から採用せねばならない，という制度なのさ。今無職で仕事を探している組合員はこのリストの通りです。このリストの中から採用してください，という制度だと言えばわかりやすいかな。

大崎 労組がハローワークの役割をするわけですか。

品川 うまいことを言うね。そうとも考えられる。

大崎 でも日本ではたしかに失業者が労組に加入するのは普通ではありませんね。

品川 解雇された労働者があわてて労組に駆け込むことはあるけれどね。だから日本ではクローズド・ショップはほとんどみられないのさ。

大崎 ほとんどということは，全く無いわけではないのですか？

品川 「ない」ということを証明するのは難しい。どこかにあるかもしれないしね。脱線するが，「恐竜は絶滅した」ということを証明することはできるかな？

大崎 死骸や卵の殻があれば，いる，ということは証明できます。ただ，いない，ということは深海に潜んでいるかもしれ

ないし，もしかしてアマゾンの奥地やヒマラヤには小さい恐竜が残っているかもしれませんから，証明できません。

品川 そうなのだよ。だから「ない」とは断言せず，ぼかしていたわけだ。

5 複数組合の存在

 日本の労組の特徴として複数組合の存在を挙げておこう。先程少し述べたが，職能別組合では一つの会社に多くの労組が存在する可能性があることはわかったね。

はい，仕事別ですから当然そうなります。

品川 ところが日本では企業別組合でも労組は複数あってよい。

大崎 わが社では労組は一つですが，一企業一組合ではないのですか？

品川 そのような規定は全く無い。憲法上団結権が認められているから，ある労組に加入して団結しようと，別の考え方の労組に加入して団結しようと自由だ。

大崎 職能別組合でしたら，仕事が違うから賃金や労働条件が違う，といっても合理的ですが，同じ社員層が別組合だと困りますね。

品川 どう困る？

大崎 団交で違う条件を会社から出すわけには行きません。

品川 それから？

大崎 掲示板や組合事務所も要求してくるでしょうから，組合の数だけ用意せねばならないでしょうか。

品川 そして？

大崎 すべての労組と団交せねばならないでしょうね。

品川 まぁ，そんなところだ。最大の問題は団体交渉だね。君の言うとおり，労組によって条件を違えるわけにはいかないし，すべての労組と団交せねばならない。そして最大手の労組と妥結したら，それ以外の労組とも同じ条件で妥結しないと不公平が生じてしまう。

大崎 アメリカでは産業別労組ですからこんな問題は起きないのでしょうね。

品川 そうでもない。アメリカでも組合員の獲得競争はすごい。組合の勢力争いだね。でもアメリカには交渉単位制という制度がある。

大崎 聞きなれない言葉ですね。

品川 組合員の過半数を占めた労組が会社との団体交渉権を握るということだ。

大崎 他の組合は交渉できないのですか。

品川　そう。

大崎　負けたら大変ですね。

品川　アメリカの労働法を輸入したのが日本の労働組合法だから，交渉単位制がなぜ入らなかったか，菅野先生によれば反対論があったからだというが，これがあったら簡単だったのにね。

大崎　交渉の問題だけなら手間がかかるだけですが，他の問題はあるのですか？

品川　組合間紛争が生じる可能性があるのだよ。考え方が違うから複数の労組があるわけだ。

大崎　たしかに。

品川　考え方が違う同士が同じ職場で働いていると険悪な雰囲気になってしまうことも多い。少数派を村八分にしようとかね。仲間はずれにされたら面白くない。理屈のケンカではなく感情的なケンカは収まりがつきにくいのだよ。そういう労組が10以上もあったらどうなる？これは実際にあるのだが。

大崎　ええっ。私は人事担当をはずれます。

ホームワーク

⇒労働組合は経済的地位の維持向上を目指しているものだが，一部の労組は政治活動をしている。なぜしているのだろうか。

⇒労働組合が無かったらどうなるか，想像してみよう。

⇒いわゆるブラック企業の中に労働組合を作ることは歯止めになるだろうか。考えてみよう。

第15講 労働組合の結成と活動
——「団結」の力の発揮

1 労働組合の結成

まず労組を結成するところから始めよう。いろいろな要件が労働組合法に書かれているけれど，それは法律編に回して，重要なポイントだけをおさえる。

わが社にも労組はありますが，たしかに結成するところは見ていませんからね。

品川 第一に一人では労組は結成できない。

大崎 「組合」というからには当然です。

品川 でも一人になってしまう，というケースはあるのだよ。

大崎 どんなときですか？

品川 労組から組合員が脱退していって一人しか残らなかったときさ。

大崎 なるほど。

品川 他に同調者がおらず，一人だけの場合には前回のべた合同労組や一般労組に加入するしかない。第二に，労働者の経済的地位の維持向上を図ることが目的でなければならない。

大崎 政治活動をしたいのなら政党を作ればいいのですからね。

品川 その通り。第三に主体が労働者でなければならない。

大崎 農家や水産業の人たちは…そうか，農協，漁協で「団結」しているわけか。

品川 労働条件の維持向上ではないけれどね。同業者間で自分たちの利益向上を図っているわけだ。中小企業団体や医師会も利益向上を図っているけれど，労働者ではないから労働組合ではない。

大崎 医師でも労働者の人はいますよね。

品川 もちろん。病院勤務の先生は労働者だから労働組合員になれる。

大崎 違いは何でしょう？

品川 それを考えるのが君の仕事だ。ヒント。失業者も労働者だったね。

大崎 賃金をもらって生活する，という

ことでしょうか。

品川 ピンポン。労働者は賃金生活者。農林水産業の人たちは自分で生産手段を持っている。企業主は機械を使ったり，労働者を使ったりして生産手段を持っている。ところが生産手段を持っておらず，誰かに雇われなければ生活できない人たち，それが労働者さ。今のところはそう理解しておいてよい。

大崎 フリーアナウンサーから企業専属の税理士さんまでいろいろありそうです。

品川 そう。だから線引きが難しい。第四に使用者から独立した存在でなければならない。法律編でもう一度詳しく見るけれど，利益代表者，人事部長みたいな人だ。こういった人は労組に加入してはならない。また，使用者から金銭などの利益を受け取ってはならない。

大崎 偉い人が労組に入っていると，会社に反対できませんものね。お金をもらっていても，「もう金をやらない」と言われたら，これもまた会社に反対できなくなります。

品川 その「反対できない」がキーポイント。会社からの自主性と言ってもいい。

大崎 それくらいですか。

品川 年齢の制限はなかったことに気付いたかい？

大崎 そういえばそうですね。

品川 高校生でアルバイトしている者もたくさんいるだろう？彼らは労組を作ることができるだろうか？

大崎 できない根拠は無いと思いますが。アルバイトでも労働しているのですから。労働者ですし。年齢の話も出てきていませんでした。

品川 そうだね。高校生だけで労組を作ることも可能だ。マスコミで取り上げられた例もあるが，その後どうなったかは追っていないけれど。ただし，代表となって労組を法人登記するとか，土地や建物を売買するという場合は別だ。親権者の同意が必要となるだろうね。通常の法律行為となるから権利能力が必要だ。

大崎 高校生と労組との問題ですが，労働問題を高校や中学で教えていませんから，高校生，いや私ですら大学で授業をとらなかったから知らないこともたくさんありました。

品川 本当は社会に出る前にきちんと労働法や自分の権利を守るすべを身につけておくべきだと思う。そうすればブラックアルバイトの問題も解決法がわかるはずなのだけれど。

2　労組の活動──対使用者

労組を結成したとして、どんな活動をしているのか、みていこう。

そういえば整理したことはありませんでした。

品川　第一に重要なのはやはり使用者との関係だ。

大崎　労働条件の維持向上のためには使用者と交渉せねばなりませんからね。

品川　そうだよ。団体交渉で議論をして組合員にとってよりよい成果をあげるためには交渉せねばならない。それはもちろんなのだけれど、その前にもいろいろ労組はやることがある。

大崎　交渉前ですか。

品川　そう。まず団交のルール作りから始める必要がある。

大崎　たしかに何時間、場所はどこでなど決めねばなりませんね。

品川　その下交渉、ルールを作ったらそれを労働協約という形で明確にする、という行動が最初だね。

大崎　会社内の会議室で就業時間後、というくらいではだめなのですか。

品川　そこは戦術なのだが…。社内の会議室では何時間使ってもエンドレスで使えるだろう？

大崎　早く交渉を切り上げたい、というときは社外の貸会議室を使えば、時間になったら追い出されますね。なるほど。

品川　人数も問題となる。会社側が4名なのに労組側が50名だとしたら、交渉はスムーズに進むだろうか。

大崎　数の圧力で精神的に圧倒されるかもしれませんね。

品川　録音を嫌がる経営者もいるよ。

大崎　皆が聞いているのですから、録音くらいいいじゃないですか。

品川　会社としては、「ここだけの話だが」ということも話すことがあるのさ。それが社外に出ることに敏感なこともある。たしかに出席者の口から他人にもれることもあるけれど、そこは信頼関係としか言いようがないなぁ。

大崎　さぁ、交渉が始まりました。

品川　いや、まだまだ。議題を決めないと。議題によって会社側も資料を準備せねばならないからね。

大崎　賃金交渉のことばかり考えていましたが、たしかに他の議題もありますね。

品川　たとえば「日米安保条約を廃棄す

ること」を議題とする，などと言われたらどうする。

大崎 困ります。それは労働条件とは関係ないでしょう。却下します。

品川 交渉が始まってからいきなりこういう議題を持ち出されても困るだろう？

大崎 もちろんです。そんな非常識な労組なんてあるのですか。

品川 少なくとも過去にはあった。交渉担当者から聞いたのだからうそではないだろう。さて，このような下交渉が終わって交渉に入った。

大崎 2時間なり1時間半なりで1回終わり。あとは2回目以降続くのですね。

品川 必ずしもそうではない。ここが人事労務担当の腕のみせどころでもあるのだが，水面下でお互いが納得できる点を探っていく。次の団交で決着できるかどうかを見定めるということでもある。

大崎 社内でこそこそ話すのですか？

品川 いや，こちらのキーパーソンと労組のキーパーソンが2人くらいずつ。一対一の「さし」で話すときもある。大体社外のすし屋などでお酒を飲みながら，というパターンかな。賃金交渉の場合は他社の情報もとらなければならないし，どの程度なら組合員を反対なくまとめられそうかという労組の感覚も重要だし，会社もいくらまでなら出していいか，社長や経理担当はどう考えているかお互いに探り合うのさ。団交の時間だけではとてもたりないし，団交で発言したらそれが最終意見になってしまい，交渉が決裂してしまうかもしれない。極めて日本的な交渉の仕方だと思われそうだけど，非公式な折衝は必要なのだよ。

大崎 舞台裏は大変なのですね。

品川 労組によっては非公式折衝を行わない，という原則論だけで進めるところもある。そういうところは団交も長引く。

大崎 交渉が終わったとしましょう。

品川 団交の最後は会社側から社長，労組は委員長が出席して調印。ただこれで対会社の活動が終わったわけではない。

大崎 まだ他にあるのですか。

品川 団交とは別に労使協議会制度がある。

大崎 人事部内で労協といっているものですね。

品川 そうだ。これは労働組合法にも一切書かれていない制度なのだ。だからその設置や運用は労使に任されている。

大崎 団交は労組法にも書かれていますし，労働条件に関する内容の交渉ですが，

労使協議会は違うのですか。

品川 違う。何を議題にするかも労使に任されている。だから経営戦略についての話を議題としてもかまわない。この準備や実施に当たって人事も大変だが，労組も大変だ。内容によっては経営状態や業界の状況，他社の環境なども調べる必要があるからね。

大崎 労組にもプロが必要だということがだんだんわかってきました。

品川 交代制では知識が累積されないからね。きちんとした専従者がほしいだろうな。ただ，そうすると経営側にとっては手ごわい相手になる。

3　労組の活動──対組合員

　労組の活動費は誰が出している？

　組合員の組合費ですよね。

品川 そうだけど，組合員にとって組合費はそれだけの価値があるだろうか。

大崎 労組が組合費に見合った活動をしているか，ということですね。

品川 組合費は大体基本給の1.5％から2％だが，ちゃんと成果をあげている，と組合員にPRせねばならない。そうし

ないと組合員は組合離れをおこしてしまう。

大崎 教育宣伝活動ですね。俗に教宣といわれていますね。

品川 その教宣のために組合は機関紙を発行したり，雑誌を編集したり，掲示板に壁新聞を作ったり，大変だよ。

大崎 組合員の要望を聞くことも重要です。

品川 労組から組合員への情報伝達とともに，組合員からも情報を吸い上げなければならない。わが社は各職場に分会があり，地区ごとに支部がある。それを取りまとめるのが中央執行委員，中執だ。これは知っているね。

大崎 分会レベルでは集会に参加したことはありますが，本社人事に来るまでは中央執行委員の顔は知らなかったです。

品川 公的な分会から支部，中央へのルートだけでは組合員の要望を全部吸い上げるには限度がある。だから中執クラスも現場に下りていって直接話を聞かねばならない。

大崎 でもすべての要望を会社に要求されても困りますし，そもそも労組が優先度合いをつけなければなりませんね。

品川 そうなのだ。あの工場の要求を出

して別の工場の要求を出さないのはなぜか，と言われたら困るよね。また工場独自の問題もあるし。

大崎 工場独自の問題は中央の団交ではなく，工場や職場単位の委員会で議論することもありますね。

品川 工場長の決裁権限の中で判断できるものは工場や職場内の労組支部や分会と工場，職場の幹部と話して決着をつけることもある。だから役職と同じように，このレベルなら現場で結論を出してもよい，このレベル以上は中央の権限だ，というようなルール作りは必要だね。

大崎 組合員を納得させられる結論を会社から引き出すことはお互いに「落としどころ」を見つけるという作業ですね。

品川 そういうことだ。余談気味になるが，労組が頑張っていることを示すために会社側も協力してわざと強硬な姿勢を示すこともある。そうすれば「強硬な会社の姿勢を崩すことができた労組執行部」とPRできるだろう？

大崎 できレースみたいです。

品川 その批判はもとより覚悟の上。それと労組リーダーの資質もあるね。あの人ならついていこう，という人間性だね。

大崎 部長，ちょっと待ってください。労組リーダーに求められる資質と経営トップに求められる資質はとても似ているじゃないですか。

品川 同じと言ってもいいさ。だから企業によっては労組の幹部経験がエリートコースと目されることもある。とある大企業で労組の委員長が定年になったらすぐ取締役になったケースがあった。そして最後は常務取締役になった。さすがに私もびっくりしたがね。大企業の労組委員長には東大卒も結構いるよ。

大崎 外国ではそのようなことはないのでしょう。

品川 まず絶対と言っていいほどない。組合員はブルーカラー，幹部候補はMBAやフランスではグランゼコール出身者と身分が分かれているからね。労組幹部が昇進して経営幹部になったり，将来の経営幹部候補者が労組に加入するというのは日本独特の習慣。

4　労組の活動──対社会

労組の活動として忘れてはならないのは社会的影響だ。

最近はあまり新聞記事になりませんが。

品川 昭和29年にさかのぼると…

大崎 また始まった。

品川 何か言ったか？

大崎 いいえ，どうぞ続けてください。

品川 各労組が個別に賃金闘争をしても社会の注目を引かないし，他社への影響も小さい。そこでいくつかの労組がまとまって共同闘争を行おうということになった。これを労働側は春闘とよび，経営側は春季賃金交渉とよんだ。

大崎 早慶戦か慶早戦かみたいなものですが，要は労組同士の団結ですか。

品川 そうだね。最初は少なかったが段々と参加組合が増え，当時の総評と中立労連というナショナルセンターの枠をこえ，春闘共闘委員会に集まった。2月ころから活動を開始，3月に要求を一斉に提出。4月に大企業の回答がで，5月にそれを見て中小企業の回答がでる，という流れだった。

大崎 効果はあったのですか。

品川 あった。産業ごとに好況の産業，不況の産業があるだろう。

大崎 はい。

品川 そういうときに好況の産業の労組がまず要求を出し，妥結する。好況だからいい数字だ。それを見て不況の労組が要求を提出する，という作戦にでた。好況産業が「パターンセッター」になった

図表15-1　労組の活動の方向性

```
          企業
           ↑
政府   ←  労組  →  社会
国会       ↓
         国際社会
```

ということだ。するとパターンセッターに引きずられて全体の賃金が上がった。

大崎 するとパターンセッターになる産業は毎年変わるわけですね。

品川 そういうことも当然ある。今年は鉄鋼，去年は自動車が先陣を切る，というようにね。

大崎 全体が落ち込んでいたらどうなります？

品川 そのときは好不況の影響があまりない私鉄が先頭に立つ。

大崎 いいアイデアですね。

品川 こらこら，人事担当が感心してはいけないよ。でも最近は君も指摘したとおり勢いがなくなってきた。

大崎 なぜでしょう？

品川 目標がなくなってきた，といって良いだろうね。終戦直後は「生きていけ

る賃金を」がスローガンだったことは電産型体系のところで言ったね。

大崎 はい。

品川 春闘もスローガンが必要だった。昭和30年代になると産業が復活し生きていけるようにはなった。そこで出てきたのが「欧米なみの賃金」だった。1ドル360円の時代だからね。

大崎 ドル換算するとすごく低かったでしょうね。

品川 ところが高度経済成長を過ぎると，日本の経済力も力を増し，欧米なみになってしまった。次に目指したのが「欧米なみの生活ができる賃金」だ。これが昭和40年代から50年代。

大崎 名目上賃金は上がっても，アメリカのように自宅にプールがある家は夢ですからね。

品川 さすがにプールが普通という国はヨーロッパにもないさ。でも日本の住宅はウサギ小屋（rabbit hatch）といわれていてはね。

大崎 その次はどうなりました？

品川 欧米なみの暮らしをすることができてしまったら…春闘共闘委員会は困った。そこで賃金の額ではなく，政策・制度要求に目を転じることにした。

大崎 社会保障や雇用保障といったものですね。

品川 賃上げ率も不況の影響で高くできないし，要求内容が地味なものになったから目を引かなくなってしまったわけだ。

5　労組の活動 —— その他

政策・制度要求が主となると，相手は経営者ではなくなる。相手は国だ。するとナショナルセンターの役割となる。さらに国や官僚を相手にするとなると，労組の戦術はどうなる？

なるほど，そのために国会議員を労組から出して，立法活動や官僚いじめに走るわけですね。

品川 こらこら，口が悪い。まぁ，政治活動に力をいれるということだな。

大崎 政治活動に積極的な労組もあるようです。

品川 選挙の時は大変らしい。民意を反映させるという意味では重要な役割ともいえる。

大崎 でも労組が法律を作ったという話は聞きませんよ。

品川 労組が与党・政権党になったことはあまりないからね。民主党政権の時はそのチャンスだったが，結局立法活動で

は見るべきものがないままで終わってしまった感じだね。

大崎 与党でないと立法できないのですか？

品川 制度上立法活動は内閣提案だけでなく，議員も提案できる。議員立法というけれど，現実問題として議員立法は難しい。

大崎 なぜですか？

品川 立法の実質的な主体は各省庁だからだよ。与党には各省庁ともサポートする。そこへ野党の議員が立法したいから資料を要求したとしても，与党のように手取り足取り手伝ってはくれないだろうね。各省庁がやりたい施策を立法化するなら別だろうけれど。労働関係立法の手続きは第25講でふれるが，なにぶん面倒なのだ。

大崎 議員が1条ずつ作り上げるのは大変でしょうね。

品川 それに野党から法律を提案しても，与党が賛成してくれなければ法律案を可決できない。

大崎 そもそもそうですね。過半数の議席を押さえていれば内閣を組織できますからね。

品川 だから労組としては支持する政党に頑張ってもらって政権を取ってほしいわけだ。

大崎 これで終わりですか？

品川 国際的連帯，つまり国際活動もある。労組の国際組織もあるし，国際労働機関，ILOには労組代表を日本からも出している。労組が未熟な国もあるからね。そういう国をサポートするのも活動の一環だ。一応これで終わり。

ホームワーク

⇒ 新聞記事などで労働組合関連の記事を調べてみよう。労組の活動の一環がわかるだろう。

⇒ 労組がある企業に勤めていれば，どんな活動をしているか調べてみよう。

⇒ 労組の仕事はあなたにとって魅力あるものか，考えてみよう。

第16講 団体交渉 ──誠実団交

1 団交の態様

さあ，活動の内容に入っていこう。まず労組の最大の使命といっていい，団交の実態だ。

団交は各社の労組と経営者がテーブルを挟んで議論するものでしょう？

品川 イメージはそうだろうね。わが社もそうだ。しかしいろいろ交渉形態があることは知っておいていいだろう。

大崎 他にもあるのですか？

品川 君がイメージしたわが社の団交は個別交渉といっている。その他に統一交渉，対角線交渉といった形式がある。

大崎 ちょっとイメージがわきません。

品川 統一交渉は産業別交渉とも言うが，これは産業別労組が産業別使用者団体を相手にする交渉としてイメージすればいい。全日本海員組合が内航労務協会や全内航（日本内航海運組合総連合会）など内航会社の団体と統一して団交を

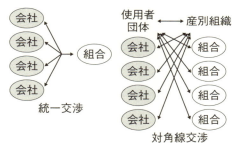

行っている。

大崎 あの…内航って何ですか？

品川 そうか。海運会社は海外航路の会社，横浜からヨーロッパ，アメリカなど全世界を結んでいる会社と，国内航路，横浜から室蘭などを結んでいる会社に大別されるが，国内を結んでいる会社を内航会社とよんでいる。こうした内航会社を集め，海員組合が一手に団交を行い，労働協約を結ぶわけだ。なお海員といっても漁船も含んでいる。

大崎 海外航路の船員さんはどうなるのでしょう？

品川 日本人の内航船員は23,000人，海外航路の船員は2,800人。海外航路の船員さんのうち何％が組合員か知らないけれど外航の日本人船員はごく少ない。

大崎 日本船はもっとありますよね。実際に船員として乗っている人はそれだけだとすると，誰が船を動かしているのですか？

品川 外国人船員。労組に加入するのに国籍は問わないから，海員組合の全組合員数は3万人となる。次は対角線交渉にいこう。

大崎 これはイメージも何もかもわきません。

品川 一時期の私鉄の交渉が対角線交渉といわれている。労働側は私鉄総連。私鉄の主だった会社の労組委員長がずらりと並ぶ。使用者側は民営鉄道協会（民鉄協）。こちらは私鉄の人事担当役員が並ぶ。使用者側をまとめるのが民鉄協の常務理事。このメンバーが徹夜でかんかんがくがくの議論をするわけだ。個別企業間の交渉ではないし，実質的には私鉄各労組と民鉄協との交渉と言ってよい。会社の上に民鉄協，私鉄各労組の上に私鉄総連があるとイメージすると斜めの線が交渉相手になる。だから平行線ではなく対角線交渉とよんでいた。

大崎 労組からすると会社の上の業種団体が相手になりますから，斜めか。なるほど。でも徹夜で団交するのですか。

品川 それはそうだ。団交が決裂したらストライキに入る体制を各労組は整えている。翌日の出勤時刻までに交渉が妥結しなければ出勤する人たちに大混乱がおこる。

大崎 でも妥結しなかったらストに入るわけですよね。

品川 仕方ないね。ストがよく行われていた頃には朝6時に解決していなければ学校は休校にするということもあった。

大崎 その代わり妥結したらすぐ電車やバスを動かせるように待機していたのでしょう？

品川 その通り。スト中止指令が入ったら一斉に電車を動かす。もっとも車庫から動かすわけだから，完全なダイヤ回復まで時間はかかるけれどね。

大崎 交通機関のストは最近あまり聞きませんから，ピンときませんでしたが，大きな影響があるのですね。

2 団交の主体

 当然団交は経営者や労組の当事者で行われるのですよね。

ところがそうとばかりは限らない。

大崎　部外者も入っていいのですか？

品川　考えてみたまえ。初めて労組を結成したとき、団交がうまくいくと思うかね。

大崎　いいえ、経験ある人がついていてくれなければ心配ですし、そもそも何を決めればいいのかわからないでしょう。

品川　結成のところで話し忘れたけれど、労組が誰の手も借りずに結成されることはあまりない。地域労組などの合同労組や産業別組織のオルグ、オーガナイザーのドイツ語読みの略だ、このオルグがいろいろ指導することが多い。団交の時もオルグが同席することがある。

大崎　その方が心強いでしょうね。

品川　しかし団交ルールを決める時にいつももめるのはこの「部外者の出席を認めるかどうか」という点なのだよ。

大崎　なぜですか。部外者が入ればスムーズに交渉も進むでしょう？

品川　労組のペースでね。

大崎　そうか、経営側も初めてのことですから、よくわからない。そういう場で労組に団交のプロがついていると、赤ん坊の手をひねるようなものでしょうね。

品川　そういうことだ。

大崎　経営側も応援を頼んだらどうですか。

品川　労働組合法では第三者に団交の権限を委任することができる。経営側の場合は産業別団体の人が入ることはあまりないけれど、弁護士さんに同席してもらうことはあるね。

大崎　弁護士さんなどに委任できるのは労組も同じですね。

品川　極端な話だが、経営側が一人の弁護士さんに団交を全面的に委任して、労組の相手をしてもらったというケースを聞いたことがある。

大崎　1対8とか1対10という団交ですか。

品川　そうだったと思うよ。それであっても、交渉権や妥結権など交渉に必要な権限が委任されていれば問題はない。

大崎　でも無責任なようにも思いますが。

3　団交の誠実性

 それが今回の副題にもなっている誠実団交という問題だ。

誠実に団交しろというのは当たり前でしょう？逆に不誠実な例を教えて下さい。

品川 一番わかりやすいのは責任ある人間が出席しないで人事のヒラ社員，君みたいな役職のない人間を会社代表として出席させ続けることだね。どうなるか想像してごらん。

大崎 労組から何か要求されても，はいはい，と聞いておいて，「上司と相談して後でご返事します」としか言えません。私の言ったことが会社の正式な見解になるのであれば，怖くて何も言えません。

品川 そうだろう？それは交渉といえるかな？

大崎 いいえ，いえません。

品川 もう一つ例を挙げよう。人事部長や人事担当常務が出席していて，権限も社長から委譲されていたとしよう。その場合，労組の要求や発言に対して，「いやぁ，難しいですな」「ここで返答できませんね」とばかり発言して，鼻であしらっていたら交渉は進むだろうか。

大崎 労組としてはバカにされたと思い，怒るでしょうね。

品川 交渉というものは妥結点をみつけるものだから，交渉を前進させる姿勢は最低限必要。そういう姿勢がない団交は不誠意団交と評価されても仕方がないね。

大崎 双方誠意を持たないといけないということですね。

品川 だから労組の不誠意団交というものも考えられるわけだ。現在賃上げ率といえば2％くらいだけど，その中で10％賃上げ要求に固執して，これをのまなければストライキだ，と脅されても，経営側は「イエス」とは言えないだろう。

大崎 何回かやり取りしたら，もう席を蹴りたくなりますね。

品川 そこで席を蹴ったら経営側の不誠意団交となるだろうか。

大崎 いいえ，経営側がきちんと10％の賃上げができないことをデータなどで示した場合などは誠意ある態度と評価されるのではないでしょうか。

品川 そう。だから経営側としては誠意を尽くしても交渉が前進しなかったら交渉中止，中断もやむをえないこととなる。

大崎 そうはしたくないですが。

品川 でも交渉中止などとせざるをえないこともある。それが次の項目だ。

4　複数組合と団交

一つの会社内に複数の労組がありうることは話したね。

労働者の団結権との問題でしたね。

品川 その複数労組との団交は大変厄介な問題となる。

大崎 これも例を挙げてください。

品川 組合員数1万人のA労組，100人のB労組，3人のC労組があったとしよう。日本の労組法ではこれらの労組を公正に扱わなくてはならないから，すべての労組と団交を行う義務がある。後でも述べるが，労組の取り扱いは「公正」であって「平等」ではない。掲示板の大きさや労組事務所の広さも同じにしろと言われたら，かえって不平等だろう？

大崎 団交は公正にすべての労組とやらねばならないが，施設などの件では労組に応じた対応もあってかまわないということですね。たしかに組合員がいない事業所にも掲示板をおくようなことは不合理ですね。

品川 そうだね。問題は賃上げの時など，会社の回答を違えてよいか，ということだ。A労組は会社の業績などよくわかっているから，2.5％の要求。しかしB労組は5％，C労組は20％を要求してきたとしよう。A労組と同じ要求内容では別組合にする必要はないからね。さて会社として2％の回答を考えていたが，難航するようなら別途手当の増額などを考えていたというケースだ。君なら各労組にどう回答する？

大崎 すべての労組に同じ2％の回答をするでしょうね。

品川 そうしたらA労組は「持ち帰って検討する」，B，C労組は即時に拒否だ。そして後の団交でA労組は拒否。ただ，もう少し何とかならないかと言ってきた。そのため前に話した水面下のやりとりで，賞与を年間0.1ヶ月分上乗せすることで落着し，団交も妥結した。君はB，C労組に対してどう回答するかな？

大崎 組合員の頑張りに対して賞与を年間0.1ヶ月分プラスすると回答します。

品川 B，C労組とも即座に拒否だ。次の対応は？

大崎 二つの労組に対応するためにさらにお金の上積みをしたら？

品川 そんなことをしたら，最大のA労組を怒らせてしまうぞ。

大崎 そうですよね。最大の労組を怒らせたら業務に支障が出るかもしれませんね。かといって上積み回答を拒否したらB，C労組はストライキに入るかもしれません。正直言って，3人くらいの労組なら無視してもいいくらいですが，100人だとちょっと厳しいですね。う〜ん。上積みゼロの回答を貫きます。

品川 B，C労組は会社に妥結する意思がない，として不誠意団交だと述べた。

後で述べるが不誠意団交は実質的な団交拒否として禁止されている。どうする。

大崎 そんなにいじめないで下さい。でも今後の労使関係を考えると，A労組に対してなした回答以上のことをB，C労組に提示できません。これが精一杯であることを業績や過去の推移，生活費との対応などのデータを極力出して，説得に当たる，ということでしょうか。

品川 B，C労組とは10回以上団交を重ね，すべて物別れに終わっている。さらに団交を要求してきた。対応いかん？

大崎 仕方ありません。妥結したA労組員に先に賃上げをして，賞与支給日が来たら上乗せ分をA労組員のみに支給します。B，C労組員には組合が納得するまで賃上げ分も賞与も支給しません。団交については不調に終わったとして，妥結する意思を表明するまで拒否します。

品川 おお，強行突破してきたな。まぁ，そういうところだろうね。ポイントは会社側も団交に際し誠意を持って行ったこと，できる限りのデータで説明したこと，これも後で述べるが会社に不当労働行為意思が無いこと，ということかな。具体的には事実関係が大きく反映するから，これは一つのケーススタディと思ってくれ。いずれにしても複数組合があると労使関係の円滑な運営は難しいということはわかってくれたかな。

5 無組合企業で労組が結成された場合

君には関係が無い話だが，いや，今後出向や転職で無組合企業に行くかもしれないな。そういう意味では無組合企業のことも知っておいていいだろう。

何ですか，その不穏当なお言葉は。

品川 いや，可能性は常にゼロではないからね。

大崎 労組がない企業で労組のことですか？

品川 そうだよ。労組がない企業でいきなりある合同労組の幹部がやってきて，「おたくの社員が私どもの労組に加入してきた。ついては団体交渉を申し入れる」と言われたら，どう対応するか，という問題だ。もちろん君はその企業の人事担当だ。

大崎 困りますね。いきなり来られても困る，帰れ！でしょうか。

品川 おいおい，それじゃケンカを売っているようなものだ。団交拒否は違法だと言ったばかりだろう。

大崎 でも本当にわが社の社員がその労

組に加入しているかわかりませんから。

品川 そのポイントはおさえているじゃないか。まず，それを確認する必要がある。「本当にわが社の社員が貴組合に加入していることを明確にしてください」と言わねばならない。

大崎 組合員名簿を提出しろ，ではダメですか。

品川 ダメだと思ったほうがいい。他社の社員は関係ないだろう？

大崎 それはそうですね。それをはっきりさせてほしい，うちの社員が組合に加入しているかどうかわからない間は対応のしようがない，と言えばいいのですね。

品川 そうしたら，「営業課の渋谷さんが加入してきました。これが加入申込書です」と出してきた。どうする？

大崎 組合員が一人でも団交に応じなければならないのですよね。「わかりました，お受けします」ですね。

品川 バカモノ。そう簡単に受けるものじゃない。何を要求してくるのかわからないじゃないか。また渋谷君が本当に組合に加入しているのか確認する必要もある。その場にいれば簡単だけどね。

大崎 それでは，本当に渋谷君が組合に加入していたとして，「お話は承りました。突然のことで判断できる者がおりません。しばらくお時間を頂戴いたします。ところで，団交の議題はどのようなことでしょうか。私どもも準備の必要がありますので」でどうでしょう。

品川 まぁ，そんなところだろうな。そして最初に「団交に際してはルールを作る必要があるかと存じます。ルール作りの予備折衝を行いたいと考えますので，その日程も後日ファックスでやりとりさせていただきます」かな。

大崎 電子メールが一般的なのに，なぜファックスなのですか？

品川 組合の公印を求めるためさ。

大崎 考えるものですね。

品川 時間を稼ぐ必要がある，という理由もある。会社としても初めての団交に臨むとした場合には事前準備，特に弁護士さんと綿密な打ち合わせをする必要がある。相手の労組がどのような労組なのか，知っておく必要もあるし。ただ労働関係に強い経営側の弁護士さんはさほど多くない。経営法曹会議という団体に集まっているから，相談してみるのだね。逆に労働関係に強い労働側の弁護士さんは日本労働弁護団に集まっている。最近は弁護士さんも過当競争だから，「どんな事件でも受けます」という弁護士さんは止めたほうがいい。

大崎 そういう会社に行かないことを祈ります。

> **ホームワーク**
>
> ⇒学生諸君は団交の実際を見る機会がほとんどないだろう。法律編（第27講ホームワーク）で団交が問題とされた命令文を掲げるので，それを読んで，どんなものか想像してもらいたい。
>
> ⇒現場を見ることができる読者は団交で妥結するまでの過程を反芻し，何がポイントだったか考えてみてほしい。
>
> ⇒読者が属する会社・労組に労働関係の顧問弁護士さん（または特定社労士さん）がいれば，他社の話を守秘義務の範囲でうかがってみよう。自分の勉強になるかもしれない。

第17講 労働協約 ── 労働条件の決定

1 労働協約の概念

今までもときどき労働協約については話にでていたが、ここで一度おさらいしておこう。労働組合法に要件などは書いてあるが、法律編ではなく、ここで論じておく。

今までのところでは、会社と労組との間の協定と考えればいいと思っていました。

品川 その通りなのだが、会社と労組間だけの問題ではない。前に労働条件はどう決まるか、という話をしたとき、就業規則の内容が労働契約に反映され、結局労働契約でお互いの見解が一致した形で労働条件が決定される、と説明した。

大崎 そうでしたね。就業規則で決定されると理解すればいいと思っていました。

品川 ところがもう一つ考えねばならないものがある。それが労働協約だ。労働協約で決定された労働条件に関する内容は組合員全員に適用される。

大崎 労働組合員が関与しないところで組合員自身の労働条件が決定されるのですか。まぁ、団交で決まったことが適用されないのも変な話ですからね。

品川 自分の労働条件決定権を労働組合に委譲していると考えればいいだろうね。

大崎 労組にお任せしているということですね。

品川 そうだ。あと考えねばならないのは就業規則や労働契約と労働協約が食い違ったような場合、強い順番はどの順だろうか。条文に書いてあるのだがね。労基法93条だ。

大崎 労働協約が一番強いようですね。ついで就業規則か。労働契約は就業規則の内容とイコールだから、とにかく労働協約がもっとも効力が強いと考えればいいのですね。

品川 労働契約と就業規則との関係はもう少し説明が必要だが、今のところはそれでいい。なぜだろうか。

大崎 理由ですか。条文に書いてあるからです。

品川　こらこら，条文でも立法趣旨があるだろう。なぜこんな条文があるのか考えないと意味がない。さてその条文はなぜ置かれているのかな？

大崎　集団的関係と個別的関係の違いですか？

品川　ほう，そこに気付けば遠からずといえども当たらず，だ。

大崎　部長，逆じゃないですか。

品川　逆もまた真なり。就業規則は誰が作るのだろうか。

大崎　労働者の意見を聞くとはいっても，会社が一方的に作りますね。

品川　労働協約は？

大崎　労組と会社との協定です。そうか，労組の意見が入っているから会社が独断で作ることのできる就業規則より効力を強めたわけですね。

品川　そう考えればわかりやすいだろう？労組の代表が交渉して合意するのだから。もっとも，組合員の代表だから，非組合員には適用がないのが原則だ。

大崎　でも労働協約と就業規則との間に相違があったら困りますね。それに組合員と非組合員との間に労働条件の違いがあったら面倒です。

品川　そうだよ。実務では労働協約の改定があったら，就業規則の変更をすぐに行う。労組の合意があるから手続きも簡単だ。そうすれば問題も少ない。

図表17－1　労働協約等の優劣

労働協約 ＞ 就業規則 ＞ 労働契約

ただし，これは原則であり労働契約の方が有利だった場合等，例外はある。

2　複数組合との問題

部長，でも複数の組合が存在した場合，それぞれの組合が独自に労働協約を締結できるわけですよね。

また面倒くさい問題を持ち出したな。その通りだ。

大崎　それぞれの労働協約が異なったらどうなるのですか。

品川　そんなことがおきないように会社も気をつけている。法律の条文では労組法17条で一般的拘束力が規定され，同種の労働者の4分の3以上を組織している場合は他の労働者にも適用がある，とされている。

大崎　組合員数が4分の3に満たなかったら？

品川　労組法17条の適用はない。

大崎　他の労組も労働協約締結権があるわけですから，仮に多数組合が4分の3を満たしていても，一般的拘束力は他労組の締結権を侵害することになりませんか。もう一度うかがいますが，4分の3を満たしていなかった場合は仮に他労組との労働協約が多数組合との労働協約と異なっていたらどうなるのですか。

品川　…理論的にはありうる議論だ。だから実際には最大多数の労組と労働協約を締結するだけで他の労組とは労働協約を締結しないし，就業規則で労働条件を一本化する。君の疑問ももっともだが，実務的な問題ではない。頭の体操としてロジックを考えてみたまえ。これは結構な難問だよ。

大崎　複数組合の複雑さの一端がわかりました。

3　労働協約の二つの性質

さて，今まで君は労働協約のことを協定と言っていたね。

はい，労働条件に関する労使の協定と理解していました。

品川　間違いではないのだが，労使の契約という理解もできる。

大崎　契約ですか。

品川　そう。労働条件に関係する部分を「規範的効力」，それ以外の部分を「債務的効力」という。債権債務の債務だね。

大崎　労使でどんな契約を結ぶのですか？

品川　いろいろな契約を結ぶことができる。労組事務所の賃貸借契約も労働協約としてよいし，前に話したユニオン・ショップ条項も労働協約で締結するのが普通だ。平和条項もそうだね。

大崎　平和条項とは何ですか？

品川　初めてだったか。ごめん。当該労働協約については労使の合意で成立したものだから，この協約の内容については争議行為を行わない，という条項だ。

大崎　争議行為は戦争ですから，争議行為を行わないことは平和ですか。なるほど。

品川　こういった債務的効力の部分は通常の契約と同じだから，民法の一般理論が適用になる。違反したら債務不履行だ。債務不履行だと損害賠償請求や履行の請求ができるようになる。ここでは損害賠償の請求だけ覚えてくれればいい。

大崎　たとえば，ユニオン・ショップ条項に反して労組脱退者を解雇しなければ損害賠償請求訴訟を労組からおこされる可能性がある，ということですね。

品川　そう。あくまでも可能性だがね。

大崎　労働協約は会社と労組との協定や契約ですから，労組がない会社では労働協約を締結すること自体できない，ということですか？

品川　その通り。無組合企業では労働協約を締結することができない。労働条件の維持・向上のためには労組は重要な役割を果たしているのだよ。

4　労働協約の要件

どうすれば労働協約として認められるか，まとめておいた方がわかりやすいだろう。要件が書かれているのが労組法14条だ。

文書にして，代表者の署名または記名押印が必要だということですね。署名と記名押印とはどう違うのですか。

品川　署名は自筆のサインだな。その場で名前を書くということだ。記名押印はパソコンなどで○○株式会社代表取締役　甲野一郎　と印字しただけでは足りず，そこに社印や公印をペタリと押すことが必要だ。

大崎　ハンコ無しでもよければ，パソコンのワープロソフトがあれば偽造は容易にできちゃいますものね。

品川　そうだね。そして文書にするのも「言った言わない」という問題を避けるためだ。後々トラブルが起こらないようにするということだ。口約束ほどあてにならないものはない。

大崎　特に人事からの，「3年たったら本社に戻すから，しばらくは地方勤務で我慢してくれ」といった口約束は信用できないといわれていますよ。

品川　…それとこれとは次元が違う。いろいろ事情があることだ。許してくれ。

大崎　逆にこれで要件は終わりですか。ずいぶん簡単なのですね。

品川　要件としては終わりだけれど，内容としては1枚の紙で終わることもあれば，ルーズリーフ何百ページという労働協約も他社には存在する。全部理解するのは大変だろうな。

5　労働協約による労働条件の不利益変更

今までの話は準備みたいなもの。一番の問題点に入ろう。労働協約によって労働条件を労働者の不利益に変更できるだろうか。

いきなり問題ですか。労組は労働条件の維持向上のために存在するものですよね。

品川　そうだよ。

大崎　それでは労組の行為の中で労働条件を不利益に変更することはできない，と理解するのが普通ではないでしょうか。

品川　しかし労働協約の前には団交がある。交渉ということはお互いに妥協の余地があるということだ。労組の思い通りには進まないことも多い。

大崎　それはそうでしょうけれど…。

品川　具体的に設問を設定しよう。ある会社，東京商事としようか。ここは経営状況が悪く，賃金を下げるだけでは立ち行かなくなった。そのため定年制を65歳だったところ，60歳に引き下げ，60歳を超える組合員を定年退職扱いとする案を団交で提示した。労組も会社がつぶれたら皆路頭に迷ってしまう。致し方ないとして，会社案を了解し，労働協約として協定書を作成した。この労働協約の効力はどうなるか。

大崎　わぁ，厳しい状況をつきつけますね。

品川　どう考える？思いつくままでいいから言ってみてごらん。

大崎　これは60歳以上の組合員を解雇することと同じですから，不利益変更に当たります。

品川　ふむ，それで？

大崎　しかし不利益変更とはいっても，この交渉を突っぱねると，会社は倒産してしまうかもしれません。労働協約というより交渉の問題のように思います。

品川　いい線をいっているぞ。交渉の問題だとしたら？

大崎　交渉ではお互いの妥協というか譲歩が前提になりますね。妥協・譲歩がない交渉だと交渉になりませんから。その譲歩としての条項なら有効と考えます。

品川　そこまではいい。もう一つのポイントは，なぜ労働協約が強い効力を持つのか，ということだ。

大崎　それは，労組は組合員の代表として…そうか，団交に臨む労組というか執行部に対して「不利益変更してもいい」という権限を授権しているかどうかも考えねばなりませんね。

品川　その通り。交渉に当たりどの程度まで授権しているのかは大きなポイントだ。

大崎　執行部一任を取り付けていれば，不利益変更も自由にできるということですね。

品川　さぁ，そこも問題だ。設例で出した定年の切り下げなどといったら，該当

する組合員にとっては大問題だ。既存の権利を剥奪するようなところまで授権しているのか、という点は大きな争点となる。

大崎 そういう厳しい状況だったら、労組の執行部は一度持ち帰り、組合大会を開催し、賛否を問うべきでしょうね。

品川 その組合大会で執行部提案が否決されたら執行部は全員総辞職するだろうな。もう責任を持てないといって。まぁ、いじめて悪かった。この点は労働法の世界では大きな問題なのだ。

大崎 意見が分かれるのもわかる気がします。どちらもそれぞれ言い分がありますからね。

品川 一方的にどちらかが正しい、という論点はあまりないさ。実務上の結論からすると、今のところ、「労働協約による労働条件の不利益変更は可能である。ただし不利益変更の内容、組合員の個別意思の尊重、代替措置などを勘案して判断すべきである」ということかな。妥協・譲歩は交渉にはつきものだから、それを否定されては交渉できないもの。

大崎 労働協約では相手があるだけに、その相手方つまり労組内の手続きも重要なのですね。

品川 今までの裁判例でも定年の引き下げまで授権したものとは認められない、などという決定があったからね。労働協約を締結した後就業規則をすぐ改定して、就業規則論として議論するほうがずっと理論的にも実務的にも楽だと思うよ。

6 労働協約その他

労働協約の条文を見ていますと、地域的一般的拘束力という条文がありますね。これは何ですか？

産業別労組などで、一つの地域が同一の労働協約を結んだ場合、この場合は使用者側も地域の産業別団体ということになるかな。そのときはその労働協約の効力が及ぶ組合員のみならず、その地域全体に効力が及ぶ、ということだけど、覚える必要はない。

大崎 なぜですか？

品川 実例がほとんどないからさ。愛知県でかつて数件あったとは聞いたことがあるが、実務上は無視してもかまわない。

大崎 労働協約はその組合員にしか適用がないのですよね。

品川 そうだよ。

大崎 管理職などはどうなるのですか？

品川 だから言っただろう。同じ内容を就業規則に書くと。そうすれば全社員に効力が及ぶことになる。

大崎 あぁ，そうでしたね。なるほど，就業規則だと便利ですね。でもそうしたら，団交を経て労働協約を作成するという面倒くさいことを経由せず，いきなり就業規則を改定したほうが楽ではないですか。

品川 労組を無視するわけにはいかないさ。特に労働条件の問題だ。労組無視は労組敵視にもつながる。われわれ経営側は労組と協調し，尊重するという意向を示すことは重要なことなのだよ。

大崎 諸外国の労働協約の状況はどうなのでしょう。

品川 それは企業別組合か，産業別組合かによって大きく異なる。企業別組合なら個別交渉によるから，一企業しか対象にならない。

大崎 それはそうですね。

品川 しかし産業別組合だと，統一交渉か集団交渉だから，全産業同一の労働協約，つまり労働条件になるわけだ。労働協約が制定法を超えるものであれば，大きな力を持つ。ドイツはその例だね。フランスは…。

大崎 別なのですか？

品川 そもそも法定労働時間が週35時間と短いのだが，労組の組織率は8％，しかし労働協約が適用される労働者は98％なのだよ。

大崎 ？？？なぜそんな不可思議な事態に？

品川 代表的な組合との労働協約について，これをすべての労働者に適用するという労働大臣のアレテ（arrêté，告示や命令と考えてもらえばいい）を認める1936年法という法律があるからだ。

大崎 へぇ，いろいろな国，制度があるのですね。ヨーロッパでは労働協約が強い傾向があるように見えますが。

品川 フランスは労働協約が大変力を持っているから，ドイツと並んでそう見えるだろうね。これは私見にすぎないのだが，伝統的にギルド，同業者組合だね，その考え方が受け継がれているのではなかろうかとも思っている。まちがっていたらごめん。

ホームワーク

⇒労働協約は就業規則より強い効力を持っているが，日本では労組の組織率は18％前後しかない。はたして労働協約の意味合いはあるのだろうか。

⇒複数労組があった場合，いろいろな労働条件を決めた労働協約がありうることになる。その場合，実態はどうなるか想像してみよう。

⇒無組合企業の場合労組以外の社員会とか親睦会といった社員団体に労働協約締結権を与えるべきだろうか。考えてみよう。

第18講 争議行為 ――使用者とのバトル

1 争議行為の形態

（大崎） 団交が不調に終わったらどうなる？議論が煮詰まり，これ以上議論しても仕方がない，として交渉打ち切り，となった場合だが。

（大崎） もちろん労働協約の締結はできませんから，労組が自分の意思を通そうとすると，使用者とのバトル，実力行使になりますね。

品川 それが争議行為だ。それではどのような実力行使が考えられる？

大崎 皆が仕事を一斉に放棄するストライキしか考えられませんが。

品川 もちろん典型例はストライキだが，その他にはサボタージュ。日本語で怠業と訳されているが，フランス語だね。日本語どおり，仕事を怠けることだ。仕事や授業をサボる，とよく言うが，その「サボ」はこのサボタージュからきている。

大崎 単なる怠けとは違うのですか？

品川 そこは区別されるさ。「争議行為を行う」という労組からの意思表示があれば争議行為としてとらえられる。そうでなければ単なる怠け。程度がすぎれば懲戒処分だな。

大崎 サボタージュはどういう形で争議行為になるのですか？

品川 本来なら製品を10作ることができるのに3しかつくらない。すると会社に損害を与えることができる。ストは仕事を全くしないから会社に損害を与えることになることはわかりやすいよね。

大崎 損害を与えるとなると民事責任や刑事責任を問われませんか？

品川 本来なら問われるところだが，責任を追及されては争議行為をすることが憲法上認められているのに，争議行為ができなくなってしまう。誰でも責任を負わされるのはいやだし。正当な争議行為は責任を問われないと理解しておいてもらえばいい。

大崎 労組が争議行為に入ったら，使用者はどうにもできませんね。

品川 そんなことはない。交渉を継続することはできるし、使用者側にも対抗手段として争議行為が認められている。

大崎 えっ、使用者側の争議行為ですか？初めて聞きました。

品川 あまり一般的ではないからね。ロックアウト、事業所閉鎖というものだ。

大崎 どういうものですか？

品川 例をあげよう。先程述べたサボタージュだが、一応仕事を怠けながらもしている。すると経費もかかるし、一応の仕事分への賃金も払わねばならない。それも厄介だ。そういうときに事業所閉鎖、ロックアウトを行う。文字通り工場などを閉鎖し労組員を追い出す。そうすれば賃金も払わなくて済む。

大崎 ストライキをされる恐れがあった場合に会社から先にロックアウトしたらどうなのでしょう。

品川 それはダメ。先制的ロックアウトは違法。労組を壊滅させる手段として用いられる可能性もあるからね。

大崎 その他にストライキなど労組の争議行為に対する対抗措置は会社側にあるのでしょうか。

品川 働いていないから賃金を払う義務はない。ノーワークノーペイの原則とわれわれは言っている。もう一つ、操業の自由は会社にあるから、労組がストライキ中でも会社は操業を続けることができる。

大崎 組合員がストをしているのに操業できるのですか？

品川 非組合員や他組合員、そして管理職を動員するのさ。そうすれば業種や会社によってはストライキ中も業務を続けることは可能だ。たとえば、バス会社の労組がストに入っても、管理職がハンドルを握れば運行は可能だろう？

大崎 本数は少なくなりますね。

品川 それはあるけれどね。

2 争議行為と似て非なるもの

争議行為と趣旨は同じような活動がある。リボン闘争、鉢巻闘争、ビラ貼りなどなど。組合活動と一般的に言っているけれどね。

たしかに会社に対する実力行使という意味では同じようですね。でも争議行為とどう違うのですか。

品川 労務は提供している。つまりストライキとは違い、賃金請求権は発生するからね。自らの損害はないが、会社のダメージは大きい、ということだ。

大崎　おや，胸にリボンをつけているだけでダメージになるのですか？

品川　単なるリボンではなく，「要求貫徹」などと書かれていたリボンだが，業種によるだろう。裁判になったケースは高級ホテルの顧客のサービス担当者もつけていたという事例だ。

大崎　高級ホテルで，フロントが「要求貫徹」などというリボンをつけていると，たしかにイメージは下がります。そんなに給料は低いのかと思ってしまいます。

品川　そこで会社はリボンをはずすよう求めたが，応じなかったので懲戒処分をした，というケースだった。

大崎　結果はどうでした？

品川　会社の勝訴。

大崎　争議行為か，組合活動かによってずいぶん評価が変わるものですね。

品川　前で述べるべきだったが，労組の弱体化を図るような企業の行動は不当労働行為として禁止されている。詳細は法律編に譲る。

大崎　法律編にずいぶん譲りますね。

品川　労使関係はそれだけ労働法，特に労組法と密接に関係がある，ということだよ。いずれにしても組合の活動は微妙なところがあるからね。事実関係を精査しないと判断し難いのはたしかだ。たとえば労組が1枚だけ応接室前にビラを貼っていたのをはがしたら？

大崎　応接室前ならはがしても問題ないように思いますが。組合活動の邪魔をしているわけではないですから。

品川　組合掲示板に50枚ビラを貼っていたのをはがしたら？

大崎　それは労組の活動を妨害していると思われるかも。

品川　会社が借りているビルの窓全部にビラを貼り付けていたら？日が差さないくらいにまっくらになるまで。

大崎　わぁ，それは会社の業務妨害にもなりかねませんね。

品川　ということで一言では言えないのが組合活動だ。

3　正当な争議行為・不当な争議行為

　さて，ストライキはいわば職場放棄だが，その目的などによって違法とされる場合がある。いろいろな形態のストライキを見ていこう。

そんなにいろいろあるのですか？

品川 目的と態様に大別しよう。まず目的だ。自社の待遇改善を求めての争議行為。これは正当な争議行為であることはいいだろう。

大崎 それは本来の労組の目的ですね。

品川 それでは「内閣打倒」ストは？

大崎 政治目的のストライキは使用者としては解決のために打つ手がありませんから、違法です。

品川 政治ストはその通り。わが社ではなく、他社の応援のために行うストは？

大崎 えっ、どういうことですか？

品川 A社労組がストに入ったとしよう。その労組にいたく同情したB社労組がストに入る、同情ストといわれるものさ。

大崎 これもB社としてはどうしようもありませんね。A社にお願いしても仕方がありませんし。違法でしょう。

品川 まぁ、そういうことだ。自社で解決できない内容のストをされてもどうしようもない。そういう目的のストは違法だと考えればいい。次は態様だ。

大崎 ストのやり方ですね。

品川 労組も受けるダメージを最小限にとどめるよう考えるのだよ。まず指名スト。労組員全員がストに入るのではなく、A君、B君、C君と…以上20名はこれからストに入ります、とするものだ。

大崎 少数のストだとダメージは少なくなりますが、会社の損害も小さくなり、あまり効果はないのではないでしょうか。

品川 必ずしもそんなことはない。ある工場の動力を司る部署だけストに入る、となると工場全体が止まってしまうかもしれない。

大崎 なるほど。しかし違法だ、という根拠もありませんね。合法です。

品川 その通り。指名ストもその一部になるのだが、労組全体でなく、一事業所だけストをするという部分ストは？たとえば航空会社で成田空港の地上職員がストに入ったら？

大崎 乗客のチェックインが全くできませんね。空の飛行機を飛ばしても仕方がありません。違法とはいえませんから合法ということでしょうか。

品川 賃金請求権の範囲は争いがあるが、ストとしては合法だ。9時から9時10分までというような時限ストは？

大崎 10分だけのストですか？

品川 それなら賃金カットもできないだろう、という発想だ。

大崎 せ、せこい。でも合法です。

品川　正解。私鉄では昔は自動改札機などなかったから、改札口に係員が立って鋏を入れていた。そのときに出札と改札の駅員だけ指名ストにする。これは？

大崎　ということは切符を買わなくとも素通りできる、ただ乗りできるということですね。

品川　その通り。

大崎　否定する根拠がありませんから合法でしょう。

品川　正解。応用問題。他社に営業活動に行くべき営業部員が「今日は書類整理を行います」といって全員内勤業務に就いた。仕事をしているのだから、これはストではない、と主張した。これは？

大崎　実質的なストですね。本来なすべき業務をしていないのだからストとみなすことができると思います。

品川　その通り。次は手続きの問題。本来、ストは後ほど述べるように組合員の過半数の賛成がなければできない。しかしある組合支部が独断でストに入った。これは？

大崎　手続き違反ですから、違法ストではないでしょうか。

品川　よろしい。このような形態を山猫ストという。

大崎　でもいろいろ考えるものですね。

品川　もっと重大な問題もある。労使双方ともに暴力を伴うものは一切正当な行為とはみなされない。

大崎　会社側と労組側のにらみ合い、というようなシーンですと、つい興奮して手を出してしまいそうですね。

品川　ストで正門に労組員がならび、非組合員が入ることを阻止すること、ピケッティングというが、その時に労組員も会社側も腕をお互いに組んでスクラムを作っているだろう。あれは団結の意思表示とともに、手を出していないということを示しているのだよ。

4　争議行為に付随する問題

今まで争議行為の話が出てきましたが、違法な争議行為はもちろん、正当な争議行為においても賃金は支払われないのですよね。

その通り。問題あるのかね。

大崎　二つ疑問があります。まず争議行為で仕事をしていなかった部分について賃金を支払わないというのはその通りだと思うのです。しかし住宅手当とか扶養手当とか、仕事に直接関連していない手当などは支払わなくてよいのでしょうか。

品川　ほう，結構鋭いところをついてくるね。たしかに以前最高裁で賃金の性質論とからめて労働時間に対応していない部分の賃金カットはできないという裁判例が出されたことがある。ただし，現在は賃金全額のカットがなされているのが実務上の扱いだ。もう一つは何だい？

大崎　賃金が支払われない間ということは長期間のストライキになったら労組員は生活できません。生きていけない，兵糧攻めですよね。

品川　そこは基本的に労使の我慢比べだ。会社は売り上げが立たない，労組員はお金が入ってこない。ということだからどちらも痛みを感じている。どちらが先に音を上げるかだね。

大崎　だとすれば労組のほうが決定的に不利なのではないでしょうか。

品川　そうでもない。労組もそのことを前提としていろいろな措置をしている。闘争準備資金の用意はその一つだ。

大崎　闘争準備資金ですか？

品川　そう。通常の組合費以外に追加で徴収することもあるし，組合費の一部を積み立てることもある。お金を労組が別に積み立てておき，ストとなったら，それを取り崩して組合員に支給するのさ。

大崎　それなら数日くらいのストなら耐えられますね。

品川　労組がどのくらい資金を持っているかによるがね。あるデパートの労組は全組合員に1ヶ月分支給できるだけの資金力があると言っていた。この資金量が会社との力関係に影響を及ぼす。

大崎　どうしてですか？

品川　デパートで1ヶ月ストされてみなよ。そのデパートはつぶれるよ。しかし労組は1ヶ月持ちこたえられる。労組としては，「半永久的にストをしますがよろしいですか」といったところだ。

大崎　げっ，それでは会社はどうぞおやりください，とは言えないですね。

品川　しかしこのところストライキをする労組は少なくなってきている。平成26年のデータだが，この年は統計を取り出してから争議行為件数は最低の数を示した。

大崎　ストをしなくなったら，その闘争準備資金はどうなるのでしょうか。

品川　それで困っている労組もあると聞くね。闘争準備資金が多ければ組合員からは，組合費を安くしろという意見も出てくるからね。組合員のために使うと今度はストをしたときの準備ができない。執行部は困るだろうね。

図表18－1　労働争議の種類別件数及び参加人員の推移

年次	総争議		争議行為を伴う争議			争議行為を伴わない争議	
	件数	総参加人員	件数	総参加人員	行為参加人員	件数	総参加人員
	件	人	件	人	人	件	人
平成21年	780	115,371	92	76,349	20,543	688	39,022
22	682	110,664	85	56,132	21,262	597	54,532
23	612	58,495	57	33,472	8,604	555	25,023
24	596	125,992	79	50,190	12,361	517	75,802
25	507	128,387	71	52,350	12,910	436	76,037
26	495	121,621	80	74,438	27,919	415	47,183
平成26年の対前年増減数(件)	△12	△6,766	9	22,088	15,009	△21	△28,854
平成26年の対前年増減率(%)	△2.4	△5.3	12.7	42.2	116.3	△4.8	△37.9

出所：平成26年厚生労働省　労働争議統計調査。

大崎　何か工夫している労組はありませんか。

品川　闘争準備資金を労組員の年金の原資として使うこともあるようだ。

大崎　なるほど。うらやましいですね。

品川　ただ，何ヶ月にもなる大争議も過去にはあった。一番有名なのは三井三池争議。昭和34年1月から昭和35年11月までだから約2年会社と炭鉱労働者の組合，炭労との間で続いたものだ。これは総労働対総資本などと言われていた。なぜなら闘争準備資金だけでは資金はすぐに底をつく。当時総評とよばれたナショナルセンターに炭労は属していたから，全国の総評傘下の労組が支援カンパ，闘争支援資金の募金をしたわけだ。炭労のバックに総評がついていたわけだね。一方，会社側のバックには経済界がついていた。会社側，労組側双方とも労組法などに触れないよう弁護士さんが何人も現地で作戦の指導・指揮をしたらしいね。だから国を二分する大闘争になったのさ。

大崎　結果はどうなったのですか。

品川　労組員が暴力団員に刺殺されるという悲惨な事件もおこったけれど，結果は会社側の勝利に終わった。その他の大企業の争議行為としては，王子製紙，日産自動車，トヨタ自動車，日本製鋼所，

東宝などがあげられる。

大崎 みな会社側の勝利だったのですか？

品川 私の知っている限り大企業レベルで労組が勝利したのは近江絹糸くらいだな。これは資金のカンパだけではなく，会社の製品出荷を関係労組が阻止したり，文字通り全国の労組が支援したといっていいのではないかな。

ホームワーク

⇒近年は少なくなった争議行為だが，ネットや新聞の縮刷版などを見て，当時の様子を想像してみよう。

⇒NHKなどのライブラリでは三井三池争議の番組が販売されていると思う。可能であれば視聴してみよう。

⇒近時争議行為がなぜ減少したかその理由を考えてみよう。

第19講 争議行為の終了 ── 労働委員会

1 労働委員会の構成

もし争議行為が我慢比べだとしたら，最後はどうなってしまうのですか？

品川 会社が我慢できなかったら，経営者は労組の要求どおりにする。その結果会社が倒産するかもしれない。経営者は嫌気がさして先に会社をつぶすかもしれないね。

大崎 労組が我慢できなかったら？

品川 会社の回答を受諾するしかない。いかに厳しい内容であってもね。

大崎 いずれにしても泥沼ですね。

品川 その通り。労使ともにいい結果にはならないだろう。一般人の喧嘩と同じさ。最後は意地の張り合いになるから，自分から終わろう，とは言い出せないものなのだよ。

大崎 でも喧嘩なら誰か見ていた人が仲裁に入りますよ。

品川 第三者が間に入ればうまく収まるということはよくあるね。争議行為でも同じだ。第三者としての公的機関が間に入ることができる。

大崎 何という機関ですか？

品川 労働委員会だ。これからしばらく労働委員会の話が続く。また，法律編のところで出てくる不当労働行為の際，労働組合の資格審査も労働委員会の仕事だから，よく覚えておいてほしい。

大崎 まず公的機関というからには公務員なのですよね。

品川 委員会とそれを支える事務局とに分かれているとまず考えてくれ。事務局は君の言うとおり公務員。厚生労働省や都道府県庁の職員の人たちだ。委員は定職を他に持っている人が普通だ。

大崎 国の省庁や都道府県庁という言葉が出てくるということは，労働委員会にもいろいろあるわけですか。

品川 国レベルの中央労働委員会と都道府県レベルの都道府県労働委員会とに分かれている。中央労働委員会は厚生労働

省の組織の一部，都道府県労働委員会は都道府県庁の組織の一部と考えてほしい。

大崎 どう違うのですか？

品川 一番大きな違いは不当労働行為の審査手続きだが，これは法律編で述べよう。争議行為の終了を支援すること，これを調整といっている。この調整に関しては都道府県レベルで収まっている場合は都道府県労働委員会が担当するが，前回話した三井三池争議や近江絹糸争議では大争議だったり，複数の都道府県にまたがったりしたから中央労働委員会が直接対応した。

大崎 事務局は表に出ないでしょうが，委員の人たちはどういう人たちなのですか？

品川 公労使の三者構成といっている。公は公益代表，中立的な人たちだ。労は労働組合の代表。使は使用者の代表だね。人数は三者とも同数。これは中央労働委員会も都道府県労働委員会も同じ。労働者委員や使用者委員はそれぞれ労働組合の団体や使用者団体から推薦されてくる。

大崎 公益委員が難しいですね。中立性を要求されるのですから。

品川 多くは大学の教授，新聞記者出身者，裁判官出身弁護士といったところかな。会長はこの公益委員から選ばれる。

2　調整の種類

　労働委員会の構成はわかりましたが，実際の活動はどうなっているのですか。

　調整に限って説明しよう。3種に大別できる。斡旋，調停，仲裁だ。まず斡旋から。

大崎 言葉通りにとらえると，こうしたらどうでしょう，と提案するみたいですね。

品川 実際，そうなっているね。まず労使の一方から，労働委員会に対して「斡旋してください」と依頼があるわけだ。特に争議行為に入っていなくともいい。団交がこじれた，とか団交に応じないから説得してほしい，でもいい。

大崎 要するに労使で困った状態だから中立的な立場から相手に助言してやってほしい，ということですね。

品川 おお，わかりやすい言い方だ。それをうけて委員長が斡旋員を選出する。これは労働委員会の委員でなくとも，事務局職員や労働問題に詳しい人が斡旋員名簿に登載されているから，その中から指名される。

大崎 その斡旋員が労使の間を取り持つわけですね。

品川 そういうことなのだが，相手が斡旋に応じない，といったらそれで打ち切り。また労働者個人からの申請も受け付けない。

大崎 おや，簡単に断ることができるのですね。

品川 簡単に申請できても相手は簡単に断ることができる，というのが斡旋の特徴だね。相手が断らず，斡旋が進んでいったら，斡旋員はいろいろと斡旋案を労使双方に提示する。あっちいったりこっちいったり，斡旋員は大変だ。

大崎 最終的に斡旋員は案を出すのですか。

品川 そうなるね。案を出して，労使双方の意見を入れて修正して，それでも労使双方が承諾しなければ…。

大崎 承諾しなければ？

品川 斡旋を打ち切って斡旋員は手を引く。お手上げ，というところだ。それ以前に申請を取り下げることもあるがね。

大崎 いろいろ走り回って，最終的に斡旋打ち切りとなったら，斡旋員の苦労は報われませんね。

品川 そうなのだが，お仕事大変ですね，としかいえないな。次は調停だ。

大崎 まず申請ですね。

品川 調停の場合は労使双方，労働協約に定めがある場合などは労使の一方からといった例外はあるが，原則は双方からの申請だろう。

大崎 労使のどちらかがいやだといえば申請自体できないわけですか。

品川 そう。だから件数も少なくなる。申請が通れば労働委員会委員で調停委員会を構成する。公労使三者でね。そこで当事者から意見を聞くなどして調停案を作成し，当事者に提示する。これでどうだ，ということだ。

大崎 労使の一方が受け入れなかったらどうなります？

品川 終わり。

大崎 え？調停委員会を作って大変な思いをしてもその案を受け入れなくともいいのですか。

品川 調停案は受け入れても受け入れなくともいいのだよ。

大崎 これも案を作った委員の人たちがかわいそう。

品川 仕方がないさ。さて，最後は仲裁だ。

大崎 これも労使双方からの申請が必要なのでしょう？

品川　それが原則。申請があったら，仲裁委員会を公益委員だけで構成する。ただし労働者委員と使用者委員は意見を述べることはできる。

大崎　そしてまた仲裁案を作るのですか。

品川　いや，今度は仲裁裁定を下す。

大崎　おや，違った名前ですね。

品川　効力も違うからね。仲裁裁定は労働協約と同じ効力を持つ。

大崎　えっ，裁判みたいなものじゃないですか。

品川　そうもいえるな。下された裁定を労使双方は受諾しなければならない。

大崎　不満であっても，ですか。

品川　そう，そこがあっせんや調停と一番違うところ。労働委員会の裁定に不満は言えないということだよ。

大崎　一番強力な措置ですが，労使にとっては一番怖いかもしれませんね。

品川　だから一番利用件数が少ない。ほとんど無いといっていい。自分に有利な裁定が出されるかどうかわからないからね。一番利用件数が多いのは何といっても斡旋だ。手軽だし，いやなら断ることができる。

図表19－1　労働委員会の解決手続

	労使双方からの申請	受諾義務	活用度合
あっせん	必要なし	なし	高
調停	原則必要	なし	低～中
仲裁	必要	あり	低

3　労働委員会以外の公的機関

労働委員会以外に何か争議行為終結に力を貸してくれるような機関は無いのですか。

都道府県によるけれど，都道府県の労働担当セクションの下に相談機関をおいているところがある。東京都では労働情報センターという名前，神奈川県では労働センターという名前でよばれているが，こうした部署では労使からの相談に応じているよ。ただ，相談機関がない県などでは労働担当セクションに直接相談するのだろうね。これらは専門機関だけど，区役所，市役所などの相談コーナーで労働相談に応じているところもある。

大崎　労働委員会のような法的権限はないのですか？

品川　残念ながら，無い。

大崎　それでは意味が無いのではありま

せんか？

品川 そういう見方もできるかもしれないが，都道府県の機関から電話がかかってきたとなると，企業はびっくりすることが多いよ。特に中小企業ではね。でも強制できないから，介入する事を断られたら，それでおしまいだね。

大崎 他に厚生労働省の出先機関は結構あるように思うのですが。

品川 あるけれど，担当が違う。労働基準監督署は労働基準法・労働安全衛生法・最低賃金法といった本省の労働基準局関連の取り扱い事項が担当だし，ハローワークといわれている公共職業安定所では職業安定法や労働者派遣法を担当している。本省の職業安定局関係だ。この2種は各都道府県におかれている厚生労働省の出先機関である都道府県労働局に相談コーナーがあるから，そこでも受け付けているが，労働組合法，労働関係調整法関係は労働委員会が担当することになっているのだよ。

大崎 完全な縦割り行政！

品川 そういうと，職員の人たちは多分怒るけれどね。個別的労働紛争処理は労働委員会も関与することがあるから，若干業務範囲に重複はあるが，今後どうなるかはわからないな。

4 私的「調整」

公的機関が介入して争議行為を終了させるやり方はわかりましたが，どれも労使双方が納得しなければなりませんから，最終的な決着には遠いようですね。だれかが間に入るということはないのですか。

プライベートな介入行為ということになるけれど，労使双方が「この人が言うならその案をのみましょう」という人ってそうはいないよ。ただ，これは困ったことになったとしてメインバンクになっている銀行が乗り出したというケースはある。何回か出ている近江絹糸の事件では当時の住友銀行が仲介に入ったようだね。トヨタ自動車も当時の三井銀行が動いて倒産の危機を乗り越えたので，トヨタ自動車は発祥が三井とは縁もゆかりもないのに三井グループで構成している二木（にもく）会に入っている。

大崎 トヨタ自動車が三井グループに入っているなんて知りませんでした。

品川 他に東芝，東レ，王子ホールディングスなども二木会に入っている。そのいきさつなどを調べると結構面白いよ。三菱グループは金曜会といって，三菱と名のつく会社のほかに日本郵船，ニコン，旭硝子，キリンビールなども入っている

からね。ただ，これは経営史の領域だな。

大崎 ただ，三井三池のように労使が完全に対立してしまった場合はこの手段も使えませんね。当時の三井銀行が出ていっても，使用者側とみられてしまったでしょうから。

品川 政治の場を使う手もある。もっともこれは労組側だけの手段だけど。

大崎 政治家ですか？政治家に間に入ってもらうのですか？

品川 いや，国会議員に「この会社は労働争議が長引いている。このままだと労使双方とも不幸な結果になってしまう。厚生労働大臣はどう考えているのか」と国会の場で質問してもらうのさ。そうしたら厚労相は何か答えなければならなくなる。国会の答弁はその省庁の官僚が書くのが普通だからね。すると官僚は何もしないわけにはいかないから中労委などを通じて間に入ってくるわけだ。

大崎 国会の場での質問ってそんなに大きな影響力があるのですか。

品川 マスコミで取り上げられたり，場合によっては参考人としてよばれたりすることも考えられる。すると会社の大きなイメージダウンになるだろう？

大崎 なるほど。国会の記事など新聞ではあまり見ませんけれど。

品川 最近はそれほどの争議はないからね。でも質問してもらうだけでも官僚への圧力にはなるさ。官僚は国民に強く，国民は政治家に強く，政治家は官僚に強い，という三角形ができているからだ。

大崎 だから労組が政治活動をして自分の組織から国会議員を出そうとしたり，親しい国会議員を応援したりするわけですね。

品川 そういうことだ。労組の言うことを聞いてくれる国会議員を増やせば，それだけ発言の機会も多くなるし，官僚への圧力も強くなる，という力関係だよ。

大崎 国会で質問するぞ，ということが一種の脅しになるということでもありますね。

品川 言葉は悪いが，そういう意味になるね。

5　最後の手段

でも厚労省や中労委が動いたとしても，最終的には聞かなくてもすむわけでしょう？

調整の三手段，斡旋，調停，仲裁だったらそのとおりだね。水面下で労使に働きかけるのだろうな。

大崎 それでも争議が解決しなかった

ら？

品川 今回は粘るな。あまり表に出ないのだけど，現実問題だから話しておこう。労働組合が分裂することが多いのだよ。

大崎 労組が分裂？

品川 そう。争議行為が長引くと，「最後まで戦い抜く」人たちと「ぼつぼつ止めようじゃないか」という厭戦気分の人たちに分かれていくのが常だ。もちろん最初は「戦い抜く」派が大多数だが，少しずつ厭戦気分派がどうしても出てくる。あとは綱引きだ。厭戦派が多数になると，その段階では労組が分裂していることが多い。考えが違う人たちと一緒にいることはできないと言ってね。

大崎 そこにおいて会社も厭戦派を増やすようにいろいろ画策するのでしょう？でもそれは組合の弱体化を図ること，として不当労働行為になるのではありませんか？

品川 うーん，答えにくい質問だ。推測だがね，会社も争議終結に向けていろいろ動くと思う。その中で不当労働行為に該当する行為もあるかもしれない。ただ，争議が続いて会社がつぶれてしまうのと，不当労働行為として問題にされるのと，君ならどちらを選ぶかね。

大崎 …究極の選択ですね。会社側の人間としては不当労働行為といわれても組合弱体化に進んでしまうかもしれません。

品川 そうなのだよ。まさに究極の選択だが，労組の組合員としてはもっとシビアな状況に追い込まれる。何しろ争議行為突入までは仲間だった者と袂を分かつわけだろう？

大崎 たもとをわかつ，とは？

品川 全くもう…辞書で調べなさい！分かれることと考えておきなさい！

大崎 はい…。仲間だった者と分かれるとすると，裏切り者扱いされるかもしれませんね。

品川 「かも」ではない。完全に裏切り者だ。仲が良かった者同士がお互い裏切り者とされると論理的な争いではなく，感情的な争いになってしまう。

大崎 具体的にイメージするとわかるような気がします。「戦い抜く」派は「君たちは何だ，最後まで戦い抜いて要求を貫徹する，と言っていたじゃないか」と言うでしょうし，厭戦派は「これ以上戦っても会社からいい回答を引き出せないなら，矛を収めよう。そうしないで，もし会社がつぶれたらどうする。そもそもわれわれも賃金がもらえないなら生きていけない」というような言い争いですね。

品川 それは一つの例だが，まぁそういうことだ。そして会社と新労組が妥結して争議を収める。旧労組は争議を続けるかもしれないが，工場や会社全体は動いてしまい，損害を与えられずに終わってしまう。旧労組の最後は賃金がもらえないから生活できなくなり，白旗をあげることになる。

大崎 争議行為がおわっても悲惨ですね。

品川 争議行為が終わってからの方がもっと悲惨だよ。

大崎 終わってからの方ですか？

品川 イメージしてごらん。争議行為前は同じ組合員として友人たちだったわけだ。それが一転して裏切り者扱いになった。その場合に争議行為が終わったら，昔と同じように「やあやあ，一杯やろうぜ」などと言えるだろうか。

大崎 言えません。少なくともとても言い難いです。

品川 争議行為が終了して，通常勤務になったとしても，そのように人間関係が壊れてしまう。ある意味争議行為後の人間関係修復のほうが大変だし，長期間かかる。そこに至るまでに相互に妥協することが一番だと私は思うけれどね。

ホームワーク

⇒争議行為の終了について見聞することはまずないだろう。読者には，図書館で大争議があった会社の社史や関連書籍を読んでみることを勧める。本講のホームワークはこれでおわり。

第20講 今日の労働組合の状況 ——組織率

1 組織率の変化

今日で「人事労務編」は終わりだ。次回からは法律編に入る。そこで本日は労組に関する問題点を整理して労使関係論のまとめにしたい。

それではまず質問です。労組が大切な機能を果たしていることはわかりましたが，組織率がどんどん低くなっているのはなぜでしょうか。

品川 いきなり本質論だな。よく言われている理由は三点ある。第一点はホワイトカラー比率が高くなったこと。第二点はサービス産業の比率が高くなったこと，そして第三点は非正規雇用者の比率が高まったことだ。

大崎 一番組織率が高かったときは昭和24年の55.8％だったものが，平成28年では17.3％ですね。その低下の理由がその三点で説明できますか。

品川 おいおい。ちょっと調べてきただけで今日はずいぶん攻撃的だな。受けて立とう。昭和24年から66年間，半世紀以上も経っているからいろいろな状況も変わってくる。これはいいな？なお，図表は27年度のものだが，28年度も大き

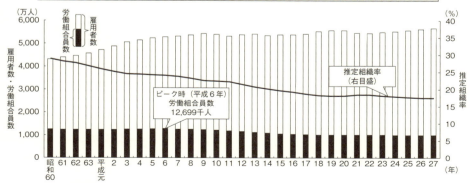

図表20-1 雇用者数，労働組合員数及び推定組織率の推移（単一労働組合）

出所：厚生労働省「平成27年度労働組合基礎調査」。

図表20-2　労働組合数，労働組合員数及び推定組織率の推移（単一労働組合）

年	労働組合数			労働組合員数			雇用者数[2]	推定[3]組織率
		対前年差	対前年増減率		対前年差	対前年増減率		
	組合	組合	%	千人	千人	%	万人	%
平成22年	26,367	-329	-1.2	10,054 (2,964)[1]	-24 (31)	-0.2 (1.0)	5,447 (2,311)	18.5 (12.8)
23[4]	26,052	-315	-1.2	9,961 (2,958)	-93 (-6)	-0.9 (-0.2)	5,488 (2,339)	18.1 (12.6)
24	25,775	-277	-1.1	9,892 (2,990)	-68 (31)	-0.7 (1.1)	5,528 (2,370)	17.9 (12.6)
25	25,532	-243	-0.9	9,875 (3,034)	-17 (44)	-0.2 (1.5)	5,571 (2,404)	17.7 (12.6)
26	25,279	-253	-1.0	9,849 (3,054)	-26 (20)	-0.3 (0.7)	5,617 (2,444)	17.5 (12.5)
27	24,983	-296	-1.2	9,882 (3,120)	33 (66)	0.3 (2.2)	5,665 (2,490)	17.4 (12.5)

注：1）（ ）内は，女性についての数値である。
　　2）「雇用者数」は，労働力調査（総務省統計局）の各年6月分の原数値である。
　　3）推定組織率は，2ページ「用語の定義5推定組織率」を参照のこと。
　　4）平成23年の雇用者数及び推定組織率は，2ページ「利用上の注意5（2）」を参照のこと。
出所：厚生労働省「平成27年度労働組合基礎調査」。

な変化はない。

大崎　はい。それはわかります。

品川　そこで第一点だ。日本の労組の特色として，将来の幹部候補たる大卒社員も一度は労働組合に入るというのが大企業の制度だ。しかしここで問題だ。大卒社員はホワイトカラーが中心で，製造現場の作業員であるブルーカラーの人たちとは異なったキャリアを歩む。将来は管理職となり，労組を脱退する。そのホワイトカラーが中心となった労組は会社と敵対するような行動をとるだろうか。

大崎　会社と敵対するような言動をとると，自分の将来に響くかもしれませんね。

品川　あくまで可能性だけどね。そういうホワイトカラーが主体となった労組は

戦闘的になるかな？

大崎 たぶんならないでしょうね。どこかで妥協するでしょう。

品川 オープンショップの場合，ホワイトカラーは進んで労組に加入するかな？

大崎 組合費もとられるので，う～ん。

品川 大学進学率が50％を超えた現在では，そもそも労組に入ろうという動機付けが弱い。これが企業別組合の弱さだと指摘する向きもあるけれどね。

大崎 春闘の時に話が出たように，賃金も相応に上がってきていますものね。

品川 さきの三点には入れなかったが，労働条件の向上ももちろん組織率減少の理由の一つだと思うよ。

大崎 サービス産業化はどういう影響なのでしょうか？

品川 これは簡単さ。昭和24年ころにはなかったが今隆盛をほこっている業態といったら？

大崎 コンビニやファミレスですか。そうか，24時間営業ですね。

品川 それも一因だ。どうしてもシフト勤務になるだろう？みんな集まれ，組合集会だ，といってもなかなか集まることはできない。「団結」の基盤を作ることができないのだよ。

大崎 それからゲーム業界やIT産業も近代のものですね。

品川 アニメもそうだよな。これらの業界は「いやいや働く」という性質の業界ではないよね。労働条件が低いところも多いから，労組もできていいとは思うのだけど。いやなら辞めて他社へ行ってしまうのかもしれない。

大崎 非正規社員が多くなってきたというのはわかりますが。

品川 労働力調査詳細集計の平成28（28年も27年と同率）年速報を見ると，今や就労者の37.5％が非正規従業員だ。3分の1を超えてしまっている。この人たちは団結の対象となりにくい。

大崎 なぜですか？

品川 それは次の項で話そう。

2 非正規従業員と労組

労組ができるためには何が必要だったかな？

優秀なオルグやリーダーでしたね。

品川 非正規従業員，ここでは簡単にするためにパートタイマーで代表させよう

か。パートさんの多くは専業主婦層だったね。少なくとも今までは。

大崎 はい。

品川 そのような人々が労組のリーダーを買って出てくれるだろうか。

大崎 難しいでしょうね。労組は今でも男性社会のようなイメージがありますから女性の労組リーダーの経験者がパートで働くということはイメージできません。でも部長、それでは今まで存在している正社員主体の労組がパートさんを加入させたらいいのではないですか？

品川 君の言うとおり、それも一案だ。しかし正社員とパートさんが一緒の労組になった場合、次のようなケースはどう考える？労組は一律３％の賃上げ要求をしてきた。しかし会社は「多数を占めるパートさんに今年は報いたい。時給1,000円のパートさんには40円のアップをしよう。しかし会社にも原資の限りがある。正社員は賃上げゼロだ。これでどうだろう」と回答した。どうする？

大崎 わぁ、困ります。パートさんは喜ぶでしょうが、正社員は納得しませんよ。

品川 そう。時としてパートさんと正社員の利害は一致しないことがある。また労組としても、労組独自の福利厚生制度を持っているところがあるが、そういった施設をパートさんも使えるのか？労組員は平等なはずだからね。

大崎 簡単な話ではなさそうですね。

品川 さらにいえば組合費の負担も大きい。パートさんにとっては手取り収入が少なくなるのは困る要因だ。

3　労組の新たな役割

振り返ってみて、労組は重要だということがわかりましたが、今となってはその役割は終わったということでしょうか。わが社でも賃上げは好況不況の波に左右され、労組の出番がない。したがって組合費を払っている意味もなくなったと感じている若手労組員の話も聞きます。

先程述べたように、たしかに労働条件は労組がなくとも良くなってきていると一般的にはいえるだろうね。ただ、労組の役割が終わったのではなく、変化してきている、と考えたほうがいいと私は思う。

大崎 たとえば、どのような役割ですか。

品川 私は二つあると思っているのだ。一つは個別的労働紛争の処理、もう一つは経営者へのチェックだね。つまり労働者と使用者のコミュニケーションを円滑に進めるのが労組の役割だとね。

大崎　具体的にお話しください。

品川　個別的労働紛争というのは言ってしまえば個人の苦情だ。今の会社は業績評価によって処遇が決まってくる部分が多い。すると評価が公正になされているかどうかが問題となる。

大崎　当然ですね。不公平にされたら社員はたまったものではありません。

品川　ところが，社員全員が全員，公平な評価だ，と納得できることもまた少ないだろう。低く評価されてその通りだ，と納得できる社員はどれだけいるかな。

大崎　それはそうです。みな一生懸命にやっている「つもり」なのですから。

品川　会社も公正に評価している「つもり」だがね。まぁともかく，評価結果に不満な社員がいるとして，その不満をどこへぶつけるかだ。

大崎　わが社も苦情処理委員会を設けていますね。

品川　だけど残念ながら苦情があがってくるのは極めて少数。これは喜ばしいことではないのだ。その裏には沢山の苦情があるはずだからね。

大崎　労災のヒヤリ・ハットではありませんが，1件表に出たら，その影には何十倍の事故が，そしてさらに何百倍の危険が存在しているといいますからね。

品川　そういう表に出ない苦情につき，労組が関与することはできないかな。

大崎　苦情を吸い上げて会社にぶつけるのは労組の当然の役割ですからね。でもどうしてこれまでそのような苦情の吸い上げや解決ができなかったのでしょう？

品川　個別の苦情は取り扱いが難しいからだよ。今の評価の話を例にとると，労組にA君が「私の評価はとなりのBさんより低いのです。これは不公平です。会社に交渉して是正させてください」といってきたら労組はどう対応するだろう。

大崎　難題ですね。そもそもそのA君の苦情が妥当かどうか，労組で判断せねばなりません。妥当な苦情だとわかって初めて会社に交渉できるのですから。

品川　その苦情が妥当かどうかはどうすれば判断できる？

大崎　MBOを行っていますから，その目標の妥当性，達成度の評価の妥当性をA君，Bさん両方にあたってみなければなりませんね。

品川　本人だけに聞いても公正じゃないぞ。上司にも聞かなければ。

大崎　上司に聞いて話してくれますかね。

品川　それは「社内秘密」。

大崎　それでは無理じゃないですか。

品川　だから難しいといっているのさ。また不公正な評価だとわかったとしても、どういう評点が公正な評価なのか判断せねばならない。

大崎　労組が公正な評価を下すのですか。

品川　だって不公正だという苦情だろう？ならば公正と思われる評価を会社は組合に求めてもいいはずだ。

大崎　私が労組幹部なら評価権は会社にあるといって逃げたいですね。

品川　結果はそうなるだろう？だから個別的労働紛争には労組は手をつけない。

大崎　なるほど。それは個人と会社との関係であり、労組は関係ないとしたかったわけですね。

品川　しかし、今後、成果主義、職責給、エトセトラといわれてくると、個人的会社への苦情は増大することが予想される。現実にも個別労働関係紛争の都道府県労働局に対する申し立て件数は大変多くなっている。こうした現実の労働者の不満・苦情に対応しないで何が労働組合だ。

大崎　部長、興奮しないで。部長はそもそも会社側の人間でしょう。

品川　いや、悪かった。労組が適切に苦情を会社にあげてくれれば、苦情処理委員会などで対応できる。その結果会社の制度も改善できるだろう？社員の個人的苦情は役職のルートではあがってこない。当たり前だ。あなたの評価はおかしいと面と向かって言うことになるからね。労組がそこに介入してくれると、話はスムーズに進むように思う。

大崎　経営者のチェックがもう一つの役割でしたね。

品川　そう。いわゆるブラック企業などというものが世間を騒がせているだろう？ああいう企業の労組は何をやっているか、知りたい。

大崎　労基法違反なんてもろに団交事項でしょうからね。

品川　当たり前さ。経営者や管理職の暴走を一社員が止めることは難しい。やはりここは労組の出番だ。社員やパート、アルバイトの権利を守るのは労組の本質的な役割ではないかね。

大崎　創業社長など、不満があるなら辞めてくれ、と平気で言うようですからね。

品川　創業経営者で労働法に詳しい人などそうはいない。社員でもそうだ。労働法を知らないで働いている社員、パートさんがほとんどだろう。労働法に関する経営者の無知と労働者の無知があいまっ

て，過酷な労働環境を作っているのさ。

大崎 そこに労働法という武器を持って立ち向かうのが労働組合なのですね。

品川 そういうとかっこいいけれど，ブラック企業で労組を結成するのは大変だよ。労組のチェック機能は通常の企業でも発揮することができる。労使協議会の活用だ。経営者が暴走するのをとめることも不可能ではない。

大崎 経営の一部を担うということですか。

品川 ドイツではまさにそのような立場だけれど，日本では労組があまり強く出ると経営権の侵害だという反論もでてくるだろうね。さらにいえばこれは労組の経営参加という問題にもなる。そもそも労組は経営者，つまり企業と対立する構造にあるから，労組が経営に参加するということは自己矛盾であり，認めない，という考え方もある。私は労組が経営に関心を持ち，適切なチェック機構となることは望ましいと考えているけれどね。

大崎 話がそれるかもしれませんが，ドイツの例を簡単に教えてください。

品川 ドイツでは共同決定法という法律がある。端的に言えば日本では取締役を選任するのは株主総会だが，ドイツでは監査役会が選任することになっている。この監査役の中に労働組合の代表が入ることになっているのさ。

大崎 労組の力が強くなりすぎたらまたこれも困りませんか。

品川 困る。ある例だが，海外に工場を作るという社長の案に会長が反対した。会長は労組の委員長と手を組んで社長案に反対していった。その結果工場建設が数年遅れてしまい，チャンスを逃した，ということがあった。また旧国鉄だね。経営側と労組側の板ばさみになり中間管理職や労組にも自殺者がでたという話だ。

大崎 それは悲惨な話ですね。

品川 旧国鉄のマル生運動について述べたらすごく大変。関心があったら調べてごらん。労組と会社側との力のバランスは難しいけれど，たとえば労組に資金があり，会社が上場企業だったら，労組が会社の株式を購入して，株主として発言することもできる。ある会社では労組が動いて社長を更迭させたという話もある。チェック機能を発揮するためにはいろいろな方法がありうると思うよ。

4　労組の組織拡大

さきほど，パートさんの労組加入問題を話したが，管理職を労組に加入させるという手段も組織拡大のためには考えられる。

管理職も労組に加入できるのですか？

品川　法律編で話すが，労組に加入できないのは「利益代表者」であって，管理職ではないからね。

大崎　管理職も労組に加入したら一大勢力になりますね。

品川　そうなのだけれど，そううまくいかない。

大崎　なぜですか？

品川　多くの企業が課長以上を管理職としていると思うけれど，課長以上が労組に加入したとすれば，その課長は会社からよく思われるだろうか？

大崎　労使は本来対立すべきものだとするなら，そうか，それ以上昇進は見込めないでしょうね。

品川　絶対とはいえないけれど，その可能性は高いね。また管理職とそれ以下のヒラ社員とでは利害が一致するとは限らない。現段階では管理職を労組に加入させようという積極的な動きはみられない。

大崎　組織率向上の決め手はないわけですか。UAゼンセンがやっているようなパートさんの組織化を期待しましょう。

ホームワーク

⇒労組関係の新聞記事などがあれば積極的に読んでみよう。

⇒労組がなくなったら企業はどうなるか考えてみよう。

⇒いわゆるブラック企業を企業内から是正することは可能だろうか。考えてみよう。

第21講 労働法の体系
——「労働法」という法律はない

法律編

1 労働法の法源

今日からは「法律編」だ。細かな条文に入る前に，全体の体系を見ておこう。なお法律編では今まで取り上げた人事労務の問題が繰り返して出てくることも多いので見返してほしい。そして手元に労働法の法令集をおいて，必要に応じて条文を参照すること。

法律は制度の基盤になりますからね。でも会社にある労働法全書という本はとても分厚くて取り扱いにくいです。

品川 労働法に関する情報が詰め込まれているからね。通常は労働政策研究・研修機構から発行されている労働関係法規集がハンディで便利だ。各年度版が出ているから，最新版を使うように。ただ，人事担当者は関係通達を見る必要もあるから，常に労働法全書を横においておくように。

大崎 今日のテーマとしてまず部長が出してくださったのは「法源」という言葉ですが，文学部出身者にはわかりにくいです。ご説明ください。

品川 そうだろうね。法のみなもと，つまり法律的な根拠は何か，と理解してくれればいい。

大崎 何とか法という法律が根拠ではないのですか？

品川 それは法律として制定された制定法だ。もちろんそれも法源の一つだが，他にもあるのだよ。わかりやすいものから順に説明していこう。

大崎 お願いします。

品川 まず裁判例だ。法律の条文はすべての事例に当てはまるわけではないから，条文の解釈が行われなければならない。それではどう解釈すべきか，最終的には裁判所の判断，つまり判決による。

大崎 この事件ではこう解釈すべきだ，と判決で述べられますからね。

品川 今，君が言った言葉の中に二つ注意点がある。

大崎 え，何となく口走っただけですが。

品川 一つは裁判所の判決という部分だ。日本には50の地方裁判所、八つの高等裁判所、そして最高裁判所がある。簡易裁判所や家庭裁判所のことはここでは触れない。そのすべての裁判所の判決が条文の解釈根拠、つまり法源の一つになるとは限らない。同じ条文でも異なる地裁で異なる判決が出ることもあるしね。

大崎 同じような事件で裁判所が異なれば違う判決が出ることもあるのですか？

品川 ある。裁判官独立の原則というものがあり、裁判官は己の信じる解釈を行うことができる。

大崎 それでは混乱しませんか。

品川 だから高裁や最高裁がある。最高裁の判決は最終決定だから、それは法源となりうる。高裁に裁判を求めることを控訴、最高裁に裁判を求めることを上告というが、控訴中、上告中はまだ判決は確定していない。最高裁が判決を下して確定判決となるのが下級審の判断が分かれた場合の通常のパターンだ。

大崎 控訴しなかったり、上告しなかったりしたら、それは法源なのですか？

品川 そこが難しい。整理解雇の4要件について触れたけれど、その元は東洋酸素事件の東京高裁判決だからね。最高裁までいかずに終わっちゃった。でも高裁の判決だから皆参照してある程度確立したものになっている。

大崎 なるほど、だから最高裁判決がでると大騒ぎになるのですね。

品川 その通り。最高裁は違憲立法審査権も持つから、憲法に反した法律の条文の改正を国会に求めることもできるしね。

大崎 そのような判決はどうやって調べるのですか。

品川 最近は裁判所の検索システムもネット上で載っているけれど、普通は判例集を調べることが多い。産労総合研究所から出ている「労働判例」や日本経団連から出ている「労働経済判例速報」が一般的だね。その他「判例時報」とか「判例タイムズ」もあるが、これらは労働関係以外の法分野が主だから、人事部より法務部の方がよく使うだろうね。これらの判例を引用している専門書を読み、何何会社事件　何何地裁　平成何年何月何日判決　労判何号と出ていればその労働判例に当たる、ということになる。

大崎 たとえば手元にある労働判例誌を見ると、わぁ、これ日本語ですか？

品川 読みにくいだろう。判決文は1つのことをいうのに一文で収めるのが慣例だ。つまり句点の「。」からだらだらと文章が続き、次の句点の「。」までが数

百字になることもあるということだ。すると主語は何だったっけ，述語は？などと探すこともある。最近は読みやすい判決文も多くなったけれどね。問題は法源となるべき部分はどこか，探すことだ。

大崎 本当にそうですね。最初から読まなければならないと大変です。

品川 コツもある。「思うに」などと書いてあるところからが裁判官が言いたいところだな，とわかるとかね。

大崎 ふう。あと一つは何ですか。

品川 判決文の読み方にもつながるのだが，裁判所の判決は事例判決といわれるものも多いということだ。

大崎 事例判決，ですか。

品川 裁判の判決というものは一回一回の事実関係に基づいて判断されるものだ。だからこの判決文はこの事実関係の上にたった判決だと理解して読まないと，違う事実関係にまで他の判決文を当てはめてしまう可能性もある。難しく言えば既判力とか，射程距離という言い方をする。

大崎 ふむふむ。

品川 たとえば刑事事件の例だが，殺人事件でも事実関係を調べると，これは悪質だ，死刑にすべきだ，というケースとこれは人を殺すのに同情できる点もあるな，というケースがあるだろう？

大崎 そうですね。殺した人数によって刑が違うということも聞きます。

品川 だから判決文を読むときは事実関係をしっかりおさえて読まなければ誤読してしまう可能性がある。

大崎 判決文の中の裁判所の判断が一般論としていえるのか，そのケース特別の事情があったのかを分けて考える必要があるということですね。

品川 そうだよ。事実関係をおさえるというのは言うは易し，行うは難し，だけどわれわれはその作業をしなければならない。

大崎 法源となるのは制定法，判例，あと何かありますか。

品川 制定法に書かれていない，判例もない，という場合には慣習，慣行も法源となりうる。

大崎 ちょっとイメージできません。

品川 わが社ではIDカードで労働時間管理をしているから無理だけど，ある会社では9時30分始業のところ，9時45分までに着席すれば遅刻にしないという暗黙の了解があった。それに皆従っていたら，あるときX君が9時40分に出社したとき，上司から遅刻だとして懲戒処分

を受けたとする。これは妥当だろうか。

大崎 それはその会社の中で皆が了解していたことに反していませんから，遅刻扱いするのはおかしいですね。

品川 そうだね。法律家は「法的確信を持たれていた慣習は慣習法とされる」などと言っているけれど，労働法分野では労使間で慣行と認知されていたものは法源として考えていいだろう。

大崎 そうすると前例も同じですね。

品川 前例の積み重ねが慣行となるケースもあるね。懲戒処分など，以前のケースではみな軽い処分だったのに，一人だけ重い処分になったら，これはおかしい，と判断されることになるだろうな。

大崎 条文も判例もない，慣行もない，となったら最後の法源は何ですか？

品川 条理である。

大崎 は？

品川 簡単に言えば常識さ。非常識な裁判官も中にはいるけれど，最後は常識で判断するしかない。

大崎 前に議論した政令・省令・通達は法源とならないのですか。

品川 それらは単に「行政としてはこう解釈しますよ」というものだから，裁判所が裁判規範として活用することはない。場合によっては通達とは反対の判決が出されることがある。そのときには，こそこそ厚労省が前の通達を取り消していた。ただ，裁判所が判断の一部として考慮することは当然あるだろうね。三権分立の建前どおり，司法は行政と同格なのさ。

2　日本の法体系

日本の最高規範は憲法だということは知っているね。

はい，文学部卒でもそのくらいは。

品川 その憲法のもとに諸法律ができている。ただし優劣の原則がある。

大崎 法律にも上下関係があるのですか。

品川 上下関係というと語弊があるが，「特別法は一般法に優先する」という原則だ。たとえば労働契約を締結するだろう。契約に関する一般法は民法だ。ただし労働契約は契約の中でも特殊だから，特に労働契約法や労働基準法を制定した。こうした労働法制に書かれていないことで，民法の条文に書かれていることは民法を適用する。労働法は優先的に適用され，民法は労働法に抜けている部分をカバーする。これが制定法の適用順序だ。

大崎 憲法では労働三権という言葉を聞いたような気がします。

品川 はい、その労働三権とは？

大崎 おぼろげなのですが。団結権、団体交渉権、団体行動権でしょうか。

品川 よくできました。この労働三権を具体的な法律として制定したのが労働組合法・労働関係調整法だ。

大崎 労働基準法や労働契約法は？

品川 憲法27条2項で労働基準は法律でこれを定めると明記されている。

大崎 ちょっと部長、待ってください。「条」はともかく、「項」とは何ですか。

品川 法令集によって表記は違うけれど、法律の条文は条の次は項、そして号とよんでいる。細かく言えば、その中でも本文、但書、二文など具体的な箇所をさす言葉もある。

大崎 憲法の下に労働法ができているわけですね。労働法制相互の上下関係はあるのですか？

品川 それぞれの法制で矛盾がないように重複を避けているはずだ。ただ、労働基準法から労働安全衛生法と最低賃金法が独立したように広い意味では一体として考えるべき法律はあるね。また明確に定めた条文がなかったから新しく法制化した労働契約法、社会の変化に対応した雇用機会均等法などもある。

大崎 …全部覚えるのですか？

品川 それは無理だ。それぞれの法律のポイントだけおさえておき、この場合にはこの法律のこの辺に書いてあったな、という勘所を理解すればそれでいい。

3　雇用関係法

それでは具体的な労働法の分野を見ていこう。まず一番身近な雇用関係法だ。

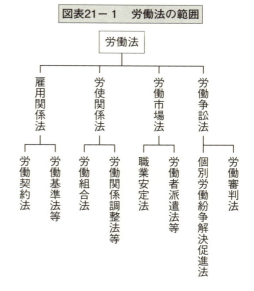

図表21－1　労働法の範囲

労働法
├ 雇用関係法
│　├ 労働契約法
│　└ 労働基準法等
├ 労使関係法
│　├ 労働組合法
│　└ 労働関係調整法等
├ 労働市場法
│　├ 職業安定法
│　└ 労働者派遣法等
└ 労働争訟法
　　├ 個別労働紛争解決促進法
　　└ 労働審判法

そういう名前の法律はありません。

品川 雇用に関係する法律の総称さ。個別的労働関係法という人もいる。主だったものは労働基準法、労働契約法、雇用

機会均等法，最低賃金法，労働安全衛生法，育児・介護休業法といったところだ。

大崎 …多いですね。

品川 仕方がないさ。それだけ社会の進展に対応しようとしているのだから。

大崎 ごく簡単にそれぞれの法律の守備範囲を教えてください。

品川 労働基準法はわかりやすい。労働条件に関する基準を定めている法律だ。賃金，労働時間規制などがこの中に含まれる。労働条件だから，職場の環境も重要な課題だ。職場環境については労働安全衛生法が対応している。賃金については最低賃金を定めているから，最低賃金法がその部分をフォローしている。

大崎 労働安全衛生法の中で4アルキル鉛なんとやらなどというものがありますが，さっぱりわかりません。

品川 電離放射線管理規則とかね。本当は知っておくべきだろうが，新人のうちは覚えなくてよろしい。本音で言えばそのあたりは現場の管理者や技術者の人にお任せだな。事務系はお手上げだ。

大崎 雇用機会均等法はわかります。男女平等を目指した法律ですね。

品川 制定当時はそう言えなかったのだが，度重なる改正で男女平等法に一歩近づいたと評価する向きもあるね。

大崎 労働契約法は最近の法律ですね。

品川 この法律の制定についてはいろいろ裏話もあるのだが，結局労働基準法に書かれていなかった論点，つまり安全配慮義務，労働条件の不利益変更，出向，解雇制限など判例で固まった部分を条文化したものとなった観があるね。

大崎 条文化されたらわかりやすくなったのではないですか？

品川 条文を読んでごらん。

大崎 「第五条　使用者は，労働契約に伴い，労働者がその生命，身体等の安全を確保しつつ労働することができるよう，必要な配慮をするものとする」。必要な配慮って何ですか。

品川 そうだろう？一般論としてはわかる。ただ何をすれば必要な配慮をしたことになるのか，この法律だけではわからない。結果としてよくわからない。

大崎 育児介護休業法も趣旨はわかります。ただいろいろな休業の種類が多くて，理解し難いです。

品川 育児休業，介護休業，看護休暇，それぞれ要件が違うしね。ただ，これから短時間勤務や女性の妊娠，出産，育児は会社にとっても大きな問題だから，こ

の法律は理解しておいてほしい。

4 労使関係法

これはわかりやすいだろう。労働組合との様々なやり取りに関する法律だ。労働組合法，労働関係調整法が主なものだ。

条文も簡単ですものね。

品川 前の講までで触れていないのは不当労働行為だけだからね。法律編では不当労働行為に絞って話すつもりだ。

5 労働市場法

これはわかりにくいです。

一言で言えば，会社に入る前の法律だよ。職業安定法，雇用対策法，労働者派遣法，障害者雇用促進法などがこれにあてはまる。

大崎 入社前の各種規制ですね。

品川 そうだね。前に女工哀史の世界の話をしたが，それを再現してはならないという強い意思をこめた法律が職業安定法だ。職業紹介は原則として公的機関，つまり公共職業安定所のみが行うことができる，とか労働者供給事業は労働組合しか行ってはならない，という規制は職業紹介を私企業や個人が自由にやり出したら昔に戻ってしまう，職業的仲介人があらわれる，という危機感だね。

大崎 労働者供給事業と労働者派遣事業とは違うのですか。

品川 …実は難しい。かつては違法合法すれすれのところだった。しかし労働者派遣業が盛んになり，これは違法とはなかなか言えなくなった。そのため労働者派遣法を新たに制定して，この派遣業界を合法化したといういきさつがある。

大崎 雇用対策法は初めて聞きました。

品川 あまり目立たなかったからね。注目されたのは採用における年齢差別禁止を明記したことだ。ただしいろいろな例外があるから実効性には疑問あり。

大崎 私も採用広告を出すときに年齢で35歳以下とは書かないよう職安で指導されました。

品川 障害者雇用も言われただろう？

大崎 はい。もっと障害者を採用するようにと。

品川 こういったように労働関係に入る前の法律群が労働市場法だ。

6　労働争訟法

これも聞いたことがありませんね。

私の造語かもしれない。今まで挙げた諸法律には含まれない法律として個別労働紛争解決促進法や労働審判法がある。個別労働紛争解決促進法は個別紛争が起きたときに都道府県労働局で簡単に解決しようとする法律だ。裁判になると，私が知っている限りでは事件が起こってから最高裁判決まで25年かかったものがある。これでは労使双方とも時間の無駄といえる。労働者は定年になってしまうかもしれない。それを簡便に解決したいという法律だよ。労働審判法も趣旨は同じ。ただ裁判所での審判になるなど裁判に近くなる。

大崎　今までの法律を全部取り上げるのですか？

品川　いや，重要なところだけ整理する。あとは実務で学んでいくのだな。

ホームワーク

⇒手元の法令集で労働関係の法令がどれだけあるか見てみよう。

⇒労働法に関する網羅的な専門書として菅野和夫『労働法（第11版補正版）』（弘文堂）がある。定評あるものだが，千ページを超えるもので初学者向けではない。とはいえ一回は手にしてほしい。

⇒労働法は労働者のための法律だから，わかりにくくては意味がない。しかし一回読んだだけでは意味がとれない条文もある。自分ならどう書き換えるか，考えてみよう。

第22講 労働基準法① ——賃　金

1　賃金支払いの5原則

今日から条文の中身に入る。まず労働基準法だ。法令集はあるかな。

はい，安いのを買ってきました。

品川　値段の高い安いはともかく，最新版を購入しないと改正点がありうるから，その点は大丈夫だろうね。

大崎　今年度版を購入しました。

品川　よろしい。条文の中身といっても，労働基準法など大変多岐にわたるからポイントだけ示しておく。面倒な労働時間は次回に回し，今日はまず賃金だ。賃金に関する規制といっても，実は条文は多くない。

大崎　24条からですね。

品川　その24条にエッセンスが詰まっている。ここで注目すべきなのは賃金支払いの原則だ。通貨，直接，全額，月1回，一定期日払いを理解しておくように。

大崎　通貨でない賃金支払いを禁止するというのはどういうことですか？

品川　逆に不思議だろうな。現物支給の禁止だ。いつか話をしたように鉄鋼会社で業績が悪いからといって鉄のかたまりをもらっても仕方がない。生活のためには現金でなくてはね。

大崎　でも退職金を小切手で払ったり，銀行振り込みで賃金を払ったりするのは問題ないのですか。退職金を全額現金でもらうと充実感はすごいでしょうね。

品川　たしかにそれらのケースは会社から直接現金で支払ってはいないからね。労基法施行規則7条の2で労働者の同意を前提として通貨・直接払いの例外を認めているのだ。

大崎　では同意がなければ銀行振り込みや小切手払いはできないのですね？

品川　そういうことになるのだが，労使ともにメリットがあるからね。月給袋を落としたら大変だろう？また一人ひとりの賃金を袋詰めするのも大変だ。

大崎　まぁ，そうですけれど，給料日に

月給袋を持って帰らなくなった父親の権威が失墜したとも聞きます。

品川 無視！安全第一だ。次にいくぞ。直接払いの原則だ。

大崎 たとえば銀行振り込みで妻が夫の口座から預金を引き出したら，これは認められるのでしょうが，直接ではないような気がします。

品川 本人の口座に賃金が振り込まれた時点で支払われたものとみなす。その後誰が引き出そうと会社は関知しない。

大崎 ではそれ以外に直接払いが問題となるケースはあるのですか？

品川 現金払いだった頃の話，たとえばサラ金が会社に社員の借金を取り立てに来ることを禁止する，という場合に適用される。多くの会社が振込みになった現在では問題になるケースはあまりないだろうね。

大崎 全額払いの原則は初めて聞きましたが，分割払いを禁止するということですか？

品川 もともとはそうだったのだろうね。会社経営が厳しいので，今月はまず半月分，という形だね。これでは社員は安心できない。ただ，今では毎月の給与からいわゆる天引きで控除してよいかどうか，という問題になっている。

大崎 確かに社会保険料，労働保険料，税金がごっそり引かれていますね。

品川 法律でこういう天引きが認められているものは問題ないのだが，それ以外の給与からの控除は労使協定が必要となる。

大崎 労働組合費，社内預金，社内貸付などを控除していますね。でもなぜ労使協定が必要なのですか？

品川 これは女工哀史時代の名残でもあるのだよ。当時は勝手に賃金から社内預金と称して勝手に天引きされ，契約期間が満了して退職するときに一括して渡すということをしていた。問題は契約期間満了前に退職したときは会社が没収するという定めになっていたことだ。

大崎 それは女工を辞めさせないための足かせじゃないですか。

品川 そうなのだよ。だから労働者代表との協定という要件を入れている。

大崎 一定期日払いというのは？

品川 社員の生活の安定のためだ。今月は5日に月給が払われたけれど，来月はどうなるかわからない，25日かもしれない，などといったら毎日・毎週どの程度使ったらいいのか計画が立てられない。

大崎 なるほど。給料日前だから出費を

品川 抑える，ということは考えます。月1回払いというのも同じような理屈ですね。

品川 今月は月給が出たけれど，来月はわからないでは，再来月にたとえ2ヶ月分もらえても，社員は怖くて仕方がない。

大崎 一定期日払いよりも怖いです。

品川 ただ，この条文があるから問題となるケースも出てくる。

大崎 どんなケースですか？

品川 年俸制の場合だよ。

大崎 プロ野球選手だけでなく，会社員でも外資系を中心に見られ始めましたね。

品川 この場合，年俸を12等分して毎月賃金を支払うとか，18等分して毎月賃金を支払うとせねばならない。

大崎 12等分はわかりますが，18等分とは？

品川 6ヶ月分を夏・冬の賞与時期に合わせて3ヶ月ずつ支払うという工夫さ。

大崎 ローンを抱えている人は6月，12月には通常の月より多く払うということもありますからね。ただ12等分にするか，18等分にするかは会社の自由なのですね。

品川 自由というより当該社員との契約による，と言った方がいいだろうね。

大崎 これで賃金支払いの原則は終わりですか？金額については何も条文がないのですか？

品川 賃金が高い分には制限をする必要はないだろう？問題は低い賃金だ。これは最低賃金法に定められている。

大崎 都道府県ごとに違うのですね。なぜですか？

品川 生活費が違うからだよ。東京は住居費が高いだろう？物価は地方の方が安いところもある。だから平成28年度は東京が一番高く，時給932円。安い方は宮崎，沖縄などの714円となっている。物価は毎年変動するから毎年改定される。

大崎 アルバイトにも適用されますか？

品川 勘違いをしている人も多いのだが，労働法はすべての労働者に適用があると思っていてよろしい。もちろん最低賃金法もパート，アルバイトに対して適用される。募集の時給もそれにあわせて上げなければ最低賃金法違反とされる。

図表22－1　賃金支払の原則

○通貨払い	→ 現物ではダメ
○直接払い	→ 代理人に支払ってはダメ
○全額払い	→ 分割払いはダメ
○月1回(以上)払い	→ 労働者の生活設計のため
○一定期日払い	→ 同上

2　休業手当

　賃金の章にはあといくつか条文がありますね。

　非常時払いなどは例外的だから，重要なのは休業手当だね，26条だ。

大崎　働かないときは賃金も支払われない，ノーワーク・ノーペイの原則だと前にうかがいましたが。

品川　それは社員が働かなかったときの話。会社の都合で働こうにも働けない場合がある。その場合は会社が休んでください，と社員にお願いするわけだから，賃金を全く支払わないのはかわいそうだよね。

大崎　どんな場合でしょう。

品川　わかりやすいのは機械の故障。不可抗力は例外だけど。

大崎　東日本大震災の時など工場がダメージを受けましたね。こういう場合にはどうなるのでしょう。

品川　震災時には厚生労働省が統一見解を出した。不可抗力に該当するので休業手当は支払わなくてもよい，とね。

3　労基法その他の条項

　労働時間は次回行うとして，労基法で留意すべきポイントだけ指摘してください。

全部，と言ってはしょうがないね。実務的にはまず13条だ。労基法は最低限の労働条件を定めている。したがってそれを下回ってはならない。上回るのは問題ない。労働者保護の観点からすると当たり前だ，と思うかもしれない。しかしたとえば労働時間を1日9時間と定めた場合，自動的に8時間にしてしまうというのは大きな意味がある。

大崎　最低限を下回ったら刑罰が科せられることも意味がありますね。

品川　労基法は契約の内容にも立ち入るし，刑罰法規でもある。ちょっとややこしい性格の法律なのだ。さて14条も大切だ。この契約期間の3年，5年という制限は覚えておくように。

大崎　期限の定めなき労働契約とは定年まで雇用する，正社員のことですね。

品川　そうだね。ただしこの期限付き契約は労使双方とも途中で解約することは想定していない。だから途中で解約する場合には債務不履行として損害賠償を行う可能性がある。ここが期限の定めなき労働契約と違うところだ。

大崎　15条から18条は読めば内容はわかりますが，なぜこういった条文が入っているのですか？

品川 これも女工哀史の時代の反省だよ。15条は「うまいことを言って労働者をだまして採用すること」，16条は「労働者が退職するときに労働者は金銭を払う必要がないこと」，ただし16条の場合，実際に損害が起こったら別だけどね。工場の機械を壊した，という場合には損害賠償請求をされるかもしれない。17条は農家の両親に金を貸し付けたエピソードを思い出せばわかるだろう。18条は「足止め強制貯金」の禁止だ。

大崎 これはすごいですね。立法当時の意気込みがわかります。

品川 第10章の「寄宿舎」もそうだよ。さて19条から21条は解雇に関する条文だ。特に20条は解雇予告手当だ。21条とセットで覚えておくように。

大崎 解雇する場合に手当を支給するのですか？

品川 1ヶ月の間に仕事を探しなさい，という意味。解雇を言い渡して1ヶ月もその社員の顔を見たくないから，通常は手当を払って，サヨナラ，だね。ただ退職金の問題とは違うことは理解しているね。

大崎 退職金の問題と違うことはわかっています。

品川 この条文を悪用するものがいる。入社後2週間は普通に勤務して，あとはサボっているという輩だ。

大崎 どういうことですか？

品川 新入社員がサボっていると当然クビだ！と言いたくなるだろう？

大崎 もちろんです。

品川 だから21条4号で試用期間の者を例外としている。しかし21条本文で4号該当者も14日を超えた場合は20条の適用あり，と書かれている。だから「クビ？いいですよ。だけど解雇予告手当をください」とそいつは言うわけだ。

大崎 労基法悪用のプロですね。

品川 全くだ。

大崎 22条の「秘密の記号」とは何ですか。それ以外の文章は労働組合活動をしていたなどで差別する行為を禁止することということで理解できますが。

品川 ブラックリストの禁止条項だね。転職の場合，在籍証明を求めることがある。その中に「この社員を採用しないほうがいい」という意味で×や※などをどこかに書いておくことを禁止する，ということだよ。これが「秘密の記号」だ。

大崎 最近ではあまり気にしなくなりましたけれどね。

品川　採用する方はそうでもない。やはりいわゆる過激派や暴力団とつながりがある者が入社してきたり，あるいは特定の宗教を布教するために入社してきたり，といったことがないとは限らない。

大崎　でもそういうことは調べられないでしょう？

品川　個人のプライバシーだから無理だね。業務に支障が出てきたらそちらのほうで懲戒処分にするしかないだろうね。さて，賃金は終わって，労働時間は次回回しだから，68条に飛ぶ。

大崎　年少者はほとんど関係ありませんからね。また坑内労働や危険有害業務もそもそもなかったり，あったとしても年少者・女性には扱わせていませんからわかりますが，生理休暇の注意点は？

品川　生理休暇は使用者に拒否権がない。また有給，無給は問わない。これがポイントだ。

大崎　現場からは，なぜかいつも月曜日に生理休暇をとる女性がいる，とも聞きますが？

品川　…法的に拒否はできないからね。致し方ない。日本独特の制度だけど，本当につらい人はつらいらしいから，ここは性善説でいくしかないと思うよ。7章，8章は飛ばして，9章だ。

大崎　すごいスピードだ。

品川　「技能者の養成」は労基法がブルーカラー中心で立法されたことのよい証拠。また災害補償は今では労働者災害補償保険が確立している。主として労災保険で対応するから，労基法上の災害補償の出番は少なくなったというわけだ。

大崎　すると就業規則にくるわけですね。これらは労働条件のところで目を通しましたね。

品川　ここでは絶対的記載事項，相対的記載事項にもう一度目を通しておいてほしい。また改定や作成にあたっては労働者代表の意見を聞くことを忘れずに。

大崎　就業規則による労働条件の不利益変更については，触れないのですか？

品川　スペース，いや時間の問題だ。労働契約法で触れる。

大崎　次に労働基準監督署の章ですね。

品川　労働基準監督署には二つの側面がある。

大崎　どういう面ですか？

品川　労働者にとっては救済機関，しかし会社にとっては怖い存在ともなりうる。

大崎　なぜ怖いのですか？

品川　労働者の救済機関という面につい

ては第25講で話をしよう。今はなぜ怖いかの説明だけ行う。

大崎　部長，足が震えていますよ。

品川　それはそのように見えるだけ。君も人事部では各種書類を目にしていると思う。

大崎　はい。

品川　101条で「労働基準監督官は，事業場，寄宿舎その他の附属建設物に臨検し，帳簿及び書類の提出を求め，又は使用者若しくは労働者に対して尋問を行うことができる」となっているが，その帳簿・書類がそろっているかが問題なのさ。条文を見てごらん。

大崎　107条で労働者名簿，108条で賃金台帳，109条で労働関係の書類となっていますね。

品川　そうした書類，特に109条の書類をきちんとそろえているか。特に「名ばかり管理職」が議論になっていると，管理職の労働時間管理をしているか，そして深夜業をしているのか，深夜業をしていたら深夜労働割増賃金を支払っているか，など証拠となる書類をそろえているのかが問われる。

大崎　ICカードで時間管理していますからわが社は大丈夫なのでは？

品川　一旦退社したことにしてまた戻ってくる，という者もいないわけじゃないだろう？

大崎　それは…ゼロとはいえませんね。

品川　社員から労基署に申告があった場合，それにこたえられるだけの用意をしておく必要がある。

大崎　たしかに。書類の中身を精査する必要もありますね。

品川　だから労基署が監督に来ても胸を張ってこたえられる状況にあるか，チェックするのも人事の仕事だよ。

大崎　本社人事だけではなく，全事業所の人事担当に徹底させる必要がありますね。

品川　それでは今日は…。

大崎　部長，一つ質問です。114条でいう付加金とは何ですか。

品川　ぁぁ，それは罰金みたいなものだ。未払い賃金の2倍を払えということさ。制裁手段だね。罰金は刑罰で国に納めるものだが，付加金は使用者に対し労働者への支払いを命じるものと考えればわかりやすいね。次回は労働時間だ。面倒だぞ。

ホームワーク

⇒労基法を一度通読してみよう。なぜこのような条文があるのか，今では不要な条文はないか，考えてみると勉強になるだろう。

⇒労基法は何回も改定されている。さらに改定が必要な部分はないだろうか。

⇒労基法はブルーカラーを中心に考えられている。ホワイトカラー労基法を別に作るとしたらどのようなものになるだろうか。

第23講 労働基準法② ── 労働時間

1 労働時間の基本－32条

さて，難関の労働時間だ。

法定労働時間は32条ですね。

品川 そうなのだけれど，次の32条の2以降は変形労働時間制になってしまう。だからここでは36条と37条に飛ぶ。

大崎 なぜこんな条文配置になっているのですか？

品川 32条の2以降は法定労働時間を超えて仕事をさせてもいい規定になっている。だから32条の例外ということですぐ後ろに条文を配置した。ところが裁量労働制などのみなし労働時間制は労働時間の計算の問題だから，38条のあとにおいたというのが立法者の趣旨だということだ。33条は例外中の例外だからここでは扱わない。34条，35条は休憩，休日なので前に述べたところ以外で問題になるところを指摘するにとどめる。

大崎 それにしてもわかり難いですね。フレックスタイムなどそう書けばいいのに，32条の3なんて探すのに骨が折れます。

品川 同感だが，仕方がない。新しい概念を法律に明記するとその定義も必要だからね。さて，労働時間とはどういうものだろうか。定義は？

大崎 労働する義務のある時間です。

品川 それでは工場で入門したときから労働時間なのか，作業現場で仕事できる体制になってからが労働時間なのか，朝礼時が労働時間なのか，どれが正しい？

大崎 わが社では作業現場にタイムカードを置いていますから作業現場に到着したときでしょうか。

品川 それはわが社の慣行だ。法的にはどうか聞いているのだよ。

大崎 条文には書いてありませんよ。

品川 だから判例の出番だ。三菱重工長崎造船所事件（最高裁平12.3.9判決最高裁民事裁判例集54巻3号）では「労基法上の労働時間とは，労働者が使用者

の指揮命令下に置かれている時間をいう。労基法上の労働時間に該当するか否かは，労働者の行為が使用者の指揮命令下に置かれたものと評価することができるか否かにより客観的に定まるものであり，労働契約，就業規則，労働協約等の定めのいかんにより決定されるべきものではない。労働者が就業を命じられた業務の準備行為等を事業所内において行うことを使用者から義務付けられ，またはこれを余儀なくされたときは，その行為を所定労働時間外に行うものとされている場合でも，その行為は，特段の事情のない限り，使用者の指揮命令下に置かれたものと評価できる。」とした。

大崎 これが実務にどう影響するのですか？

品川 時間外労働に該当する部分があれば，その部分は時間外割増手当を支払う必要がある。具体的に見よう。この判例からすると入門から作業現場到着までは？

大崎 まだ使用者の指揮命令下にありませんから労働時間外です。

品川 安全靴を履いたり，安全ベルトを装着したりしている着替え時間は？

大崎 これは会社から義務付けられているでしょうから，労働時間です。

品川 油まみれになったから工場の風呂に入って体を洗っている時間は？

大崎 社員の自由に任せられていますから労働時間外でしょう。

品川 というように実労働時間がどの程度だったか，計算する必要がある。

大崎 わが社は作業現場にタイムカードを置いていますし，作業開始の着替え前と作業が終わり，着替え終わったときに打刻させていますから，判例のいうとおりですね。

品川 その点は抜かりがない。さて，所定労働時間はわが社の場合8時間となっているが，仮に7時間として，8時間労働したら，時間外割増賃金は支払う必要があるだろうか。

大崎 所定労働時間というのは条文にはありませんね。

品川 ない。各社で決めていい。

大崎 すると37条で時間外割増賃金を支払うのは法定時間を超えた場合とされていますから，時間外割増賃金を支払う必要はありません。

品川 通常の賃金は？

大崎 え，どういうことですか？

品川 この場合1時間，労働義務以上に

働いていたわけだ。その対価は払わねばならないだろう。

大崎 1時間分の平均賃金を支払わねばならない，ということですか。

品川 その通り。法定内時間外労働ともいっているが，割増分は必要ないとしても通常の労働分は支払う必要がある。もっとも，面倒なので全部割増賃金を支払っている会社もあるようだが，それは社員にとって有利だから，労基法の関知するところではない。

2　時間外割増手当の増額

さて，わかりにくいのは37条1項但書以降です。60時間を超えたら50％増しになりますね。確認ですが，60時間までは25％でいいのですよね。それを超えた分だけ50％になるということですね。

条文の読み方にも慣れてきたようだね。その通りだよ。

大崎 それとの関連で37条3項では休暇を与えることで50％分を消化できる，払わなくて良いということですか？

品川 「当該割増賃金の支払に代えて」とあるからこれもその通りだよ。

大崎 わが社では取り入れていませんね。

なぜですか？

品川 代替休暇といわれているものだけど，面倒だからだよ。

大崎 どういう点が面倒なのでしょう？

品川 代替休暇で時季変更権は行使できるかな？

大崎 対応する条文はありませんから，できませんよね。

品川 その通り。労使協定で入れることもできるかもしれないが，その要件なども明記せねばならないだろう。そもそも残業60時間以上という多忙なときにいつ休暇を与えることができるか，きめられないだろう。また社員としては休みがほしいか，お金がほしいかといったら，どちらかな？

大崎 お金でしょうね。

品川 だとしたら，この制度はわが社ではいらない。

3　労働時間管理の怪

管理職にも深夜労働割増手当を支給するという話はしたね。

はい，みなし労働制の該当者にも深夜労働割増手当を払わねばならない，という話の延長線ですね。

品川　そうすると，管理職が深夜に労働しているか否か，調べねばならないわけだ。

大崎　そうですね。

品川　管理職にも労働時間管理をしなければならない。しかし41条2号の「管理監督者」の要件の一つとして，厚労省や判例は出退勤が自由であること，ということが述べられている。これはどう考えればいいのだろう。

大崎　「管理監督者」には業務命令で出退勤時刻を発する必要はない。だけど何時間，何時から何時まで働いたかを記録せよ，ということなのでしょうね。

品川　当然そうなるな。裁量労働制においても同じことがいえる。労働時間は自分の裁量だといっていても，どのくらい働いたかは会社が記録しておかねばならない。次回話をする会社の安全配慮義務に従って会社は社員の健康管理をせねばならないとはいうものの，裁量労働制を適用している社員に対し，「これ以上働いてはならない」と業務命令を発することは矛盾なのではなかろうか。

大崎　そういわれれば，そう思いますが。

品川　しかも労働安全衛生法66条の2，66条の8，66条の9，66条の10などでは長時間労働者に対する医師の面接指導などをうけることが定められている。この点からも社員の労働時間把握はたしかに必要なことであるけれど，管理監督者や裁量労働対象者もそうなのか，というと私は若干疑問がある。

大崎　なるほど，前回書類の作成・保管について部長が大変だと言っておられた理由の一端がわかりました。

品川　休日・休憩はこの前話したところで大体ついているから，次の項目にいこう。

4　変形労働時間制

これも条文通りではあるのだが，要件が違うことに注意してほしい。

32条の2からですね。え…と，本当だ。32条の2，1ヶ月単位の変形労働時間制だけ，労使協定ではなく，就業規則その他で定めることができる，となっています。これだけなぜですか？

品川　立法の経緯なのだよ。この1ヶ月単位の変形労働時間制は前から存在していた条文で，そこでは就業規則で定めること，とされていた。ところが労働時間の柔軟化が叫ばれるようになり，1年単位，1週単位の変形労働時間制が制定された。ここでは濫用をふせぐために労使協定を必要としたのさ。しかし1ヶ月単

位の変形労働時間制では労使協定は不要だった。かといって今まで就業規則で1ヶ月単位の変形労働時間制を規定していたものを違法として、あらたに労使協定を締結せよというのは労使間に混乱を招く。そこで労使協定で定めてもよし、就業規則で定めてもよし、という制度となった。

5 労使協定

部長、この機会に労使協定についてまとめてお話しください。

今まではまとめてふれていなかったからな。あちこちで顔を出しているから、混乱したかもしれない。一言で言えば、会社がどのような制度を導入するか、社員のチェックを入れようということだ。組合員が過半数を占める労働組合があればその労組が従業員代表ということになる。労組がない、もしくは過半数を占める労組が存在しないということになると従業員代表を選挙で選ばねばならない。

大崎 投票せねばならないのですか？

品川 労基法施行規則6条の2、1項2号によれば、挙手でもいいとされている。実務上は社内LANで投票させている会社もあるそうだ。

大崎 事業所の全社員を集めて挙手させ

図表23-1　労基法上労使協定が必要な主な制度

	条文	労基署への届出
貯蓄金管理協定	18条	必要
賃金控除協定	24条	不要
1ヶ月単位の変形労働時間制	32条の2	必要 （就業規則に定めてあれば不要）
フレックスタイム制	32条の3	不要
1年単位の変形労働時間制	32条の4	必要
1週間単位の変形労働時間制	32条の5	必要
休憩時間一斉付与原則の例外	34条2項	不要
時間外・休日労働	36条	必要
有給代替休暇	37条3項	不要
事業場外みなし労働制	38条の2	原則として必要
専門職型裁量労働	38条の3	必要
年休の分割付与	39条4項	不要
計画年休	39条5項	不要

るだけでも大変ですからね。

品川 36協定や就業規則に限らず労基法では会社が基準ではなく、事業所が基準になっている。事業所ごとに就業規則を作ったり労使協定を結んだりするのは大変だよ。労基法は働く現場ごとにいろいろ違うだろうから、事業所を基準としているのだろうけれど。

大崎 でもわが社は本社で一括していろいろな届けを労基署に出していますね。

品川 それは36協定と就業規則だ。ちゃんとリーフレットが発行されているから、リーフレット通りにしているだけだ。

大崎 労使協定も全部まとめて本社で一括提出したいところですね。

品川 ところが労使協定も労基法施行規則までよく見てごらん。労基署に提出せねばならないものもあるが、提出しなくて良いものもある。

大崎 どれどれ…。あっ、フレックスタイムや年休の計画付与の労使協定は提出の必要がない。

品川 そうなのだよ。これも現場が混乱する一因だね。

6 みなし労働時間制

裁量労働制は読んでいていやになります。

同じ部署でもA君は裁量労働制の対象になるけれど、B君は裁量労働制の対象にならない、ということもおこりうるからね。別々に扱うのは部内の調和を乱すことになるから、研究所の研究員全員というように部署全体が裁量労働制の対象となる場合しか導入できないだろうね。

大崎 裁量労働制が普及していない理由として、要件が厳しいこと以上に、会社がこのような制度を必要としていないからだ、という見解もあるようです。

品川 それも十分な理由となる。会社が本当に必要とする制度なら、どんなに要件が厳しくとも導入するだろうから。結局は運用で対応できてしまう、ということではないかな。でも会社が本当に必要とする制度、という意味では事業場外みなし労働制度を在宅勤務に適用するということはその一つの例だろう。「在宅勤務ガイドライン（情報通信機器を活用した在宅勤務の適切な導入及び実施のためのガイドライン）」にその要件が書かれている。これも通達の一つだ。平成20.7.28基発第0728001号がそれだ。さて、在宅勤務の話が出たから、クイズを一つ。在宅勤務をしている際、仕事部屋が2階にあり、1階に置き忘れた資料を取りに行った。その際に階段を踏み外して骨折した。これは業務上災害になるだろうか。

なるとしたら労働者災害補償保険の対象となりうる。ポイントは業務遂行性，つまり仕事をしている最中の災害かどうか。もう一つは業務起因性，業務によって引き起こされた災害かどうか，という点だ。

大崎　厳しいですが，否定する根拠はないように思います。ところで基発とは何ですか？

品川　段々官僚答弁的なものが身についてきたな。結論はその通りだろう。コーヒーを飲みに1階に下りていったときなどは事実認定は難しいだろうな。ところで基発とは厚労省労働基準局長が発した通達を指す。基収は同じく労働基準局長が質問に対して答えたもの，発基は事務次官通達で労働基準局関連のもの，基監発とは厚労省労働基準局監督課長が発した通達だ。

大崎　監督課長とは偉いのですか？

品川　偉いかどうかはともかく，監督課は労基法の本省における管轄課だよ。労基法解釈の中枢だね。

大崎　それにしても企画業務型裁量労働制などほんの数％の企業しか導入していないのに，面倒な条文を作るのは必要性が本当にあるのか，疑いたくなりますね。

7　年次有給休暇取得促進

　年次有給休暇の日数は各法令集を参照すること。勤続1年について1日ずつ増やすのならいいけれど，とびとびになっているからね。なお最高20日とされているが，消滅時効の適用があるから，前の年の未取得分は加算される。前の年に全く取得しなければ最高40日取得できることになる。

　問題点は何ですか？

品川　取得率の向上さ。全国の統計では47％程度だ。わが社でも半分以上取得している社員は少ないだろう？

大崎　大体50％くらいですね。部長はもっと社員にとってほしいのですか？

品川　会社の立場を離れて言えば，ときどきはリフレッシュして，新たな気持ちで仕事に臨んでほしいというのが，率直な感想だ。

大崎　まず上から休まないと，下の者は休めませんよ。

品川　それも事実だよな。また，1日，2日の年休をとるなどみみっちいことをしないで，1週間なり2週間まとめてとらないとリフレッシュにはならないね。

大崎　でも2週間休んでも仕事は円滑に

回っているとしたら，自分は組織にとって不要な人物だと考えませんか？

品川 その感覚は大いにある。でも組織というのは個人に依存するものではないはずだ。誰かが急に倒れて，それで組織が動かなくなったら，それはそれで問題だ。

大崎 あとは病気のためにとっておくという感覚もありますよ。

品川 そうだね。病気休暇の制度がないから，風邪を引いたり，入院したり，というときのためにとっておくという考え方も根強い。私もそうだった。

大崎 二日酔いのとき，年休をとったりして。

品川 ……。

大崎 すみません。失言でした。

品川 ともかく，年休取得率が低いのにはそれなりの理由もある。フランスのバカンスのようにお金を使わず田舎でぼーっと過ごす，といった休み方は日本人は不得手だし，お盆や正月のように皆が休みのときはどこへ遊びに行っても高いし，混んでいる。一斉に休むのは罪悪感がないけれど，観光業からするといいカモだね。分散して休むようにしないと。

大崎 その一斉に休むということを促進するのが祝日の増加であり，月曜日に休日を移動させるという政策ですね。

品川 そうなのだけれど，本末転倒な政策のような気がするな。

大崎 部長はもうすぐ「毎日が日曜日」ですね。うらやましい。

ホームワーク

⇒年休取得率向上のためのアイデアを出してみよう。

⇒自分で労働時間の裁量ができるとして，在宅勤務を希望しますか，あるいはしませんか。その理由は？

⇒今後の望ましい働き方はどのようなものだろう。労働時間，場所，その他制限なく考えてみること。

第24講 労働契約法
——「働くこと」の基本

1 労働契約法の意義

 労働契約法という言い方からすると、一般法か特別法かという区分では労働契約全般の一般法のように見えるよね。

でも労働基準法の方が先に制定されているのですね。

品川 そういうこと。だからどちらが特別法かはっきりしない。制定の経緯から考えてみよう。社会の変遷によって労働基準法を読んだだけではわからないことがいろいろ出てくる。そういうときのトラブルは裁判になるから、判例が法源になる。そうした判例の積み重ねで確立した判断がいくつかある。それをまとめたものが労働契約法と考えてほしい。

大崎 労働基準法を補完するのが労働契約法なのですね。

品川 うーん。そう言いきってしまうと微妙だが、とにかく条文を読もう。逐条で読んでいこう。2条から4条までのポイントの1つは「使用者」の定義だ。労基法には書いていなかっただろう？

大崎 そういわれればそうですね。だから定義規定をおいたのですね。

品川 4条2項の「書面により云々」という条文も一般条項として留意事項になるから大切だね。ただし「しなければならない」という禁止規定ではなく、「できる限り書面により確認するものとする。」という規定だから違反しても違法ではない。

大崎 口約束だけだと「言った、言わない」ということになりかねませんから、書面の方がいいと思いますけれど。

品川 中小の個人事業主にまで強制することは無理と判断したのだろうな。

2 安全配慮義務

これから重要な条文が続く。まず安全配慮義務だ。使用者は労働者の安全に配慮せねばならない。労基法には無かった文面だ。もともとは陸上自衛隊八戸駐屯地事件最高裁判決を援用したものだったが、民間労働者については川

義事件（最高裁昭59.4.10判決　労判429号）を援用したものといってよいだろう。

なぜ前の判決を…そうか，自衛隊員は民間労働者と契約形態が違いますからね。

品川　その通り。一般の労働契約まで自衛隊員の判決をあてはめてよいのか，という問題があった。公務員の雇用形態は別だからね。その点，この川義事件は民間企業で，宿直していた社員が強盗に入った元社員に殺害されたという事件だったから，民間企業初の最高裁判決となったわけだ。

大崎　それが条文になったのだから一件落着ですね。

品川　ところがそうでもない。

大崎　どうしてですか？

品川　文言に安全とは入っているが，健康とは入っていない。まぁ，これは解釈として安全配慮義務の中に健康配慮義務も入っていると考えよう。そうするとどこまで会社が配慮すれば「配慮」したことになるのか，問題となる。

大崎　配慮，配慮と言葉が続いてちょっとわかりにくいです。

品川　そうだろう。私もそう思っていた。

大崎　ひどいなぁ。

品川　でもこう表現するしかないのだよ。例を今流行のメンタルヘルスで考えよう。最近元気がなく顔色が悪い社員がいた。その社員に対し少し休んだらどうか，と上司が声をかけた。しかし「いえ，大丈夫です」というこたえだったので，そうか，仕事のことは気にしないで，ゆっくりしていていいのだぞ。と言っておいた。ところがだんだん仕事にもミスが目立つようになって，上司は仕事量を減らし，精神科医にかかるよう諭した。すると「私は病気ではありません」と反論されたので，それ以上言わなかった。結局その社員はうつ病が理由で自殺してしまった。これは会社が健康配慮義務を果たしたといえるだろうか。

大崎　わぁ，難しいです。ところで誰がうつ病と判断したのですか？

品川　事後的に当時うつ病だったことがわかった，ということにしておく。

大崎　上司は配慮していますよね。仕事も減らしたし，注意もしていたし。精神科医にかからなかったのは，本人の責任だし。

品川　それでは会社には責任はないのかね？

大崎　休職命令を発令して，強制的に会

社に来させないようにすることもできますが，そこまで切迫していたかはわかりません。またうつ病といってもそれだけのストレスを会社の仕事から受けていたかは人によって違いますし…わかりません！

品川 そうとしか答えられないだろうね。裁判になってみなければわからない，というのが安全配慮義務，健康配慮義務の問題点だよ。

大崎 それでは条文化した意味がないのではないでしょうか。

品川 その意見にも一理ある。ただ，判例に詳しくない一般の使用者，労働者にはこういう法律がある，ということだけでも意味があるともいえる。このような条文がこれからも出てくるからね。

大崎 条文があるだけでも意味がある，ですか。なるほど，説明はしやすいですものね。

品川 安全配慮義務についてはどんどん広がってきていることを付け加えておこう。喫煙における受動喫煙の問題。

大崎 周りでタバコを吸っている人の煙を非喫煙者が吸い込むということですね。

品川 そうそう。それからセクハラを受けたことが環境保護義務違反だとされた例。これも安全配慮義務から派生した義務だね。

大崎 セクハラとどう関係するのですか？

品川 病院で看護師さんの夜間当直室に男の従業員が忍び込んだという例だが，当直室に鍵をつけるなどの配慮をしていなかったということだね。

大崎 病院としても患者さんの病状が急変したらすぐ病室に駆け込まなければなりませんから，鍵をつけなかったのでは？またその男が一番悪いのですから，男に損害賠償を請求すべきです。

品川 鍵の問題からすると病院の体制から考えればそうかもしれない。ただ被害者としては男に損害賠償請求をしてもそう金を持っているはずがない。結局お金をとることができなければ勤務先に責任を追及して高い賠償金をもらった方が得だ。このケースでは病院の労働者に対する保護義務違反を探して提訴したと考えるべきだろう。

大崎 何か保護義務違反になるようなことを探されたら，どうしてもボロが出ちゃいますよ。

品川 そこが問題だ。会社は保護義務を完全に全うすることができるのか。問題がおきてから何かミスを探されたら，どこか出てきてしまう。

大崎 いつか部長がおっしゃっていました,「ミスがない」ことを証明するのは大変難しい。「ミスがある」ことの証明の方がずっと楽だ,という話と相通じますね。

品川 そういうことだ。結果論でいわれてしまうと会社は苦しいね。

3 労働条件の不利益変更

 次は8条からの労働条件変更だ。

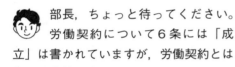 部長,ちょっと待ってください。労働契約について6条には「成立」は書かれていますが,労働契約とは何か,定義が書かれていません。

品川 おや,よく気がついた。その通り,1条から3条までの総則部分でも触れられていない。

大崎 ということは労働契約とは何なのでしょうか。

品川 労働と対価である賃金とを交換する有償双務契約であり,労働者が使用者の使用従属関係にあるもの,ということになるかな。労働者で問題になるのは請負,委任との違いだね。

大崎 私は文学部卒なので…。

品川 ごめん,ごめん。請負は契約の対象となったものを完成させることが目的となる。その間,発注者は労働者に指揮命令はできない。家を建てるときの発注者,工務店,現場の大工さんたちをイメージしてほしい。発注者が工務店と家を建てる契約をしたとき,その工務店に雇われている大工さんにああしろ,こうしろとは直接指揮できない。それができたら,それぞれの部分が設計図と異なり,工務店も困るだろう。

大崎 そうですね。大工さんも困りますね。

品川 その場合,発注者は請負業者にのみ指揮命令ができる。現場で働く労働者は関係がない。これが請負だ。委任は法律行為をまかせること。委任状を渡したら,委任した範囲内でその受任者の裁量により行動することができる。ここでは労働契約は労働と賃金の交換契約と思ってもらっていい。厳密ではないけれど。

大崎 概念が混乱しそうです。

品川 2017年3月現在,民法の改正作業が行われているから,それが成立したらまた定義も変わるかもしれない。さて,労働条件の変更だ。

大崎 労働者に有利な変更なら反対する人もいませんから,簡単ですね。

品川 だから不利益変更が問題になる。

9条, 10条がポイントだ。読み解いてごらん。

大崎 まず労働者にとっての不利益変更はできないのが原則である。しかし労働者への周知, 不利益の程度, 必要性, 変更後の相当性, 労働組合との交渉などからして合理的なものなら不利益変更も可能である, ということですね。

品川 その通り。秋北バス事件最高裁判決からの積み重ねがこういう文言となった。

大崎 でもどうすれば合理的なのかわかりません。あれ, この話, 前にしたことがありましたね。

品川 思い出したね。この通り一般論は書かれているけれど, どうしたらよいのかはわからない。次の条文もそうだよ。

4 懲戒権・解雇権の濫用禁止

14条は後にして, 15条は懲戒権, 16条は解雇権の濫用禁止の条文だ。

これも合理的なものなら権利の濫用には当たらない, という言い方になっていますね。どうすれば合理的なのだろう?

品川 結局, 事例は個別に違うから, 具体的に書くことはできないのさ。

大崎 それでは意味がない…あぁ, 一般論でも条文に書くこと自体に意味があるのでしたね。

品川 労働側の弁護士さんに聞いたことがあるけれど, 解雇事件で「解雇権濫用法理があるから, 解雇には正当な理由が必要なのです」と使用者に主張したら, 「法律のどこに書いてある」と反論されたことがあったそうだ。この法律や条文ができてから, 使用者に説明しやすくなった, とおっしゃっていたね。

大崎 なるほど, その気持ちはわかります。でも実務上は今までと変わりませんからね。合理的か不合理なのか, 最終的には裁判にならないとわからない, という状況ですね。

5 出向

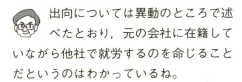
出向については異動のところで述べたとおり, 元の会社に在籍していながら他社で就労するのを命じることだというのはわかっているね。

はい。でもこの14条も濫用禁止となっていますね。どのような場合が該当するのでしょう。

品川 判例も無いから, 今のところ何ともいえないが, 同一人物を何回も違う会

社に出向させ，本体の会社には何十年も勤務させない，というようなことではないか，と思うけれどね。

大崎 それに出向の定義もありません。

品川 会社によっては在籍出向，転籍出向とよび，前に述べた転籍も出向扱いしているケースがあるからじゃないかな。でも定義がなく，濫用禁止だけだったら，一般法である民法に従い，権利濫用の禁止で処理すればたりる。

6　期間の定めある労働契約

さて，問題の条項だ。18条から読んでみてごらん。

これは日本語ですか？

品川 一応日本語だ。

大崎 要は期間の定めある労働契約を更新して，5年を超えたときには労働者から期間の定めなき労働契約の申し込みをすれば，期間の定めなき労働契約になってしまい，使用者はそれを拒否できない，ということですか。

品川 そういうことだ。無期転換などと実務ではよんでいる。

大崎 企業がパートタイマーなど期間の定めある労働契約を結ぶのは，業績が悪くなったり，事業の再構成をしたりする場合に期間満了とともに雇うのを止めることができる，という理由が大きいですよね。

品川 企業側ではそういう理由も大きい。

大崎 だとすれば，期間の定めある労働契約を締結する意味が無くなるじゃないですか。

品川 仰せの通りだ。でも前にも触れたが，これまでは主婦パートが多く，パートの賃金は家計の補助でしかなかった。だから好きなときに勤め，好きなときに辞められる，これは1日の労働時間，1週間の曜日でも同じことが言えるのだが，会社も労働者も都合がよかった。しかしずっと働き続けるパートが増えてきたり，正社員になりたいが，パートでしか勤め先がなかったりしたパートが増えてきたらそうはいかない。安定した雇用を求めるパートがふえてきたのだよ。

大崎 当然会社としても対策を考えますよね。5年を超えないように雇用を打ち切ってしまうというのは一つの考え方です。

品川 それはその通り。条文に書かれているように，半年間の間をあけてまた雇用するとかね。

大崎 面倒なことをしなければなりませ

んね。

品川 厚労省の政策が，非正規労働者を正社員に変えていこうとしているからさ。だから派遣労働者も派遣先の正社員として雇用契約を結ぶ方向に動いている。

大崎 厚労省の政策といっても，現場と乖離しているのではありませんか。

品川 厚労省の狙いはいくつかあるのだろうが，一つは処遇格差の是正だ。正社員の生涯所得は現在の貨幣価値で言えば退職金込みで約2億7千万円。大企業，大卒ホワイトカラーだがね。最近は2億3千万円という試算もあるようだが，まぁ，似たようなものだ。ところが非正規従業員のままだと7千万円。生涯所得ではあるがこの2億円の差は大きいぞ。

大崎 たしかに。これまでは一生非正規従業員として生きていく人はそういませんでしたし，しかもその人たちが一家の生計を支えていくことも考えていなかったでしょうね。

品川 世帯主が一家の生計を支える人だとすれば，世帯主が一生非正規従業員ということは想定外だっただろう。しかしそうも言っていられなくなった。賃金をあげることはなかなかできないが，期間の定めはないものとできるようにし，雇用を安定することを可能にした，ということだろうな。だから期間の定めある契約の更新拒否についても19条で正当な理由を求めている。

大崎 政策的にはわかりますが，パート中心の中小企業・商店・飲食店などは困るのではないでしょうか。

品川 本当に業績が悪くなった場合には整理解雇という手段があるから，それで対応するのだと思う。また，19条のもともとの由来は東芝柳町工場事件判決だ。この判決の条文化だね。

大崎 もともとの判決を見てみると…雇い止めは更新されて解雇と同視できる程度になった場合には解雇法理を援用する，ですか。5年，10年と更新されていくうちにできてくる雇用の期待権を保護しようというわけですね。

品川 どの程度更新されれば更新されるという期待が生まれ，それが法的に保護されるに値するものか否か，ということは明確に述べられていない。この点は他の条文と同じだ。

7 労働契約法の今後

これまでの労働契約法は判例をそのまま条文化したものだったから，正直実務上の影響は大きくなかった。しかし18条のような文言や条文が導入されると，実務としても対応せざるを得なくなる。

本当ですね。個人と会社との関係はこれからどんどん変わっていくでしょうから，それに対して法律も変わりますし。

品川 われわれとしても労働法規の改正に当たっては注意深くならないといけないな。

ホームワーク

⇒自分自身の労働契約がどういう内容となっているか，就業規則などを参照して確認してみよう。

⇒今後の人事管理のあり方がどのように労働法に影響を及ぼすか，考えてみよう。

⇒逆に労働法が人事管理にどのような影響を及ぼすか，考えてみよう。

第25講 厚生労働省内の機構と役割
——労働関係の相談窓口

1 厚労省の歴史

― 今日は趣を変えて，今まで何回か出ていた厚労省の組織についてまとめてみてみよう。

― 相談窓口や，書類の提出などいろいろなところに厚労省の姿が断片的に出ていましたが，厚労省の全体像は正直見えませんでした。

品川 実務とは直接関係しないところもあるからね。まずは歴史だ。

大崎 また…。

品川 そう言うな。案外大事なところだ。時は1873年，内務省が出来たときに始まる。

大崎 明治政府になったばかりの時ですね。

品川 当時は司法省，今の裁判所と法務省をまとめた省庁だ。それと大蔵省，今の財務省とあまり変わらない。文部省，そしてこの内務省しかなかった。

大崎 明治政府は最初から文部省を置いて教育に力を入れていたのですね。

品川 そういうことだろうね。そして法律と財政はそれぞれの省にまかせ，この内務省はそれ以外のすべての行政を握っていたことになる。もっとも，その後実質的に文部省は内務省の権力下に入るのだが。

大崎 すごく大きな組織で運営は大変じゃないですか。

品川 その通り。ここから行政府が整備されていくにつれ，農商務省，今の農林水産省と経済産業省だ。逓信省，これは郵便，通信だ。今の日本郵政グループやNTTグループなどに分離されていく。

大崎 それでも大きな組織です。

品川 今で言えば総務省，国土交通省，厚生労働省，警察庁をまとめた組織だね。地方の県知事は選挙でなく，内務省の官僚が派遣されていた。

大崎 都道府県の地方自治や警察も担当していたら，権力も大きかったでしょう。

品川 国民から見ると怖がられる組織で

もあっただろう。第二次大戦前後には戦争反対などと言ったらすぐ逮捕される始末だったからね。それでも1938年には衛生部門や内務省社会局が分離し，厚生省が生まれる。そこから戦後労働省がさらに分離される。

大崎 一言で言えば，内務省がバラバラにされたのですね。

品川 権限が強すぎたからね。GHQの目の敵だった。

大崎 厚生省と労働省はなぜ一緒になったのですか？

品川 2001年に中央省庁を再編するときに，合併したのだよ。同じときに建設省と運輸省が合併して国土交通省になったり，自治省，郵政省，行政管理庁が合併して総務省になったりしている。行政改革の一環で肥大化しすぎた行政機関を整理統合しようという狙いがあった。でもあまり変わらないように見えるけれどね。

大崎 厚生労働省の組織を見ると，たくさんの局がありますね。

品川 つまり局長もたくさん必要だし，ポストも減らない。形を変えたけれど。ちょっと見てみよう。医政局，健康局，医薬・生活衛生局，社会・援護局，老健局，保険局，年金局，政策統括官（社会保障担当），ここまでが旧厚生省系。労働基準局，職業安定局，職業能力開発局，政策統括官（労働担当）ここまでが旧労働省系，大臣官房と雇用均等・児童家庭局は二つの省を合わせたもの。

大崎 大臣官房や政策統括官って何ですか？

品川 大臣官房はその省の総務部と思えばいい。秘書・人事・会計といった仕事だ。国会対策もここが中心となってやっている。政策統括官はもともと局だったものを無くして，局長ポストのイスを残したのさ。

2 労働系の組織の役割

前に労働基準局と職業安定局の違いは話したね。

はい，労働基準監督署と公共職業安定所の違いですね。

品川 その他の職業能力開発局は身近な機関がない。現在のところキャリア形成支援に力を入れている。政策統括官（労働担当）は昔，労政局と言っていたセクション。労働組合，労使関係を所管していたところだ。労働組合の力が強かったときには，労政局長の力も強く，次官への通過点だったのだけれどね。雇用均等・児童家庭局は労働省でいえば女性局

の機能が含まれている。このセクションの出先は雇用均等室が各都道府県の労働局に置かれている。担当は文字通り雇用機会均等法や男女差別だね。

大崎 その他にも年金事務所に行くことがありますが、これは？

品川 それは関係団体の日本年金機構の地方組織だね。もともとは厚生省の社会保険庁という組織の一部だった。ところが…

大崎 ところが？

品川 社会保険庁の業務でいろいろな不祥事が発覚した。記録漏れや個人記録の流出がその例だけど、組織自体を改めねばならないという声があがり、日本年金機構という特別法人を作り、そこに業務を移管したのさ。

大崎 大体わかりました。あっ、そうだ。中労委は厚労省の一部でしたね。どこかの局の下にあるのですか？

品川 中労委は厚労省の外局だね。

大崎 ガイキョク？

品川 特殊な事務、独立した事務を担当する部門ということだ。国土交通省の外局には気象庁、海上保安庁などがあるけれど、こういう組織は独立していることがはっきりとわかるだろう？

大崎 そうですね。気象庁は気象の専門家集団でしょうし、海上保安庁は海の警察組織ですものね。

品川 そのプロを養成するために気象大学校や海上保安大学校という学校まで作っている。中労委はそこまで独立してはいないけれど、労使紛争の解決のための機関として内部部局とは異なる位置付けになっているわけだ。ただ、中労委独自の採用はしていないし、職員の人事は厚労省の人事の一部に組み込まれている。もっとも、プロとして中労委から外へ出ずに、育成される人もいる。

3 労働基準監督署と公共職業安定所

 労働基準監督官は警察権を持っているという話がありましたね。

 その通りだよ。

大崎 職安の職員はなぜ警察権を持っていないのでしょう？いわゆるブラック企業に人材を紹介しないためにも、強い権限を持っていた方がいいのではないかと思うのですが。

品川 たしかに一理あるけれど、法律でそうなっていないからね。そもそも職安の場合は、サービス機関であり、取り締まり機関ではないからね。君がいやがる

歴史的な背景として，職安の職員はもともと各都道府県の地方公務員だった。地方事務官制度といっていたけれど，そういったことも関係しているのかもしれない。

大崎 またわからない言葉がでてきました。地方事務官，ですか。

品川 わからなくてよろしい。この制度はもう廃止され，皆国家公務員になったから。

大崎 それはわかりました。それでは労働基準監督官の役割は何でしょうか。

品川 犯罪があったと思われるときには，警察官も検察官も捜査や逮捕ができる。裁判所の逮捕令状が必要だが。労働基準監督官も労基法違反事件で同じような権限をもつ。

大崎 検察官自身も捜査や逮捕ができるのですか。

品川 ときどき東京地検特捜部というような言葉が出てくるだろう？あれは特別捜査部の略称。特に政治家の案件とか，贈収賄の問題などは警察とは関係なく独自に動いて被疑者を逮捕することがある。もっとも犯罪は山のように起こっているから，通常は警察が捜査して，裁判にかける必要があると思えば各地方検察庁に被疑者を送る。逃亡する恐れがないときは書類送検といって，書類だけ検察庁に送るけれど，必要な時には身柄を検察庁に送る。検察庁では検察官が再度取り調べ，証拠を確認し，裁判になっても勝てるかどうか，つまり犯罪があったことを証明できるかどうかを判断する。そして起訴して裁判所に公訴を提起する。裁判を起こすということだね。

大崎 警察と検察とで二重にチェックするわけですね。厳重だな。

品川 だから有罪率が99％を超えるわけだな。不自然という見方もあるけれど。

大崎 労働基準監督官は労働基準法関連の法律違反について警察業務を行うことができるということはわかりましたが，警察官も労働基準法違反について捜査できるのですか？

品川 法律上は制限がないから捜査できるけれど，専門的になるから，「労働基準法違反です」と言って警察署に行ってみても，「まず労働基準監督署に行きなさい」と言われるのが通常だろうね。

大崎 ちなみに，検察官にはどうすればなれるのですか？

品川 司法試験に合格しましょう。弁護士，裁判官と同じ試験だよ。別ルートで，国家公務員試験一般職に合格し，検察事務官，副検事，検事と試験をうけて検事

になることもできる。その他裁判所書記官などを経験したものも副検事試験を受験することはできるようだ。これから挑戦するかい？

大崎　無茶言わないでください。聞いてみただけです。

品川　そうだろう。法科大学院に行くなら会社を辞めなければならないしね。夜間課程の法科大学院があるかどうかは自分で調べなさい。君の後任は探しておくから。

大崎　冗談ですってば。それより労基署の労働基準監督官へのなり方の方が興味あります。

品川　労働基準監督官試験というのが国家公務員試験とは別にある。法文系と理工系の2種類があるが、入ってからの仕事には変わりがないようだ。理工系の試験があるのは、労働安全衛生法で化学物質を扱うとか、放射線関連の調査とか、いわゆる理系の知識が必要な分野があるからだ。

大崎　ブラック企業に入ってしまったときなど労基署へ行って、相談すれば監督官が動いてくれるのでしょう？

品川　残念ながら動いてくれるかどうかは保障の限りではない。

大崎　どうしてですか？

品川　人数が足りない。だからすべての案件を調べるわけにはいかない。当たった監督官の裁量にまかされるところが多いのだよ。

大崎　ふーむ。必ずしも頼りにならないわけか。

品川　そう言ったら監督官に失礼だ。

大崎　職安の職員は人材紹介以外に、職業安定法や労働者派遣法などを担当しているという話でしたが、企業に対して何か権限はあるのですか？

品川　行政指導は可能だね。年齢による採用制限をしていたり、障害者雇用促進法に基づいて、もっと障害者を雇用するよう指導したり、ということはできる。

大崎　逮捕権限など、いわゆる警察権は持っていないのですね。

品川　職安の職員は持っていない。ただ警察権は持っていないが、法律でかなり重要な権限が与えられている。社名の公表がそれだ。

大崎　悪質な内定取消しや障害者雇用に消極的な企業の公表ですね。

品川　これは新聞でも取り上げられるから、職安の有力な武器となる。ただ、そこにいたるまでは何回も指導し、それでも是正されていない、といったことが前

提になるし，大臣名で公表することになるから内部手続きも面倒だ。最後の手段だね。

大崎 労働基準監督官に比べると，権限は小さいようにみえます。

品川 そうだろうね。でも監督官に言わせると，職安の社名公表という手段は有効で，自分たちもほしいとうらやましがっていた。

4 労働局の存在

各都道府県には労働局がありますね。これはどういう存在なのですか？

厚労省本体と現場との連絡機関といえばいいのかな。旧厚生省関連の業務については各地方に厚生局がある。

大崎 まだ二つの省庁だった名残があるのですね。

品川 仕方がないさ。やっている仕事が全く別だもの。

大崎 労働局はわれわれ一般企業とは無縁の存在ですね。

品川 そんなことはない。個別労働紛争解決促進法では各労働局の調整委員会が労使の申し出に対して対応することになっている。また，個別の出先を持っていない雇用均等室は各企業に直接対応することになる。標準的には総務部，労働基準部，職業安定部，雇用均等室という構成になるかな。

大崎 なるほど，労基署は労働基準部の下，職安は職業安定部の下，というわけですね。

品川 今まで話にでたことと重複する点もあったけれど，厚労省，特に労働関係の動きはこれでわかったかな？

大崎 法律がどうやってできるのか，内部の話もうかがいたいです。

5 労働法制のできるまで

それを話すと少々長くなるが，いいだろう。まずいろいろな団体，労組とか経済団体といったところ，ときには総理官邸から陳情，お願い，命令などがくるが，どれに手をつけるか，各担当課で考える。法律を作るためには国会を通さねばならないから，厚労省でも優先順位をつけねばならない。この問題に対する法律を作る，と決めたらまず研究会を組織するのがよくあるやり方。

研究会ですか？

品川 主として大学の研究者を中心として研究会を行い，こんな法律を作ったら

どうでしょう，という提言をしてもらう。

大崎 厚労省の官僚が一言一句条文を作るのではないのですか？

品川 そこは厚労省の官僚がシナリオを作るのさ。いろいろな資料を提示してね。この段階ではまだ条文にはなっていないけれど。

大崎 提言にはどういう意味があるのですか？

品川 アドバルーンと言っているけれど，周囲の反応を見るのさ。労組は賛成か，反対か，経済団体はどう考えているか，社会やマスコミの反応などなど。これによって，方向を修正したり，そのままいこうと判断したりする。

大崎 それで法律ですね。

品川 まだまだ。労働政策審議会という公益，労働側，使用者側三者で構成する審議会にかける必要がある。ここで議論するわけだ。

大崎 労基法113条では命令については三者の意見を聞くこととされていますけれど，法律自体にはそのような規定はありませんが。

品川 一種の慣行だろうね。この審議会には分科会があるから，分科会で議論し，全体会で議論し，まとまったら大臣に答申し法案の作成に入る。

大崎 簡単にまとまるものですか？

品川 担当セクションが根回しにつとめるのさ。どの程度なら納得するのか，し

図表25－1　厚生労働省組織図

厚生労働省本省		
	厚生労働大臣	
	副大臣　(2)	
	大臣政務官　(2)	
	大臣補佐官	
	事務次官	
	厚生労働審議官	
内部部局	大臣官房	
		統計情報部
	医政局	
	健康局	
	医薬・生活衛生局	
		生活衛生・食品安全部
	労働基準局	
		安全衛生部
	職業安定局	
		派遣・有期労働対策部
		雇用開発部
	職業能力開発局	
	雇用均等・児童家庭局	
	社会・援護局	
		障害保健福祉部
	老健局	
	保険局	
	年金局	
	政策統括官	

平成28年8月1日現在

ないのか水面下での調整が行われ，表向きは「異議なし」となる。労使で完全に意見が対立しているようなときには両論併記，または三論併記の答申もありうる。

大崎　これで国会提出ですね。

品川　いや，まだまだ。担当セクションの作った条文にもれがないか，関連部署からチェックが入る。その結果厚労省案ができたとする。

大崎　まだですか。

品川　内閣法制局が新しい法律案には必ず目を通す。もっとも国会議員が議員提案で法律案を作った場合には衆議院法制局，参議院法制局が立案した国会議員のサポートを行う。この法制局が法律の番人みたいなところで，他の法律との矛盾・齟齬を見つけ出す。

大崎　試験を受けるようなものですね。

品川　まさに，そのような状況らしい。同時に国会議員にも根回しを行う。「ご説明にうかがいます」と言ってね。自民党などはそれぞれの専門部会があるから，厚労省関連の部会でも「ご説明」が必要だ。

大崎　はぁ，これで終わりですか。

品川　いや，形式的ではあるみたいだが，事務次官会議という会議があり，そこをパスして初めて法案の国会提出を許される。

大崎　法律を作るのは大変なのですね。

品川　いろいろな人がかかわり，長時間かけて叩いていくのだからね。国会に出された後も各委員会での質疑，本会議での質疑を衆参両議院で行うのだから，気の休まるときもないだろう。修正動議ももちろん出るしね。

大崎　その大変さがしのばれます。

品川　今日はホームワークはなし。大変さをしのんで一杯行こう。

第26講 労働組合法① ——利益代表者等

1 利益代表者

　労組法は人事労務編でほとんど尽きているが，まだ読み足りないところもある。今日はその点を補足しよう。

　はい，お願いします。

品川　今日は殊勝だね。まず前にも少しふれたが，利益代表者の問題だ。

大崎　利益代表者は労組に加入できないという話でしたね。

品川　その通り。そのときには役員や管理職という説明で止めておいたが，実は少々ややこしい。役員は自明だろう。

大崎　問題は管理職なのですね。

品川　労基法の管理監督者と同じく，世間一般で言う管理職とは違う。問題の条文は2条但書1号だ。「雇入解雇昇進又は異動に関して直接の権限を持つ監督的地位にある労働者，使用者の労働関係についての計画と方針とに関する機密の事項に接し，そのためにその職務上の義務と責任とが当該労働組合の組合員としての誠意と責任とに直接にてい触する監督的地位にある労働者その他使用者の利益を代表する者」とされている。だれが入ると思う？

大崎　まず人事に関する直接の権限を持つ労働者ですから，人事部長，人事課長，労務課長といった人は入りますね。

品川　よろしい。次は？

大崎　人事労務部門の管理職ではない労働者，人事部の課長代理，係長も入りそうです。こういった人が労組に入ったら入手した情報を労組に流すことにもなりますから。ただ人事労務部門であってもヒラ社員は「代表」とはいえないでしょう。

品川　そして？

大崎　その他，ですか。難しいです。

品川　守衛さんという判決もあったけれど，労組の活動に対抗するような会社の業務についている人，という意味合いだから，場合によっては秘書部門や経営企

画部門も入るかもしれないね。

大崎 かも，ということは判例も無いということですか。

品川 判例の傾向は実質的に判断しようということになっている。つまりケースバイケースということさ。

大崎 ケースバイケースとはいい言葉ですね。難しい問題はこれで逃げられる。

品川 まぁ，そういう面も無いではない。さて君があげた者は利益代表者といえるだろう。するとそれ以外の管理職とされている者，多くの会社では課長以上だろうが，営業課長や製造部長たちは利益代表者に当たるのだろうか。

大崎 わが社では部長たちは会社の方針決定のために行われる部長会のメンバーですから，利益代表者とみてもいいと思いますが，営業の課長は微妙ですね。

品川 そうなのだよ。人事労務以外の課長クラスは正直人事の権限など持っていないし，専任部課長など部下すらいない。

大崎 管理職でも労組を作ることができる，ということですね。

品川 それが問題になったのはセメダイン事件だ。最高裁平13.6.14決定　労判807号だ。

大崎 話題がそれますが，判決と決定との違いは何ですか？

品川 口頭弁論を経て下す判断が判決。口頭弁論を経なくてもよく，迅速な判断，付随的な判断を必要とする場合が決定だ。

大崎 セメダイン事件は部下のいない管理職の人たちですね。

品川 いつか話したように従来から労組が存在したとしても，その中に管理職が再加入するのは多分お互いに違和感があると思う。だから管理職だけで労組を作ったのだろうね。結果としてこの組合と会社は団交せざるをえなくなった。

大崎 それにしても管理職って何でしょうね。労基法上の管理監督者とも違うし，労組法の利益代表者とも範囲が違うし，整理するのが難しいです。

品川 それぞれの法令で趣旨が違うから仕方がないのだけれど，たしかに実務では面倒だ。だから「課長以上は労基法上の管理監督者，労組法の利益代表者として扱う」という運用になっているのだね。

大崎 しかし法律を持ち出されたら会社は何も言えません。

品川 その通り。管理職には管理職手当を支給して，時間外労働割増手当分を補填しています。営業課長など管理職はいつ人事労務の担当に異動になるかわかりませんから，わが社では利益代表者を広

大崎 管理職手当は本当に時間外労働割増手当分なのですか？

品川 わが社は管理職手当を定額ではなく，率で計算しているだろう。課長は基本給の30％，部長は40％というようにね。それは時間外労働20時間分を念頭においているからだ。

大崎 労基法上の管理職でない者が実際には20時間以上働いていたとしたら，差額分をさらに支払わねばならないのではありませんか？

品川 …よく勉強しているな。労基署の監督官を相手にしているみたいだ。本来はそうなのだがね…まぁ，勘弁してくれ。「管理職にふさわしい待遇」の金額にはなっているはずだから。

2 使用者概念の拡大

「使用者」もかならずしも明確ではない。

労働契約法では賃金を支払うもの，でしたから問題無かったように思いますが。

品川 労組法では団交の相手先という問題が出てくる。たとえば，親会社のいいなりになっている子会社があり，その子会社と交渉をしても埒が明かない。これは親会社に言うしかない，という状況だね。

大崎 なるほど，労働契約は子会社と交わしているけれど，実態は親会社が子会社を支配しているということですね。

品川 そう。このようなときには親会社に直接団交を要求することができるかどうかが争われる。

大崎 親会社に直接文句を言いたくなる労組の気持ちもわかります。

品川 これは使用者概念の拡大という問題として議論されてきたけれど，君の言う，「子会社が独立して運営されている，という実態」がポイントだ。

大崎 賃金の決定権も要件に入りますね。

品川 これは親会社からすると，自社が自ら団交すべき労組はどこまでか，という問題でもあるね。親子関係だけではない。請負関係や人材派遣関係でも同じような問題がおこりうる。

大崎 もし派遣労働者が労組を作って団交するとしたら，多数の派遣先会社と，もちろん派遣元会社がすべて使用者となる可能性がありますね。

品川 派遣労働者の労組があまり見られないというのはそこにも理由がある。多

数の派遣先があると要求も全部違ってくるし、そもそも複数の派遣会社に登録している人も少なくない。顔を合わせる機会も少ないし、労組の基本である団結ができないのだよ。

3　労働組合の法的要件

労働組合の要件については後に回すと言って、しっかり述べていなかった。ここできちんと述べておこう。

労働者で構成されること、自主性の要件を満たすこと、といったことは聞きましたが。

品川　実質的にはそうした内容だが、労働組合法で保護される労働組合としての要件としてさらに必要なことがある。労組法5条2項に定められている内容を規約で明確にしておかねばならない。

大崎　「労働組合法で保護される労働組合」以外の労働組合もあるのですか？

品川　概念的には存在する。憲法ではすべての勤労者に団結権を認めている。したがって今述べたような利益代表者が入っているような「労働組合」も、会社から経費援助を受けているような「労働組合」も存在しうるのだ。ただしこうした労働組合は労働組合法で保護される労働組合ではない。

大崎　こんがらかってきました。労働組合法で保護される労組と保護されない労組では何が違うのですか？

品川　労働組合法で保護される内容として大きいのは不当労働行為制度の適用があるかどうかだ。

大崎　他にも労組法が保護する内容があるのですか。

品川　法人登記ができるかどうかという問題もある。

大崎　また文学部卒の私にはわかりにくい言葉がでてきました。

品川　君や私のような人間は、法律的には自然人とも言うが、一定年齢になれば法律行為を行うことができる。銀行で口座を開いたり、物の売買をしたりね。

大崎　もちろんです。

品川　しかし組織は目に見えない。社長が会社そのものであるわけでもない。

大崎　かまどの灰まで自分のものだ、私が会社だ、と言いそうな社長もいますが。

品川　まぜっかえすな。会社のものと社長個人のものとは峻別されねばならない。それでは社長が死んだら会社も自動的になくなるのかい？

大崎　いいえ、後継者が普通いますね。

品川　ほら、目に見えない「会社」が存

在するわけだ。こうした存在を民法では法人という。自然人ではないが，自立して法律行為を行うことができる存在だ。会社ももちろん法人だ。

大崎 大学など学校も学校法人ですね。

品川 そうそう。法人になれば法人として物の売買もできるし，銀行口座を開いて取引もできる。ただ，目に見えないものだから，ちゃんと存在します，ということを明らかにせねばならない。それが法人登記という制度だ。

大崎 登記というのは土地や建物に関することだと思っていました。

品川 登記は存在を証明する制度と考えてもらえばいいのかな。そうした法人格を労組も登記すれば取得できる。労組も法人になれば組合事務所を社外に借りたり，ビルも作ったりすることができる。専任の職員を雇用することもできる。

大崎 社会的な存在として認められる，ということですね。

品川 そういうことだ。

大崎 労組法の保護というのは結局労組を実態のある団体として社会や使用者に認知させ，その存在を脅かすようなことをしてはならない，ということですね。

品川 簡単にまとめたな。その通りだ。

そういう労組法上の労組を「法内組合」そうでない労組を「法外組合」とか「憲法組合」などということもあるが，ここで取り扱うのはもちろん法内組合の方だ。

4　規約への記載事項

労組が規約で定めねばならない事項は多岐にわたる。それが労組法5条2項に並んでいるわけだ。

第8号の同盟罷業とは何ですか？

品川 ストライキのことだ。

大崎 なるほど所定の手続きを踏まないとストライキはできないのですね。山猫ストとの関係がわかりました。

品川 スト権の確立と言っているけれど，会社との交渉に入るときにスト権を確立しておけば会社への圧力にもなる。

大崎 全体を見ると多数決原理を徹底させること，と読めますが。

品川 組合民主主義とよく言うね。問題もある。

大崎 どんな問題ですか？

品川 民主主義という考え方全体に言えるのだけれど，少数派の意見が無視されがちだということだ。

大崎 なるほど。男性より女性が少な

かったら女性の意見が通りにくい，といったことですか。

品川 それも一つの例だ。たとえば裁量労働制を導入するか否かについて，その適用対象者がごく少なく，その人たちが反対しても多数決で決められたら，反対意見は通らないことになりかねない。

大崎 でも企画業務型裁量労働制の場合なら，各個人の同意が必要ですよ。

品川 労働組合が本当に少数派，制度の対象となる人々の意見を代表しているかわからないからさ。また企画業務型裁量労働制導入の要件は労使協定ではなく，委員会を設置せねばならないことに気が付いたかい？

大崎 あ，本当だ。

品川 民主主義といえば聞こえはいいけれど，少数派の圧迫につながることは常に用心せねばならないことだ。これは労働組合にも当てはまる。

大崎 大企業で小さな組合がぽこぽこできるという理由も何となくわかるように思います。

ホームワーク

⇒労働組合の中で少数者の意見をどのように反映すればいいのだろうか，考えてみよう。

⇒利益代表者でない管理職は組合の保護をうけられない。こうした管理職は自分の身を守るためにどうすればよいのだろうか。たとえば不当解雇の場合など。

⇒大企業では関係会社が多数存在し，実質的にコントロールしている会社も多いと思われるが，どうすれば「使用者概念の拡大」論から逃れることができるだろうか。

第27講 労働組合法② ——不当労働行為

1 不当労働行為の3類型

今日は不当労働行為についてだ。これまで触れる機会がなかったから、少し詳しく話していこう。

前に少し聞きましたが、そもそも不当労働行為とは何ですか？

品川 一言で言えば、労働組合を弱体化させる、または労働組合を作らせないようにする使用者の行為のことだ。そういった行為は禁止されている。もともとアメリカから導入された制度だから、"Unfair Labor Practice"を直訳したのだね。

大崎 労組側にも不当労働行為というのはないのですか？

品川 後で述べるが、アメリカには労組は団交を拒否してはならないなどと定めた不当労働行為制度がある。日本でも昭和24年の労組法改正、新法制定と言ってもいいくらいだが、そのときに議論はされたようだ。そしてそのときの労組法改正で日本にも不当労働行為という制度が導入されたことになるが、労組の不当労働行為制度は取り入れられなかった。

大崎 昭和20年法のことまで話していただくと混乱しますから、現行法に絞ってください。

品川 もちろん。さて、不利益取り扱い、支配介入、団体交渉という三つの類型を覚えておいてほしい。

2 不利益取り扱い

まず労組法7条を見てほしい。

4号までありますね。4号は労働者の保護ですから、内容としては1号から3号になりますね。

品川 そういうことだね。1号は解雇その他不利益取り扱いの禁止。

大崎 解雇はわかりますが、その他といわれてもたくさんあるような気がします。

品川 たくさんあるのだよ。不当労働行為の条文は例しか出していないから、何

が不当労働行為に当たるのかは命令や判例を見なければわからないことが多い。

大崎 他の例を挙げてください。

品川 組合間差別ならわかりやすいだろう。会社と仲がいいA組合の組合員は高く評価されているのに、会社と対立しているB組合の組合員は皆低く評価されてしまったといったケースだ。面白いのは残業差別。会社と対立しているB組合の組合員には残業命令を出さなかったことが不当労働行為とされた。

大崎 残業しないのはうれしいのに、なぜですか？

品川 時間外労働割増手当がもらえないだろう？

大崎 なるほど。経済的不利益ということですね。

3 支配介入

第2号はちょっとスキップして第3号にいく。これは支配介入といわれている。

文字通りではないですか。しかも実例すら書かれていません。

品川 これもいろいろな形態があるからね。第1号と重複していることも多い。

大崎 実例でご説明ください。

品川 支配介入でわかりやすいのは、労組が会社と敵対的関係にあったとき、会社側が労組委員長を過激なB君から穏健なC君に変えたいと思い、各管理職が組合員である部下を集めて、「今度の委員長選挙ではC君に投票してほしい」と働きかける、といったケースだ。

大崎 委員長人事に会社が影響力を行使するなら、なるほど支配介入ですね。

品川 労組結成の事例なら、無組合企業でD君が労組を作ろうと考えていることがわかった。これに対して、人事部長がD君を呼び出し、「労組を作ったら君の将来にいいことはないよ」とか、「労組を作らなければ、君を課長にしてあげよう」などと言うような例だね。

大崎 そうか、課長にしてやる、と言った本人に利益になることも不当労働行為になるのですね。

品川 そこはちょっと注釈が必要だ。あとで説明する。

大崎 不利益取り扱いと重複した例はどのようなものですか？

品川 会社と対立していた労組委員長のE君が会社にとって目障りだったとする。そのE君を本社勤務から「今度わが社はアフリカに営業所をおくことになった。君にそこの所長として行ってもらいたい。

ちなみに部下はゼロだ」としたら？

大崎 委員長の仕事が目障りだから遠くへ飛ばそうというのは不利益取り扱いも甚だしいです。

品川 そしてアフリカに行ってしまったら，労組委員長もできなくなる。今はネット社会だから，パソコンがあれば仕事ができる，というかもしれないけれど。労組の組織に対し影響力を行使するから支配介入にも当たる。

4　団交拒否

　2号はわかりやすいだろう。団交を拒否してはいけない，ということだ。前に述べた不誠意団交も団交拒否の一部だね。

　これはわかります。団交をするのが労組の第一の役割と言っていいでしょうから，それを拒否されては労組の意味が無くなります。

5　それ以外の類型

　でも部長，その三つの類型以外にも書いてありますよ。まず1号の「労働者が労働組合に加入せず，若しくは労働組合から脱退することを雇用条件とすること。」です。

　これは黄犬契約（こうけんけいやく）というものだ。内容はそこに書いてある通り。

大崎　内容はわかりますが，黄犬契約という言葉自体不可思議です。

品川　これも英語の直訳だね。"Yellow Dog Contract" の訳だ。

大崎　黄色い犬を見たことありますか？

品川　臆病者，という意味だ。なぜ黄色い犬が臆病者なのか，私にはわからん。

大崎　そして3号の経費援助です。これも不当労働行為なのですね。

品川　そもそも経費援助を受ける労組は労組法上の保護を受けられないから，当然といえば当然だがね。

6　不当労働行為該当性

　さて概略がわかったところで，法的にはいろいろな問題があるこの不当労働行為という制度を詳しく見ていこう。まず先程君が口走った言葉だ。

　え，何か言いましたっけ？

品川　労働者や労組にプラスになることでも不当労働行為となりうる。

大崎　はい，覚えています。

品川 三歩歩いたら忘れる，ということはなくてよかった。労組の委員長は優秀なことが多い。当然だ。多くの組合員を束ね，会社と交渉に臨むのだから，能力，人間性，融通がきく，など様々な資質を兼ね備えねばならない。

大崎 優秀なリーダーということですね。

品川 そうだ。すると会社も労組の委員長を昇進させたくなる。この際利益代表者かどうかは置いておこう。管理職である課長に昇進をさせたいが…。

大崎 何か問題でも？

品川 課長にすると労組を脱退せねばならなくなる。優秀なリーダーが労組から抜けてしまうと労組の力が弱まってしまう。これは不当労働行為になるだろうか。

大崎 わぁ，微妙ですね。会社は純粋に能力だけで判断しているわけですよね。

品川 いいポイントをついてきたぞ。

大崎 それなら労組を弱体化させようとする意思がありませんから，不当労働行為にはなりません。…と思います。

品川 最後はちょっと迷ったな。結論は不当労働行為意思が会社にあるか否かだ。たとえ労組委員長を部長に抜擢してやる，といっても労組の弱体化を図ってのことなら本人の利益になっても不当労働行為

と判断されることがある。

大崎 不当労働行為意思といっても目に見えませんから，どうやって有無を判断するのですか？

品川 過去の経緯，前例の有無，労使の言動などを総合的にみて判断する。たとえば労組の委員長が罪を犯したとする。それが殺人だったら懲戒処分にしても不当労働行為とはおそらく言い難いだろう。しかし会社のボールペン1本を自宅に持ち帰って，業務上横領罪になるから懲戒処分だといえば，これは不当労働行為と考えられる可能性もでてくる。

大崎 大変微妙です。セクハラだと言って労組幹部を貶めることも可能ですね。

品川 過去には会社が労組委員長の車に麻薬をしこんでおいて，犯罪者だと言いがかりをつけたという事例もある。もっと微妙なのは会社の権利と労働者の権利がぶつかり合うときだ。

大崎 どういう事例ですか？

品川 会社にも憲法上の表現の自由がある。これはいいね？

大崎 はい，当然です。会社や社長にも発言の自由がないと暗黒社会になります。

品川 その表現は少々オーバーだが，間違いではない。そこで労組がストライキ

をしようとする際に社長が「ストライキをされたらわが社は倒産する。組合員の皆さん，ストライキをするかどうか，よく考えてください」と発言したらこれは不当労働行為になるだろうか。

大崎 労組の活動への支配介入には当たるかも。でも社長の言いたいこともわかります。議論しあうのは民主主義の根本ですし。

品川 でも結論は出さねばならないよ。

大崎 そうですね。この場合には事実を述べているだけなので，不当労働行為には当たりません。

品川 ところがこの社長声明が不当労働行為に当たるという労働委員会命令やそれを支持した最高裁判決がある。やはりケースバイケースだろうね。会社側が脅すような文言を使ったら問題だけれど。

大崎 細かく事実関係をみなければ判断できませんね。

7 不当労働行為の救済

労組が不当労働行為だとして助けてほしいと思ったらどこへ行けばいい？

労働委員会ですね。

品川 そう。争議行為の終結のところでも登場した労働委員会がここでも正面に出てくる。争議行為の仲立ちをすることを調整といっているが，不当労働行為の場合は審査という。そして「助けて」というわけだから，救済の申立てという。

大崎 まず都道府県労委へ救済の申立てをするわけですね。

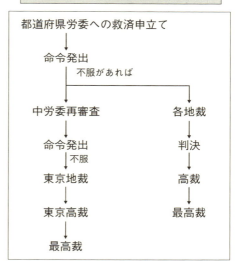

図表27-1 不当労働行為審査の流れ

品川 すると審査手続きに入る。裁判に似た形で審問を何回か行い，使用者の行為が不当労働行為に当たるかどうか判断するわけだ。

大崎 判断の結果はどのような形になってあらわれるのですか？

品川 そもそも審査の要件に当てはまっ

ていなかったら，たとえば労組法上の労組ではないと判断されたら，却下となる。そのチェックが資格審査といわれるものだ。中身に入らないで，形式にあわないから受け付けない。

大崎 審査の要件に当てはまっていたら，当然中身に入るわけですね。

品川 その結果，不当労働行為に当たらないと判断されたら棄却命令が出される。

大崎 不当労働行為に当てはまるとされたら？

品川 そのときは救済命令が出される。

大崎 どのような命令になるのですか。

品川 これは裁判所と労働委員会の違いでもある。まず裁判所は権利の有無を判断するところ，と考えておいてよろしい。だから賃金の支払い義務が会社にあるかどうか，解雇されたけれど社員としての地位，権利があるかどうかといった形で判断される。ところで君は三権分立という言葉を知っているよね？

大崎 何ですか，いきなり。立法，司法，行政ですね。

品川 裁判所は？

大崎 司法府です。

品川 労働委員会は？

大崎 厚労省や都道府県庁の下ですから，行政府でしょうか。

品川 その通り。司法と行政とでは役割が違う。行政から見た労働事件，特に不当労働行為事件などは「その会社の将来の労使関係安定化のため，必要な措置」は何かを考える。だから裁判所での民事訴訟は確認の訴え，給付の訴え，形成の訴え，という3種が基本だが，行政機関としての労働委員会は何が必要かを考え，それを命令することができる。

大崎 労働委員会の方が自由なのですね。

品川 そういえるだろうね。だから謝罪文の掲示，解雇撤回・原職復帰，賃金支払い，転勤命令撤回などいろいろな命令を出している。

大崎 解雇撤回など裁判所も同じことを言っているように思いますが。

品川 外面的にはそうみえるかもしれない。ただ判決文をよく読んでごらん。「解雇は無効とする。この間の賃金を支払え」という内容になっているはずだ。解雇は無効とされても元の職場に復帰させることまでは判決で書かれていない。

大崎 そういわれればそうです。転勤についても人事権の濫用で無効とされても，それでは同じ場所の他の仕事につかせてよいのか，他の場所への転勤ならい

いのか，判決文からはわかりません。

品川 労働委員会命令なら，原職に復帰させること，まで命令できるのさ。

大崎 労働委員会命令は強い効力を持っているのですね。

品川 そう楽観視はできない。司法府は立法府，行政府がきちんと仕事をしているか目を光らせている存在だ。労働委員会命令は行政命令に過ぎない。すると行政事件訴訟法により，行政命令の取消しを求める裁判をおこすことができる。

大崎 それでは今までの審問は無駄じゃないですか。

品川 そうともいえない。労働委員会の命令は尊重されるからね。でもこれは見逃せない，という場合には取消しもある。

大崎 裁判所が取り消すのですか？

品川 ちょっと整理しよう。都道府県労委が発した命令については中労委で再審査を求めることができる。この中労委で都道府県労委が発した命令がひっくり返されることもある。都道府県労委が発した救済命令に対し使用者が中労委に再審査を求めない場合，使用者は取消し訴訟を提起することができる。これはその都道府県労委がある地方裁判所に訴訟を提起することになるね。

大崎 ということは労組が都道府県労委命令に不満な場合，中労委に再審査を申し立てるしかない，ということですか。

品川 そうなる。なお中労委は東京にあるから，中労委命令の取消しの訴えは東京地裁に提起することになる。

大崎 そうすると，都道府県労委，中労委，地裁，高裁，最高裁と最高5回審査されるわけですか。長いですね。

品川 長いだろうね。10年くらいはかかってもおかしくない。

大崎 おや，労働委員会命令の取消し訴訟の判決文を見てみますと，補助参加人という言葉がありますが，これは何ですか？

品川 行政命令の取消しだから，使用者や労組は労働委員会を相手取って訴訟をするわけだ。すると救済命令の取消しの場合，使用者は中労委を被告として裁判することになるが，それでは当事者の労組は蚊帳の外におかれてしまう。

大崎 今は蚊帳なんて日本では見ませんね。

品川 東南アジアでは重宝されているらしい。それはともかく，労組としてはどんな裁判になっていくか，知りたくなるのは当然だろう？

大崎　それはそうです。

品川　そういう場合のために補助参加という手続きが定められているのさ（行政事件訴訟法22条1項，2項）。

大崎　不当労働行為には罰則もあるのでしょう？

品川　確定判決があった場合にはね。28条から31条だ。それ以外はアヤマチリョウと読む過料だ。これは行政罰だから刑罰にはならない。

大崎　不当労働行為についていろいろな事例もありましたが，それだけ労組は会社にとっていやな存在なのでしょうね。

品川　前にも述べたけれど，社員とのコミュニケーションを図る，社員の要望を聞く，という姿勢がない会社は衰退していくと思うよ。労組はそのいい手段だと思うけれどね。

ホームワーク

⇒不当労働行為をおこすような企業は労組がきらい，あるいは怖いということが考えられるが，なぜだろうか。

⇒団交拒否が問題とされた例として，尚美学園事件（労働判例1110号）がある。何が団交拒否となり，何が団交拒否にならないか，考えてみよう。

⇒会社が労組に団交を申し入れたが拒否された場合，どういう手段があるだろうか。

⇒不当労働行為がない会社作りに必要なことはどのようなことだろうか。

第28講 労働関係調整法・労働争訟法・労働市場法——労働関係の問題処理

1 労働関係調整法

労働三法の最後は労働関係調整法ですね。

昔は君の言うとおり労働三法と言っていたが、昨今では影が薄くなってきたね。争議件数も減少したし、労調法の出番が少なくなってきたからね。目を通してもあまり意味がないが、重要なところだけみていこうか。

大崎 条文も「ゐる」とか「やうに」と旧仮名遣いですね。

品川 8条3項の広報手段としてもラヂオだしね。テレビがなかった時代の立法だから仕方がない。実は今まで争議行為や労働争議という言葉の定義をしないできていた。直感的にわかるから、ということもあるが、法律的にはこの6条、7条が定義規定だ。「第六条　この法律において労働争議とは、労働関係の当事者間において、労働関係に関する主張が一致しないで、そのために争議行為が発生してゐる状態又は発生する虞がある状態をいふ。第七条　この法律において争議行為とは、同盟罷業、怠業、作業所閉鎖その他労働関係の当事者が、その主張を貫徹することを目的として行ふ行為及びこれに対抗する行為であつて、業務の正常な運営を阻害するものをいふ。」がそれだ。

大崎 同盟罷業がストライキ、怠業はサボタージュ、作業所閉鎖はロックアウトですね。

品川 それをまとめるための法律だが、斡旋、調停、仲裁のことは前に話したとおりだ。そこで言わなかったことは、36条だ。安全保持施設は止めてはならない、ということだね。

大崎 まさかストライキだから病院の電気を止める、などと言ったら患者さんが亡くなってしまいますね。また37条ですが、公益事業の争議行為は10日前までに通告することというのもわかります。駅に行ってみたらストライキだったとか、飛行機が飛ばなかったといったことがあったら市民生活に大きな影響がありますからね。

品川　労働関係調整法ではそのくらいかな。労働争議華やかな時代は三井三池争議のように中労委が大活躍したけれどね。

2　個別労働紛争解決促進法

正式名称は「個別労働関係紛争の解決の促進に関する法律」だ。労組と会社という団体間の紛争が少なくなった半面、個人の不平不満が多くなり、個別の紛争解決が必要になった。ただし裁判で争うと大変時間がかかる。

25年かかった事例のお話がありましたね。

品川　その通り。そのため簡便な形の調停で解決しようというのがこの法律だ。4条1項の通り、従来の集団的労働紛争は労働関係調整法にまかせ、それ以外の個別の紛争解決がこの法律の守備範囲。「団体法よさようなら、個別法よこんにちは」を表すような法律だね。

大崎　何ですか、それ。

品川　昭和40年代までくらいは労働法の世界で研究の中心となっていたのが労組法や争議行為をめぐる問題だったのだよ。ところが昭和60年代くらいから、研究の焦点が労働団体法から個別労働法に移ってきた。それを表した言葉さ。

大崎　この法律でもあっせんがメインのようですね。

品川　紛争調整委員会が行うあっせんだね。

大崎　労働関係調整法では斡旋と漢字で書くのに、労組法やこの法律はあっせんとひらがなですね。

品川　中身は同じ。いつの頃からか、法律の条文は当用漢字で書くようにしたから、改正の機会があったり新しく制定されたりした法律では当用漢字にない字はひらがなになっているというだけの話だ。

大崎　刑法も簡単にするためだけに全面改正したようですね。

品川　法律はわかりやすくなくてはいけないからね。それにしても刑法も前に比べれば大変わかりやすくなったが、まだ「（不正指令電磁的記録作成等）第168条の2　正当な理由がないのに、人の電子計算機における実行の用に供する目的で、次に掲げる電磁的記録その他の記録を作成し、又は提供した者は、（中略）
一　人が電子計算機を使用するに際してその意図に沿うべき動作をさせず、又はその意図に反する動作をさせるべき不正な指令を与える電磁的記録」といわれると、心して読まないとわからない。

大崎　こうした紛争あっせんなどはどの程度活用されているのですか。

品川　正直、思ったより多く使われてい

る，というのが感想だ。いろいろな相談まであわせると，ここ数年100万件を超えている。民事関連に限っても23万件以上あるからね。また各都道府県労働局だけでなく，労働委員会の中でも個別紛争を扱っているところもあるから，数字はもう少し増えるかもしれない。

大崎　助言・指導だけで紛争は解決するものですか？

品川　その後までは公表結果だけからはわからない。ただ，あっせんは当事者双方の同意がなければ始まらないから，参加率54.2％，そして合意率は37.6％だそうだ。平成26年のデータだがね。

大崎　参加率が54.2％ということは，半数近くがあっせん開始に同意しなかったということですね。

品川　そういうことだね。この数字を高いと見るか，低いと見るかは議論のあるところだろうけれど，私としては思ったより高いと感じた。

3　労働審判法

この法律は裁判の簡略版だ。

3回の期日で審判を行うこと，審判官は裁判官，審判員は労働問題のプロで審判官1名，審判員2名で判断

を示すことがポイントですね。

品川　そしてその途中で調停が行われ，解決を模索し，最終的な審判の結果に不服な場合は通常の裁判に移行することができる，ということだ。

大崎　これもよく活用されているのですか？

品川　弁護士さんに聞くと思った以上に使われているらしい。ただし，主として労働者から審判の申立てがされるだろう？

大崎　通常はそうですね。

品川　つまり労働者側は証拠をそろえて万全な体制で申立てができるわけだ。

大崎　そうか，それに対して使用者側はいきなり申立ての通知と期日の通知が来るわけですね。

品川　その通り。使用者側にとっては寝耳に水の状況になってしまう。つまり使用者側が反証をそろえるなり，弁護士さんと相談するなり体制を整えないうちに期日になってしまうという不利益が生じうる。これは使用者としてはちょっと大変だ。事前に予測しておけば別だけど。

4　労働者派遣法

ここで分野は違うが，労働者派遣に関する法律を見てみよう。これ

が面倒だ。

部長が面倒というからには大変面倒みたいですね。

品川 改正が頻繁だからさ。もともと労働者派遣は法律ができる以前，違法か合法か，微妙なところだという話はしたね。

大崎 はい。覚えています。実態にあわせるためにこの法律ができたのですね。

品川 そういうことなのだが，当初派遣できる職種は専門業務に限定されていた。プロなら自分で働きたいときに派遣会社に登録すれば働くことができる。充電したいときには登録しなければよい。そして派遣会社はプロの集団を抱えておくと，いつでも顧客から「ドイツ語の通訳を2週間，3人欲しい」などという難しい人材の依頼があったときに対応できる。当然派遣料や派遣社員に渡る賃金も高くなる。皆幸せ，というイメージを描いていた。

大崎 それなら皆がhappyですね。

品川 ところが，その「専門業務」の中にファイリングとか，電子機器の操作といった微妙なものが入っていた。ファイリングのついでに事務の仕事を頼む，といったように専門業務以外の誰でもできる業務が含まれるようになった。

大崎 派遣労働者の拡大ですね。

品川 本当は違法なのだが…。本来派遣会社は必要な能力を持った人材を必要な人数，必要な期間だけ派遣先に派遣するということなのが，派遣先としては安価な労働力として位置付けるようになった。

大崎 正社員やパート労働者より安いのですか？

品川 社会保険料や退職金，賞与などを払わなくていいし，賃金台帳など労務管理上必要な書類も不要だ。社会保険料は派遣元会社が払うからね。そして何といっても，不要になったら派遣契約を終了すればいいだけだ。

大崎 解雇や雇い止めだと大変ですしね。それにしても派遣契約を終了されたらその労働者はどうなるのですか。

品川 派遣期間の途中で打ち切りとなったら，派遣元会社は他の会社に派遣するよう「努めなければならない」つまり，他の派遣先が見つからなかったら解雇することになる。だから派遣労働は不安定雇用であり，厚労省も不安定雇用をなくし，安定雇用化するために労働者派遣法を幾度も改正してきたわけだ。

大崎 それに逆行した改正もあったと聞きましたが。

品川 うん…。派遣できる業務を定めて，それ以外の業務は派遣できないような制

度とするやり方だったものを，規制緩和の波を受け，派遣できない業務を定め，それ以外の業務は派遣できるようにしてしまった。原則と例外が入れ替わったわけだ。さらに製造現場への派遣も認めるようになった。結果として派遣できない業務はほんの少しになってしまった。

大崎 それがまた改正されたのですね。

品川 平成27年現在，一番新しく改正された点をポイントだけまとめておこう。箇条書き的に言うと，1.特定労働者派遣事業と一般労働者派遣事業の区別は廃止され，すべての労働者派遣事業は，新たな許可基準に基づく許可制になる。つまり，この基準にあわない派遣労働は違法になるわけだ。「専ら労働者派遣の役務を特定の者に提供することを目的として行われるものでないこと」。つまり系列会社にだけ派遣するという大会社の子会社としての派遣はダメ，ということだ。「派遣労働者のキャリア形成支援制度を有すること」。派遣労働者の教育が必要だということだね。「無期雇用派遣労働者を労働者派遣契約の終了のみを理由として解雇できる旨の規定がないこと。また，有期雇用派遣労働者についても，労働者派遣契約の終了時に労働契約が存続している派遣労働者については，労働者派遣契約の終了のみを理由として解雇できる旨の規定がないこと」。さっき話し

たように派遣契約が終わったから解雇ということはできない，ということ。「労働契約期間内に労働者派遣契約が終了した派遣労働者について，次の派遣先を見つけられない等，使用者の責に帰すべき事由により休業させた場合には，労働基準法第26条に基づく手当を支払う旨の規定があること」。次の派遣先を見つけられなかったら，休業手当の支払いだ。次いくぞ，2.派遣先の同一の事業所に対し派遣できる期間（派遣可能期間）は，原則，3年が限度。派遣先が3年を超えて派遣を受け入れようとする場合は，派遣先の事業所の過半数労働組合等からの意見を聴く必要がある。3年までの間に派遣労働者を交替させた場合，他の労働者派遣契約に基づく労働者派遣を始めた場合でも同じ。個人でも，同一の派遣労働者を，派遣先の事業所における同一の組織単位に対し派遣できる期間は，3年が限度。

大崎 途中ですみません。違う課ならいいのですね。

品川 そうなるね。例外はあるが，条文を見てほしい。さあ，次だ。3.派遣元事業主は，一定の場合に，派遣労働者の派遣終了後の雇用を継続させるための雇用安定措置をとらねばならない。具体的には，①派遣先への直接雇用の依頼，②新たな派遣先の提供（合理的なものに限

る)，③派遣元事業主による無期雇用，④その他雇用の安定を図るために必要な措置，だが，派遣期間によって違うから，詳しくはリーフレットを見てほしい。この期間を過ぎた場合など，派遣先企業は労働契約の申し込みをしたものとみなされる。条文よりリーフレットのほうがわかりやすい。

大崎 リーフレットでも十分わかりにくいです。

品川 その他，派遣先企業の労働者との均衡を考慮した待遇の確保と待遇に関する事項等の説明，福利厚生施設の利用に関する配慮義務，派遣料金の額の決定に関する努力義務などが課せられている。

大崎 通常の労働者を雇用したほうがずっと楽なような気がします。

品川 それに労組法の問題もある。使用者概念の拡大という話をしたが，それは派遣労働にもあてはまる。派遣先企業が労組法の使用者とされることもある。

大崎 団交を求められたら応じなければならない，ということですね。

品川 もちろんすべての場合ではないけれど。使用者と同視しうる状況になった場合だね。

大崎 それにしても44条以下など読み替え規定は見るだけでうんざりしてしまいます。

品川 派遣労働者，派遣元企業，派遣先企業の三者が登場するから，使用者としてどのような義務や責任が発生するのか，労基法，安全衛生法，じん肺法など使用者の責任と義務を派遣元と派遣先とで振り分けているから，条文化するとこうならざるをえないのだろうね。

大崎 厚労省がここまでいろいろ規制するということは，派遣労働をできるだけさせたくない，もし派遣労働者を受け入れるならこういった規制を受け入れろ，という姿勢なのですね。

品川 そういって差し支えないだろう。労働者派遣においては問題が多いこともたしかだ。単純業務にも派遣労働者を充てることができるようになったが，誰がその労働者を教育・訓練するのか。雑用ばかりやらせても，本人の能力向上にはならない。先程から述べている通り，派遣先と派遣元との労働者派遣契約が終了したら雇用は終わり，ということだと雇用の不安定さも甚だしい。要するに派遣労働では使用者側ではだれも労働者の生活に責任を持たない，ということになりかねない。

大崎 この講義の一番初めに，労働者の三つの側面という話がありましたね。その中で「個人としての労働者」，「社会人

としての労働者」という面を切り捨てて，「労働力としての労働者」だけに焦点をあてたのが，この労働者派遣というシステムのように感じました。

品川 おぉ！覚えていてくれたか。いかに労働者派遣が労使双方にメリットがあったとしても，君のその一言は重要だ。

大崎 望ましい派遣労働というのはないのでしょうか。

品川 期間の定めなき労働者を派遣労働者と明示して採用するのは一つのアイデアだと思うし，実際に行っている企業もある。いろいろな会社に派遣されて仕事をしてみて，それぞれの会社のいいところ，悪いところを感じとり，自分のノウハウとして蓄積していくことができれば面白いのではないかな。もちろん守秘義務に違反するようなことをしてはいけないが，仕事の進め方，ミーティングの持ち方など他社のヒントになりそうなことはたくさんありそうな気がする。

5 パート労働法

パート労働法も改正されたから，ポイントだけ。正社員と差別的取扱いが禁止されるパートタイム労働者については，これまで，①職務内容が正社員と同一，②人材活用の仕組み（人事異動等の有無や範囲）が正社員と同一，③無期労働契約を締結しているパートタイム労働者であることとされていたが，今後は，①，②に該当すれば，有期労働契約を締結しているパートタイム労働者も正社員と差別的取扱いが禁止される。また，雇用するパートタイム労働者の待遇と正社員の待遇を相違させる場合は，その待遇の相違は，職務の内容，人材活用の仕組み，その他の事情を考慮して，不合理と認められるものであってはならないとする原則の規定が創設された。

これも労働者派遣法の考え方と同じですね。非正規労働者を単に安い労働力として扱うことの禁止ですね。

品川 そういうことだね。ただ，それが単にコストプッシュインフレを目指したものでなく，ヒューマニズムに根ざしたものであることを祈ろう。

ホームワーク

⇒いろいろな法制度があるが，労働者保護に役立っているだろうか。

⇒労働審判や労働相談が増えているというが，裁判の提訴件数はどうだろうか。日本人の裁判観を考えてみよう（参考文献：渡辺洋三『日本人の法意識』（岩波新書））。

⇒企業の労働者の使い捨てに対する批判があるが，あなたの考え方はどうだろうか。

第29講 雇用機会均等法・育介法
——女性だけではない育児・介護

1 成立の経緯

 今回は「主として」女性にかかわる法律を見ていく。

 やけに「主として」と強調しますね。

品川 本来なら男性も育児・介護をすべきだろう？また雇用機会の均等というのも，男性・女性という性差別や区別を排除すべきものだ。

大崎 それはそうですが…。

品川 それはそうなのだが，現実は，ということだろう？その通り。育児や介護の負担は女性に多くのしかかっている。結果として女性を保護する法律として見られてしまっている。

大崎 しかし私たちの世代では，女性が男性より優秀だったり，女性から男性が命令を受けたりしても何とも思っていませんけれどね。

品川 本当か？育児もちゃんとこなすか？介護で真夜中に親のオムツを替えたりできるか？

大崎 それはその場になってみないと…。

品川 そうだよな。わが身を振り返っても，育児を妻ときちんと分担して行ったかというと，妻に頭が上がらない。介護も夫婦双方の両親となると4人だ。幸い今は介護の必要はないが，今後を考えるとぞっとする。しかしこれらがすべて女性の仕事とされると，意欲と能力ある女性がその力を発揮することができなくなる。それは一企業，一個人の問題ではなく，一国の問題だろうね。

大崎 バカな男より優秀な女性に仕事をまかせたいですからね。

品川 口は悪いが，そういうことだ。仕事を選ぶか，結婚を選ぶかなど女性が悩む必要がない社会にするためどうしたらよいか，考えねばならない。その前に，歴史を振り返ろう。

大崎 はいはい。

品川 判例で女性差別とされたものを列挙してみると，男女別定年制，結婚退職

制，出産退職制，男女別賃金といったものがある。全部違法とされたがね。

大崎 定年が男女別って，何歳と何歳だったのですか。

品川 私が知っている限りでは，男性55歳，女性30歳という事例があった。

大崎 女性30歳定年とは，その意味は何だったのですか。

品川 裁判記録によると若い男性社員のモチベーションを維持するため，ということらしい。

大崎 はぁ？

品川 若い女性が周りにいないとやる気がおこらないのだとさ。

大崎 バカバカしい。

品川 でも私が大学を卒業した40年前くらいはそのような感覚がまだ残っていた。大企業でも4年制大卒女子は採用しなかったところも多かった。

大崎 その理由は？

品川 結婚適齢期は24歳である。大学を卒業すると22歳になってしまっている。2年間しか働かない者を採用することはムダである。という理由。

大崎 結婚適齢期は誰が決めるのです？

品川 知るものか。風潮というものは恐ろしいね。女性が25歳になったら「早く結婚」と女性自身も周囲も思い込んでいたからね。結果として意欲も能力もある女性でも結婚して専業主婦になることが幸せと思い込まされた。

大崎 結婚退職制度も専業主婦バンザイ思想の賜物ですね。

品川 しかし結婚退職制度などが違法とされたので，企業は年齢や結婚を理由として女性社員を辞めさせることができなくなった。ここまではいい。

大崎 勤め続けた女性社員の処遇ですね。

品川 勘が鋭くなったな。まぁ普通か。企業は今で言うセクハラを始める。大手銀行など制服をかわいく，40代，50代の女性が恥ずかしくて着ることができないようなものにした。また女性は長年勤務することを予定していなかったから，能力開発もおろそかになっていた。結果として管理職に昇進したり，会社の本流に乗ったりするような女性も少なかった。

大崎 現代版女工哀史…。

品川 そうだね。そこに神風が吹いた。女子差別撤廃条約だ。これに日本が署名したため，「国内法を整備すること」が条約で定められていたから，国内法を作らざるをえなくなった。これが雇用機会

均等法制定のきっかけさ。

2 雇用機会均等法制定をめぐる動き

雇用機会均等法の内容に入りたいのだが，頻繁に改正されているから，制定当時の事情から説明しよう。まず判例上違法とされたものは禁止される，これはあまり問題がなかった。問題はそれ以外の雇用上の各ステップだった。

募集・採用から配置・異動，昇進・昇格などいろいろありますものね。判例上問題になったのは解雇・退職だったように思います。

品川 その通り。これらのステップは「女性に男性と均等な機会を与えるよう努めなければならない」という文言とされた。会社側の言い分としては，いきなり女性を男性と同じ扱いにすると，これまでの女性社員はどうすべきか，また今後の人事計画など根底から考え直さねばならない，という意識だった。そのため折衷的な文言になってしまったのだ。努力義務規定と当時は言っていたがね。

大崎 中途半端ですね。「努力したけれどだめだった」という言い訳ができます。

品川 法律を通すためには仕方が無かった。ただし，産業界には衝撃が走った。大企業を中心に「コース別雇用管理制度」ができたのがその一つのあらわれだ。

大崎 総合職＝幹部候補＝全国転勤有り＝昇進限度なし＝高賃金，一般職＝補助職＝転居を伴う転勤なし＝昇進限度有り＝低賃金，といったコースを設定し，入社時や一定の時点で選択させるというシステムですね。

品川 そうだ。そして現実には総合職≒男性，一般職≒女性という色分けとなったケースが多い。男女差別が形を変えただけ，という批判も多かった。

大崎 実際はどうだったのでしょう？

品川 私が新聞で公表された数字を調べたところでは総合職の96％が男性だったときもある。

大崎 それでは批判を受けても仕方が無いかも。一般職はどうだったのでしょう？

品川 わからない。

大崎 へ？

品川 男性一般職のデータがなかった。ほぼゼロと思っていいだろうけれどね。

3 制定10年後の見直し

この法律は施行後10年で見直すことになっていた。その見直しのときに問題となったのが，先程の努力義

務規定の扱いだ。

　労働側は当然禁止規定にすべきだと主張するでしょうね。

品川　それでは経営側は？

大崎　う〜ん。時期尚早といったところでしょうか。

品川　別の論点を持ち出した。労基法では当時女性の深夜業は禁止され，時間外労働にも規制がかけられていた。女子保護規定といっていたがね。禁止規定にするなら，男性と同じ働き方をしてもらわねば困る。深夜業も時間外労働も男性と同等に行ってほしい。これらの規定を撤廃して欲しいということを主張した。

大崎　労基法を持ち出したのですか。

品川　女性総合職からも同様の意見があった。午後10時からが深夜労働だから，総合職の男女が一緒に仕事をしていても，10時になったら帰るように命じられることになる。結果として仕事の実績の総量は男性より女性のほうが少なくなる，という話だ。グループで共同作業していた場合などは仲間はずれのように感じた女性も多かったかもしれない。

大崎　しかし深夜労働や時間外労働を忌避したい女性も多いでしょう。

品川　そこが悩ましい。議論の結果雇用機会均等法の努力義務規定を禁止規定化し，その他セクハラに関する教育の規定新設などかなり大掛かりな改正が行われた。それと同時に女性の深夜業，時間外労働に関する女性保護規定も撤廃された。

大崎　女性保護規定も必要な女性も存在するのでは？

品川　禁止規定化は一歩前進と評価すべきだろうが，産前産後休業，育児時間は労基法65条から67条に残されたし，現在では育児介護休業法の6章から8章は，時間外労働や深夜労働の制限について定めているよ。

4　男女別賃金格差

　部長，雇用機会均等法には賃金の項目がありませんが。

　あわてるのではない。労基法4条を見たまえ。

大崎　あ，本当だ。あちこちの法律を見ねばならないのは面倒ですね。

品川　そうだが，しかたがない。

大崎　統計を見ますと，女性は男性の3分の2くらいの賃金水準ですね。法律で決まっているのに。

品川　それは女性の方がパートタイマーなど低賃金職務についているから，統計

をとると総じてそうなってしまうのだよ。

大崎 それでは本当に男女に賃金格差があるのかは同じ職務で比較しないとわかりませんね。

品川 その考え方が男女同一労働同一賃金論につながる。今のところ法的には日本で同一労働同一賃金論は成熟した理論・慣行ではないとされているが、今後はわからないな。非正規労働者に対する賃金政策によるからね。もっとも、さらに進んで同一価値労働同一賃金論となると大変ややこしくなるだろう。

5 雇用機会均等法の内容

 基本は雇用管理を男女平等にせねばならない、ということだからその部分は君も承知しているだろう。

はい。一応は。

品川 その他特に注意すべき点を指摘していこう。第7条を見てほしい。

大崎 一見しただけではわかりにくいですね。何ですか、これ？

品川 これが間接差別禁止の条項だ。女性を排除するとは書いていないが、実質的に女性を排除することになるおそれがあることを禁止している。

大崎 例を挙げていただくと助かります。

品川 たとえば身長165センチ以上の者を採用するとすれば、男性の比率のほうが高くなるだろう？握力40キロ以上の者でもいい。そうした身体的な要件が仕事上必要なら仕方がないが、不必要な身体・体力要件を課すことは実質的に女性を排除することにつながる。

大崎 逆にすれば男性を排除することもできますね。そのあたりが雇用機会均等法施行規則第2条になるわけですね。転勤の有無も書いてありますよ。

品川 ところがね、「労働者に対する性別を理由とする差別の禁止等に関する規定に定める事項に関し、事業主が適切に対処するための指針（平成18年厚生労働省告示第614号）」によると、均等則第2条2号の「労働者の募集若しくは採用、昇進又は職種の変更に関する措置であつて、労働者の住居の移転を伴う配置転換に応じることができることを要件とするもの」とは、労働者の募集 若しくは 採用、昇進、又は職種の変更に当たって、転居を伴う転勤に応じることができること（以下「転勤要件」という）を選考基準とするすべての場合をいい、（中略）合理的な理由の有無については、個別具体的な事案ごとに、総合的に判断が行われるものであるが、合理的な理由がない場合としては、例えば、次のよう

なものが考えられる。
(合理的な理由がないと認められる例)
イ　広域にわたり展開する支店，支社等がなく，かつ支店，支社等を広域にわたり展開する計画等もない場合
ロ　広域にわたり展開する支店，支社等はあるが，長期間にわたり，家庭の事情その他の特別な事情により本人が転勤を希望した場合を除き，転居を伴う転勤の実態がほとんどない場合（後略）」とされている。はぁ，疲れた。

大崎　なんだ。転勤要件で合理的理由がない場合の例示は当然のことで，全く意味がないじゃないですか。

品川　お茶を一杯。君の言う通りだよ。転勤させる必要がそもそも無い場合だけを書いているようにしか読めない。

大崎　この例示はともかくとして，要は間接差別も不合理なものはダメということですね。

品川　そう理解してかまわないだろう。合理的なものは差別とは言わないけれどね。次は8条だ。これはポジティブ・アクションとよばれているものだ。

大崎　どこにもそう書いてありませんね。

品川　横文字が嫌いなのだよ。ハラスメントという言葉も条文に無いだろう？

大崎　本当だ。

品川　定義が難しいということもあるからだが，さて女性に対して優遇措置をとると男女平等の見地からは問題もある。

大崎　なるほど，女性優遇ですか。

品川　しかしこれまで差別ないし処遇で区別されていた女性に男性と同じスタートラインに立ってくれというのは酷だ。

大崎　昇進で言えば，それまで管理職要員として育てられてこなかった女性を，管理職としての教育を受けてきた男性と同じに扱うのはハンディキャップが大きすぎるということですね。

品川　そう言えばわかりやすいだろう。女性を十分育てて，同じ能力を持たせたところで同一の土俵に乗せるべきだ。そうでないと，同じ土俵に乗せてもころころ負けてしまうのは目に見えている。だから女性にだけ特別な教育を受けさせるとか，管理職の女性枠を設けるというのは男性に対する逆差別と見えるかもしれないが，雇用機会均等法ではこれを違法とはしない，ということだ。さて，11条。セクハラの問題だ。

大崎　これもセクハラと書けばいいのに。制定当時とどう異なったのですか？

品川　制定当時は「男性の女性に対するセクハラ」が問題とされた。ところが今日では性別の文言は入っているかな？

大崎　特に男性，女性という言葉は入っていませんね。

品川　雇用機会均等法が雇用平等法に一歩近づいたという証拠がそれだ。つまり女性を保護する法律から男女を平等に扱うという法律になってきたわけだ。

大崎　この改正ではどう変わるのですか？

品川　女性から男性へのセクハラ，女性から女性へのセクハラ，男性から男性へのセクハラもありうるし，それを防ぐような努力を企業はしなければならない。

大崎　LGBTという言葉がありますが，性的多様性を認めるような風土を作りなさい，ということでしょうか。

品川　レズビアン，ゲイ，バイセクシュアル，トランスジェンダーのことだね。雇用機会均等法はそこまでは言っていないが，たとえばゲイの管理職がノーマルな男性の部下に恋をしたが「失恋」した場合，部下がハラスメントをうけることがないような体制作りは要求していると解釈できるだろうね。

大崎　部長は…いや，何でもないです。次行きましょう。

6　育児介護休業法

この法律も要件が複雑だ。休業・休暇をパートタイマーが取得する事ができるか，日数など細かな違いがある。要件は条文を見てほしい。ポイントは育児休業，介護休業，看護休暇，介護休暇の区別だ。

似たような内容ですから，理解するのが難しいですね。

品川　育児休業は子供が1歳になるまで，例外として当該子供が1歳半になるまで取得できる。5条だね。ついでに看護休暇だ。16条の2にとぶ。1年度内に負傷し，あるいは疾病にかかった子を看護するため，5日間取得できる。どちらも使用者は拒否することはできない。

大崎　その拒否することができない，というのが年休と違う点ですね。

品川　時季変更権が行使できないからね。子供が熱を出して病院に連れて行くのに他の日に変更しろとは言えないよ。

大崎　でもその日に重要なミーティングがあるなどしたら，管理職としては出勤してくれ，と言いたくなるでしょう。

品川　正直，その通り。そういった場合の運用は難しいね。また，育児休業は勤務期間が1年未満のパートタイマーには

認められないが，この看護休暇はそういう制限は無い。

大崎 5条1項但書と16条の2を比べるとそう読めますね。実務上は大変だ。

品川 本当は介護休業の方が社員にとっては深刻な問題だ。93日間取得できるが，この場合も育児と同様，介護休暇を1年度に5日間取得できる。介護休暇の要件も看護休暇と同様制限が無い。

大崎 どうして介護休業のほうが深刻なのですか？

品川 介護がいつ終わるかわからないからだ。

大崎 そうか，93日で終わるとは限らないですものね。

品川 介護が必要になってから介護終了となるまで，はっきり言えば亡くなるまで介護を続けなければならないことになるのが通常だろう。それは何年になるか介護休業開始時にはわからないからね。

大崎 93日経過後も介護が必要なときはどうします？

品川 …各社で制度を考えざるをえない。わが社では休職制度を活用するしかないか，とは考えているけれど，無給が前提だからな。介護せざるをえない社員には本当に気の毒だが，国や自治体が介護施設を充実させてくれることを祈るよ。

ホームワーク

⇒グラスシーリングという言葉がある。その言葉の意味を調べ，法律があるのに，なぜこのような状況が発生するのか考えてみよう。

⇒意欲と能力ある女性の活躍を促進するための方策を考えてみよう。

⇒今後の高齢化社会において企業は介護問題にどう対応すべきか，考えてみよう。

第30講 その他諸法令・残された課題
——今後の人事労務はどうなるのか

1 高齢者雇用安定法

さて、今回で最終回だ。人事労務に必要な他の法律を見ていくぞ。ただし税務は別だ。あれは専門家に任せなければならない。

税法は大変なのですか？

品川 毎年のようにどこか改正があるし、通達がまた大変多いときている。その通達の改正通達のフォローなど、とてもわれわれが労働法の片手間にできるものではない。まずは高齢者雇用安定法。

大崎 少子高齢化社会では65歳までの雇用義務といっても、今後70歳まで延びる可能性がありますね。

品川 十分あるだろうな。高齢者雇用のところで話したとおり、十分戦力になる高齢者と扱いに困る高齢者が出てくるから、その判断基準も考えねばならないし、また国外に製造拠点を移転させる場合など、日本国内で雇用できる職場があるかどうか自体あやしい。

大崎 高齢者になってからいきなり能力や実績で評価するといわれても困りますから、現役時代から能力・実績評価を軸とした人事制度に変えねばならないということにもなりますね。

品川 その通りだね。また、これは外国人雇用でも同様のことがいえる。出入国管理法を見てみようか。

2 出入国管理法

外国人が日本に入国する際、短期の観光ビザはともかく、働くためには日本で就労できるビザが必要だ。

はい。一言で言えば、日本人では対応できない職務に就くようなプロの場合にビザが発給されるということですね。

品川 そうだ。日本人の雇用の場に外国人が就労すると、日本人の失業者が増えてしまうからだ。そのために未熟練労働や単純労働に就労する者にはビザは発給されない。不法在留外国人の発生は観光ビザでの入国、ビザの期限切れなどの場

合だね。

大崎 でもこれからは労働力が絶対的に不足しますから，その政策も変えざるをえないと思いますが。

品川 そこが前回議論したところだ。就労できる外国人の枠を広げたら，当然家族も呼び寄せるだろうし，日本に定住するかもしれない。そうした場合に日本の社会は外国人を受け入れるだろうか。

大崎 風習や言葉の壁がありますが，時間が解決する問題も多いのではないでしょうか。

品川 たしかにね。そもそも中国人，朝鮮人が日本に渡来して文化を伝えたのだから，共生することは可能なはずだ。今は例が思いつかないが，外国人の風習で日本が学ぶべきことも多いと思うよ。

大崎 企業も変わらざるをえませんね。

品川 企業内の公用語を英語にするかはともかくとして，能力評価といった主観的，あいまいな人事のやり方は外国人にとっては受け入れがたいものがあるだろうな。一番わかりやすいのはやはり仕事中心人事だと思う。ただ，前にも述べたようにジョブローテーションや社内教育のありかた，昇進・昇格システムなど人事理念・制度を根底から覆すことになるから，おいそれとはいかないだろう。そのころには君も人事部の中堅以上になっているはずだから，頑張ってくれ。

大崎 …そのころには人事部にいたくありませんね。

品川 これは入管法が企業に与える影響ともいえるね。日本で発給するビザについて入管法を一度読んでおいて欲しい。

3　障害者雇用促進法

　この法律の概要は知っているね。

　法定雇用率を守らないと納付金を払わねばならない，というのが骨子と理解しています。

品川 それが改正された。①障害者に対する差別の禁止－雇用の分野における障害を理由とする差別的取扱いを禁止する。②合理的配慮の提供義務－事業主に，障害者が職場で働くに当たっての支障を改善するための措置を講ずることを義務付ける。③苦情処理・紛争解決援助，そして法定雇用率の算定基礎に精神障害者を加える，ということだ。平成30年3月31日までは身体障害者・知的障害者を算定基礎として計算した率として2.0%が法定雇用率とされた。

大崎 ポイントは差別的取扱いの禁止と配慮義務ですね。いろいろなことに配慮

せねばならないことになりますね。安全配慮義務もそうだし。

品川 障害者雇用の場合はまた特別だよ。人によって障害の程度は違うからね。精神障害の場合は一見してわからないからさらに難しい。個人差があるから個人ごとに対応しましょうといわれてもなぁ。

大崎 制度作りは人事部が担当できますが，個人に対する具体的配慮は現場の問題ですからね。

品川 その法改正の趣旨を現場に徹底させるのが人事の仕事のさ。

4 労災保険法

労災保険法で一つ補足しておこう。通勤途上災害だ。

通勤の往復で事故にあった場合などですね。

品川 この場合には業務起因性，業務遂行性といった要件はあてはまらない。本来は労災ではないのだが，労災保険で救済しようという趣旨だね。

大崎 すると何が問題になるのですか？

品川 通勤経路さ。通常の自宅から会社への通勤の場合にはそう問題にはならない。真っ直ぐ行って帰るだけならね。

大崎 帰りにはちょっと一杯，ということもありますからね。

品川 帰りに買い物をして帰ることもあるだろう？

大崎 よくあります。独身者は生鮮品を買いだめして冷凍しておくという器用なことはしませんから。

品川 するとこれは通勤経路を逸脱，中断しているかどうか，という問題になってくる。

大崎 逸脱と中断とでは違うのですか？

品川 概念は違うが，効果は同じ。東京労働局のリーフレットでは「逸脱とは，通勤の途中で就業や通勤と関係ない目的で合理的な経路をそれることをいい，中断とは，通勤の経路上で通勤と関係ない行為を行うことをいいます。」だそうだよ。

大崎 一杯呑みに行くのはダメ。日用品の購入その他これに準ずる行為をするのはOKですか。

品川 労災保険情報センターのHPでは「経路上の店でのどの渇きをいやすためごく短時間お茶やビールなどを飲む場合などのように，労働者が通常通勤の途中で行うようなささいな行為の場合には，逸脱，中断としては取り扱われません。しかし，飲み屋やビヤホール，スナックなどで長時間にわたって腰を落ち着けた

ような場合は，逸脱，中断とみなされ，」という記述があるからさらに微妙になる。

大崎 ビール1本，30分ならOK，2本目になると中断，ということですか。

品川 そうはっきり言えないから困るのさ。酔っているかどうかも問題だろうし，すると本人の酒の強さが影響するという変なことになる。結局労基署の判断にまかせるしかない。

大崎 労災保険で気になることが一つあります。

品川 何だい？

大崎 災害にあったとき，労災保険は手厚い補償になっていますから，会社も支援してこの事故は業務遂行性も業務起因性も認められると一生懸命労災保険を受けられるように書類を書きますよね。

品川 なるほど，君の言いたいことはわかったぞ。

大崎 ところが事故が業務に起因すると会社が認めたとなると，今度は会社の安全配慮義務違反が問題にされ，本人や家族から訴えられる可能性があるのではないかと思うのですが。

品川 実はその懸念は大きい。ある弁護士さんは会社の所見欄には「何も書かないように」と指導しているそうだ。あと

あとの危機管理を考えてだね。

大崎 それはわかるのです。でも個人的には助けてあげたくて。

品川 気持ちはよ～くわかる。幸いわが社ではあまり事例がないが，客観的な事実のみを書く，というのが模範解答だろう。でも事後の訴訟対策としては何も書かないほうが安全とも言える。逃げるようだが，弁護士さんと相談する，と答えておこう。

5 今後の課題（1）
　　―解雇の金銭解決―

今問題になっている法的なポイントについて，考えておこう。第一点は解雇の金銭解決だ。

お金を払えば解雇は自由にできてしまう，と報道されている件ですね。

品川 現実に解雇事件において会社敗訴，つまり解雇無効，雇用関係存在確認とされた場合，原告の社員ははい，そうですかといって職場に戻ることができるだろうか。

大崎 会社を相手に戦ったのですから，周囲は快く受け入れることはないと思います。

品川 実際にも労働者側が勝訴したのに，会社に戻らず，退職扱いとする。ただし解決一時金を支払う，という事例は多いようだね。

大崎 それではすでに金銭解決が図られているという実態ではありませんか？

品川 そういうのが使用者側の理由。だけどたしかにお金を払えば解雇できる，と理解する向きがあることもわからないではない。先に金を払って解雇だ，と言われるのと裁判で争って勝ったけれど金をもらって「辞めてやった」というのは感情としてどちらがいい？

大崎 裁判所で黒白をはっきりつけてもらったほうが納得できそうですね。解雇時に金を払われると札束で頬を張られるような感じを受けます。

品川 前に言ったとおり，会社の業績がいいときに辞めてもらったほうが社員にとっても条件がよくなるのだけれど，感情面は無視できないね。いずれにしてもどのような法案になるのか見てからでないと判断できない。

6　今後の課題（2）—ホワイトカラーエグゼンプション—

これは今後国会で議論されるだろう課題だ。裁量労働制を職務と収入という2つの要件を満たすこととして広く認めようとする制度と理解しておけばいいだろう。

収入要件と職務要件ですが，職務要件は限界があいまいにならざるをえません。すると収入要件ですが，やはり年収1,500万円以上はほしいような気がします。

品川 根拠は？

大崎 ありません。ただ，何となく確定申告が必要な限度額くらいはもらっていないと，エグゼンプトとは言えないように思いまして。

品川 それも一つの理由ではあるな。ただ確定申告が必要なのは年収2,000万円からだぞ。

大崎 2,000万円は少し高いと思ったので下げました。そうでないと対象者が少なくなりすぎるように思ったのです。収入が高い業界ならともかく，普通の業界では役員しか対象にならないでしょう。

品川 対象者が少ないと制度制定の意味がなくなるのはそのとおりだね。対象者を多くすると今度は労働者に厳しくなりすぎる。その意味では1,075万円という厚労省案は微妙だね。また細かく刻む意味があるのか疑問もある。

7　同一労働同一賃金の指針

　さぁ、次は同一労働同一賃金の問題だ。法改正ではなく、指針を作成し、行政指導で実現しようという趣旨のことが2016年2月24日付けの各新聞に掲載されている。今の段階ではどのような内容になるかわからないが、基本は非正規労働者の賃金を正社員の賃金と同等にすることにより、消費の拡大、経済の活性化を図ろうとするものだと理解していいだろう。

　何をもって同一労働とするのか問題があるという話もありましたね。

品川　同じラインについて作業しているならわかりやすいのだけれど、現実にはいろいろな職務があるからね。またパートタイマーは時給制で正社員は月給制となると時給単位での同一賃金という話になるのだろうな。

大崎　賞与や退職金はどういう位置付けになるのでしょうね。

品川　現段階では一切わからない。ここまで同一にしようとすると経営者は反発するだろう。

大崎　また新聞報道では、同一賃金とは正社員の賃金を非正規従業員に合わせて下げるという考えもあると報じられていました。

品川　人件費を上げたくない使用者はそう考えるだろうな。その懸念ももっともだ。

大崎　問題は企業業績にどの程度影響を及ぼすか、ですね。

品川　非正規従業員が労働力の主力となっているスーパーマーケットやコンビニエンスストア、飲食店はどうなるかだね。ただ中小規模の店は正社員そのものがいないこともあるから、あまり影響はないかもしれないよ。

大崎　どのような指針案が示されるか見てから、また議論ですね。

8　メンタルヘルス

　さぁ、最後のテーマだ。一歩間違えると過剰なストレスを受け、ある人はうつ病に罹患して自殺、ある人はストレスから来る脳心疾患で死亡する。メンタルヘルスは今後の企業にとって重要な課題だ。

　ストレスと一口に言っても、いろいろありますからね。

品川　君が受けているストレスをあげてごらん。

大崎　長時間労働、MBOにおける過大な目標設定、上司からのパワーハラスメント、後輩からのパワーハラスメント、

取引先との折衝，採用面接における低レベルの学生への対応，通勤における満員電車，まずい社員食堂，アパートのうるさい隣室，それから…。

品川 おいおい最後の方の三つは会社が必ずしも関知しないことだぞ。

大崎 でも社員食堂がもっと旨ければ，ストレスも幾分緩和されますよ。

品川 そして終業時刻以降ならアルコールも出せ，というのだろう。わかった，わかった。人事部長に言っておく。

大崎 お願いします。

品川 まぁ，社員諸君が様々なストレスにさらされていることは事実だ。そのため安衛法で，ストレスチェックを行うことが企業に義務付けられた。内容は，
○常時使用する労働者に対して，医師，保健師等による心理的な負担の程度を把握するための検査（ストレスチェック）を実施することが事業者の義務
○検査結果は，検査を実施した医師，保健師等から直接本人に通知され，本人の同意なく事業者に提供することは禁止
○検査の結果，一定の要件に該当する労働者から申出があった場合，医師による面接指導を実施することが事業者の義務。また，申出を理由とする不利益な取扱いは禁止
○面接指導の結果に基づき，医師の意見を聴き，必要に応じ就業上の措置を講じることが事業者の義務
ということだ。根拠条文は安衛法69条，70条，70条の2。具体的にはこれらの条文をうけた指針だ。

大崎 何か，「死にたい」と言ったら一発でひっかかりそうなチェックですね。

品川 たしかに，厚労省で示しているチェックリストの例では「うつ病だったらこう反応するだろうな」と意図的に回答することも可能かもしれない。ただ，これは心理テストの限界だね。そして，本当に病んでいる社員を救うことが主眼だから，多少の意図的な操作はやむをえないともいえるな。悪意をもって利用しようとする場合にはどこかでボロを出すものだよ。

大崎 制度の悪用は織り込み済み，ということですか。

品川 一人の自殺希望者を救うためには10人の悪用者がいても仕方が無い，という言い方もできるよ。

大崎 メンタルヘルスの決め手というのはないのでしょうか。

品川 いろいろな制度を設けているけれど，基本は現場の管理監督者が部下一人ひとりを常日頃から把握することだと思う。当たり前のことだけどね。そして現

場の管理監督者と人事，産業医，精神科医がチームを組んで対応するということではないかな。だれでもメンタルヘルス不調になる可能性はある。われわれ人事は企業における労働者保護の最前線にいることを肝に銘じて行動せねばならない，と思うよ。

大崎 何か最後は少し格調高くなりましたね。

品川 格好くらいつけさせてくれ。さぁ，打ち上げだ。一杯行こう。

ホームワーク

⇒今後の日本企業の人事が抱える課題を整理してみよう。

⇒その課題への対策を考えることができるだろうか。

⇒理想の人事制度はどのようなものか，考えてみよう。

補講 近時のトピック
——わが社は「ブラック」なのか？

1.「ブラック」の意味

（居酒屋にて）

お疲れさま。今日は打ち上げだから、1回しか登場しなかった目黒君にも来てもらった。まずはカンパーイ！

（ゴクリ）貢献できなかったのに申しわけない。お誘いいただきありがとうございます。

今日は目黒さんにもいろいろお聞きしたいと思っています。

目黒 ほう、何だい？

大崎 わが社は「ブラック企業」なのでしょうか。

目黒 ぶっ！（ビールを吹きだし）いきなり直球だな。

品川 君の言う「ブラック」の定義は？

大崎 それがよくわからないのです。学生からよく質問をうけます。労基法違反があればブラックでしょうが、長時間労働とか、働き甲斐とかいろいろな要素もあるみたいで、逆に「ブラックではない」と胸をはることもできません。

品川 大会社の過労自殺事件以降すっかり流行語になった「ブラック」だけど、その意味は正直よくわからないね。やりがいのない仕事を延々とやらされるというイメージでいいのかな。

目黒 アメリカ企業のトップは日本よりもっと長時間労働だろう。休みもしっかりとるけれど、平日は真夜中まで働いているのが通例だろうね。ただし、下位の社員はそんなことはない。嫌なら退職するからね。

大崎 それなら過労死もないのは当然ですね。

目黒 辞める自由を奪う、というのが長期安定雇用の負の側面だと私は思う。

品川 転職して現在よりいい待遇を受けることができるかわからない。それに就職活動で苦労した場合には「せっかく入社できたのに」という感覚もあるだろうからな。

目黒　私の場合，転職先が決まってから会社を辞めましたので心配はありませんでしたけれど。

品川　目黒君の場合は恵まれていたのだね。だけどそうした転職は数少ない。辞める自由とともに，仕事の「やらされ感」も重要だね。

目黒　そう思います。面白い仕事をやっているときは時間を忘れます。

大崎　でも頭はスッキリしていても，体が悲鳴をあげることもあるようですよ。

品川　そこが落とし穴だな。やりがいを感じて働いているのに，脳や心臓が止まったら何にもならない。

大崎　やりがいを感じていなかったら，なおさらストレスですね。

目黒　自分のしている仕事の意味を教えるのも管理職の役割だけれど…正直言ってやりがいを感じにくい仕事もあることは事実だからね。

2　生産性の向上

仕事の絶対量を減らさない限り，労働時間を削減することはできないのではないですか。仕事量とそれを処理する時間は当然比例しますから。

問題は一人当たりの仕事量だろうな。

すると社員数を増やせ，ということになるが…。

大崎　人件費が上がりますから，会社の業績を圧迫しますよね。

品川　そうなる。ただでさえ優秀な人材が少ないのだから，これから人材獲得競争になるとコストも高くなるし，またレベルを下げた採用をせねばならなくなる。

大崎　「彼方立てれば此方が立たぬ」ですね。会社の業績を保ちながら労働時間を削減することができればいいのですけれど。

目黒　その方策が生産性の向上だな。社員一人ひとりの時間当たり効率をあげないといけない。

大崎　製造部門は極力人員を絞っていますから，残りは営業や管理部門ですね。ホワイトカラーの生産性という問題はここにも表れるのですね。

品川　その通り。仕事の成果物の量だけではなく，質も問われるがね。

目黒　同感ですね。ホワイトカラーの場合，生産性の原点である「いいアイデア」は必死にひねり出すものではありません。散歩しているとき，風呂に入って

補講 近時のトピック―わが社は「ブラック」なのか？

いるときなど拘束から解かれているときにひらめくものだと思います。在宅勤務や本当の意味の裁量労働制，つまり労働時間だけではなく，場所も社員の裁量に任せるといったことも考えねばならないのではないでしょうか。

大崎 それはたとえば温泉に行ってくつろいだところで仕事をするということも含めてのアイデアですか？

目黒 そうだよ。チームでまとまって温泉で合宿してアイデアの骨子を考えるといったこともあっていいのではないかな。

品川 ケースバイケースで認めてもいいだろうね。そうした場合には一定限度で会社も負担するから。

3 最後は評価の問題

でも，そういう働き方をしたら，社員個人ごとの貢献を評価することは難しくなりますね。

たしかにこういった働き方を考えると，誰かのアイデアを盗んで自分の手柄にするといったこともでてくるかもしれないな。チーム業績への貢献の評価方法は問題だね。

結局評価をどうするかによって，社員の行動が変わる，ということではないでしょうか。長時間労働，過労死の問題や働き方改革もすべて社員の行動を変えることです。いわば「組織開発」を行うことが必要だと思います。

大崎 聞きなれない言葉ですね。

目黒 そうかもしれない。理論的なことはさておき，結論だけ言えば「健全な危機意識」を社員に持たせることが社員の行動変革につながる，ということさ。危機意識を持たせる一番のツールが人事考課だね。

大崎 評価が悪くなったらみんないやですからね。それはよくわかります。

品川 私は人事の中で一番大事なことは評価だと思っているのだ。これにより社員の行動も変わるし，結果として会社の方向も変わる。いい例が今（2017年3月）騒がれている大手電機メーカーのトラブルだ。内部のことはわからないが，マスコミ報道だけ見ると，上の者に「そんなことしていいのですか」と言うと評価が悪くなる，ということだったらしい。

大崎 でも，それはよくあることではないでしょうか。誰でも自分の行動を邪魔されたらいやがるでしょう。

目黒 そこが経営者なり管理者の度量ではないのかな。経営者の度量以上に会社は大きくならないともいえるのだろうね。

大崎 わが社はその点どうなのでしょう。

品川 答えにくい問いだな。うちの社長は「衆知を集めて一人で決断」というタイプだ。自分の考えと違う考えでもよく聞いて，最終的な決断と違う考えの者にはあとでその決断の理由を説明しているから，そんな間違ったことにはならない…と思いたい。

大崎 あれ，最後は言葉を濁しましたね。

品川 人間，ぎりぎりのところにきたらどうなるかわからないからね。社長を95パーセント信頼しているが，残りの5パーセントは未知の部分だ。

目黒 大崎君，経営者の最終的な評価はすべて結果論なのだよ。ヤマト運輸の宅配便進出（宅急便は同社の登録商標）もアイデアが良かったことはもちろんだが，タイミングも良かった。もっと前なら時期尚早だったろうし，遅れていれば他社が進出していたかもしれないしね。

大崎 久しぶりに名前を呼んでくれました。なるほど，経営者とは厳しいものですね。

品川 確かに会社は経営者次第だな。人事の役割の1つは次代の経営者を育成することだ。度量の大きい，先見性を持った，決断力ある，そして人間味あふれた経営者を今後育成してくれよ。二人とも。私はまもなく定年だからな。

二人 心得ました！

品川 それは心強い。それでは今夜はどんどんいこう。すみませ〜ん。刺身の盛り合わせ，人数分ね！

<著者紹介>

廣石　忠司（ひろいし　ただし）

1956年横浜生まれ
1979年一橋大学法学部卒業
日経連事務局，長銀総合研究所，慶應義塾大学大学院経営管理研究科博士課程を経て，
1996年専修大学経営学部助教授
2001年専修大学経営学部教授
経営学部長，大学院経営学研究科長を歴任，現在に至る。
単著「ゼミナール人事労務」（八千代出版），同補訂版
監修書：中央職業能力開発協会編「ビジネス・キャリア検定試験 標準テキスト
　『労務管理3級』」，同じく『労務管理2級』
共著，論文多数

会話でマスター
人事の仕事と法律

2017年5月10日　第1版第1刷発行

著　者	廣　石　忠　司
発行者	山　本　　　継
発行所	㈱中　央　経　済　社
発売元	㈱中央経済グループ 　　パブリッシング

〒101-0051　東京都千代田区神田神保町1-31-2
　　　　　　電話　03（3293）3371（編集代表）
　　　　　　　　　03（3293）3381（営業代表）
　　　　　　http://www.chuokeizai.co.jp/
　　　　　　印刷／三英印刷㈱
　　　　　　製本／㈱関川製本所

Ⓒ 2017
Printed in Japan

＊頁の「欠落」や「順序違い」などがありましたらお取り替えいたしますので発売元までご送付ください。（送料小社負担）
ISBN978-4-502-22621-2　C3034

JCOPY〈出版者著作権管理機構委託出版物〉本書を無断で複写複製（コピー）することは，著作権法上の例外を除き，禁じられています。本書をコピーされる場合は事前に出版者著作権管理機構（JCOPY）の許諾を受けてください。
　JCOPY〈http://www.jcopy.or.jp　eメール：info@jcopy.or.jp　電話：03-3513-6969〉

一般社団法人 日本経営協会[監修]　特定非営利活動法人 経営能力開発センター[編]

経営学検定試験公式テキスト

経営学検定試験（呼称：マネジメント検定）とは，経営に関する知識と能力を判定する唯一の全国レベルの検定試験です。

1　経営学の基本（初級受験用）

2　マネジメント（中級受験用）

3　人的資源管理／経営法務（中級受験用）

4　マーケティング／IT経営（中級受験用）

5　経営財務（中級受験用）

キーワード集

過去問題・解答・解説　初級編

過去問題・解答・解説　中級編

中央経済社